苏州大学文学院学术文库

江苏高校优势学科建设工程项目资助

语言文字研究论集

曹　炜　王建军／主编

苏州大学出版社
Soochow University Press

图书在版编目(CIP)数据

语言文字研究论集 / 曹炜,王建军主编. —苏州：苏州大学出版社,2020.9
(苏州大学文学院学术文库)
ISBN 978-7-5672-3274-7

Ⅰ.①语… Ⅱ.①曹… ②王… Ⅲ.①汉语—语言学—文集②汉字—文字学—文集 Ⅳ.①H1-53

中国版本图书馆 CIP 数据核字(2020)第 135881 号

书　　名：	语言文字研究论集 YUYAN WENZI YANJIU LUNJI
主　　编：	曹　炜　王建军
责任编辑：	李寿春
助理编辑：	刘　婧
装帧设计：	刘　俊
出版发行：	苏州大学出版社 Soochow University Press
社　　址：	苏州市十梓街 1 号　邮编：215006
网　　址：	www.sudapress.com
邮　　箱：	sdcbs@suda.edu.cn
印　　装：	苏州工业园区美柯乐制版印务有限责任公司
邮购热线：	0512-67480030　销售热线：0512-67481020
网店地址：	https://szdxcbs.tmall.com/（天猫旗舰店）
开　　本：	700 mm×1 000 mm　1/16　印张：17　字数：315 千
版　　次：	2020 年 9 月第 1 版
印　　次：	2020 年 9 月第 1 次印刷
书　　号：	ISBN 978-7-5672-3274-7
定　　价：	68.00 元

凡购本社图书发现印装错误,请与本社联系调换。服务热线：0512-67481020

"苏州大学文学院学术文库"系列丛书
学术委员会

主 任
王 尧　曹 炜

委 员
（按姓氏笔画排序）

马亚中　刘祥安　汤哲声　李 勇
季 进　周生杰　徐国源

总 序

苏州，江左名都，吴中腹地，自古便是"书田勤种播"之地。文人雅士为官教谕之暇，总爱闭户于书斋，以留下自己若干卷丹铅示于时贤后人自娱。这种风雅传统至今依然延续在苏州大学文科院系，自其他大学文学院调至苏州大学文学院执教的前辈学者不免感叹"此地著书立说之风甚浓"了。

苏州大学文学院"中国语言文学"为省优势学科，建设的内容之一是高水平学术著作的出版，"苏州大学文学院学术文库"（以下简称"文库"）便是学科建设的成果。出版文库的宗旨是：通过对有限科研资助经费的合理调配使用，进一步全面地展示与总结文学院教师的学术研究成果，以推进和强化学科建设，特别是促进学院新生学术力量的成长——这些目前尚属于"雏鹰"的新生学术力量便是文学院的未来。

文库的组织运行工作自2019年9月启动，第一批文库书籍在三个月内已先后同苏州大学出版社签订了出版协议。由于经费有限，在张罗文库之初，文库学术委员会明确：学术委员会成员的学术成果暂不列入文库出版阵容；首批出版的学术文库向副教授、青年讲师以及刚入职的青年教师倾斜，教授的学术研究成果往后安排。文库的组织出版应该是一项常态工作，每年视经费情况，均会推出一批著作。为贯彻本丛书出版宗旨，扩大我院学术影响，学院将对本丛书中已出版的各种成果加强宣传，推荐评奖，并对获得重大奖项者予以奖励。

为加强对文库出版工作的组织和领导工作，文库学术委员会设立了初审和复审小组，遴选学术著作。孙宁华、杨旭辉、王建军、吴雨平、王耘和张蕾等参加初审工作，王尧、曹炜、马亚中、汤哲声、刘祥安、季进、徐国源、李勇和周生杰等参加复审工作，袁丽云、陈实、周品等参与了部分具体事务。现在，经学院上下一起努力，文库第一批书籍付梓在即，这无疑是所有参与者心血的结晶。我们希望，借助这个平台，进一步激发文学院教师的科研热情，并为所有研究人员学术成果的及时面世创造条件。

  为了文库出版工作的持续顺利运行，为了文学院学术影响力的不断提升，让我们全体同人携起手来！

王尧 曹炜

2020 年 4 月 28 日

目　录

上　编

说"令"、"命"及"天命"　　徐　山 / 003
论词义的两种形态
　　——对20世纪汉语词义学领域一些理论分歧的新审视　　曹　炜 / 007
汉语句类发展的演进路径和运作机制　　王建军 / 017
现代汉语自相叠加式定中结构刍议　　高永奇 / 031
《说文》"厂"及"厂部"之字试说　　江学旺 / 051
丹阳陵口方言的指示代词"辣"　　周国鹃 / 062
敦煌佚本《维摩诘经注》写卷俗字辑考五则　　陶家骏 / 075
媒体语言失范现象的成因分析与规范化策略
　　——以影视剧语言为例　　姜　晓 / 085
基于使用的语言观下频率对图式构式的建构作用　　杨黎黎　汪国胜 / 098
以尖团分混考察影响方言变异的语言因素　　曹晓燕 / 117
瞬间动作动词的确定和语义语法特征　　何　薇　朱景松 / 127

下　编

关于汉语隐语的几个问题
　　——对20世纪汉语词义学领域一些理论分歧的新审视　曹　炜 / 149
兼容　贯通　务实　创新
　　——略论廖序东先生的语法研究理念和语法研究风格　王建军 / 161
从拔齿习俗看精组字的上古音值　高永奇 / 168
从"石"之字《说文》误析为从"广"例　江学旺 / 182
丹阳方言的重叠式名词　周国鹃 / 187
两种不同的词汇构式化的结果
　　——以"免X"和"难X"为例　杨黎黎 / 194
太湖片吴语语法对普通话的影响　曹晓燕 / 211
主语的陈述功能　何　薇　朱景松 / 222
常熟方言古知、庄、章声母的读音类型与历史演变　莫　娲 / 232
先秦汉语中的反宾为主句
　　——无常动词的滥觞　张榴琳 / 247

上编

说"令"、"命"及"天命"

徐 山

《说文·卩部》："令，发号也。从亼卩。"[1] 段玉裁注："发号者，发其号嘑以使人也，是曰令。……引申为律令，为时令。……凡令训善者，灵之假借字也。……号嘑者招集之卩也，故从亼卩会意。"[2]

甲骨文已有"令"字，其形体为上下结构，即上"∧"下"⇃"之形。对照"令"的甲骨文和《说文》小篆形体，可知"令"的甲骨文上方为部件"∧"，而其小篆形体中的"亼"则为形变所致。

有关甲骨文"令"的形体义，林义光《文源》："按卩即人字。从口在人上。象口发号，人跽伏以听也。"[3] 徐中舒《甲骨文字典》："从∧从卩，∧即亼（今）之省，亼象木铎形，∧为铎身，其下之短横为铃舌。古人振铎以发号令，从卩乃以跪踞之人表受命之意。"[4] 林义光认为甲骨文"令"上方的"∧"为"口"，不确，因为甲骨文"口"作开口朝上的"ㅂ"状，而形体中如含有开口朝下的口状，亦不作"∧"形。徐中舒认为甲骨文"令"中"∧即亼（今）之省"，仍有可商之处，因为虽然"∧"在甲骨文中不作为一个字单独使用，但作为构字部件，却大量出现在如甲骨文"今、令、合、仓、龠"等字中（部件"∧"还出现在金文"念"字以及金文部件"舍"之中）。要正确认识甲骨文"令"的构成方式，首先应明确其中的部件"∧"的含义。有关部件"∧"的含义，前贤研究不够，所以含有部件"∧"的一组字的形体构造方式就难以被揭示出来。

笔者对部件"∧"的含义以及含有部件"∧"的一组字进行了系统

---

[1]〔汉〕许慎撰，〔清〕段玉裁注. 说文解字注［M］. 上海：上海古籍出版社，1981：430.
[2]〔汉〕许慎撰，〔清〕段玉裁注. 说文解字注［M］. 上海：上海古籍出版社，1981：430.
[3] 转引自李圃. 古文字诂林：第八册［M］. 上海：上海教育出版社，2003：105.
[4] 徐中舒. 甲骨文字典［M］. 成都：四川辞书出版社，1989：1000.

的研究，认为部件"∧"像顶盖状，如甲骨文的"高"字，即用此形来表示屋顶状。另外，古人以为天圆地方，又以为天形如盖，即所谓的"盖天说"。《晋书·天文志上》："古言天者有三家：一曰盖天，二曰宣夜，三曰浑天。……蔡邕所谓《周髀》者，即盖天之说也。……其言天似盖笠，地法覆槃，天地各中高外下。"[1]

"盖天说"是先民通过直接观察所获得的认识成果，这种观念的起源十分古老，早在甲骨文的字形中已有充分的反映。如甲骨文"今"，其字形上为天盖，下为一短横，表示天下存在的东西。《说文》："今，是时也。""今"这个抽象的时间概念，字形上则是用现实的空间存在来表达的。[2]

又如"念"字，"念"的金文初形上为部件∧，下为心。《说文·心部》："念，常思也。从心，今声。"[3]《说文》对"念"字"从心，今声"的分析，依据的是已有形变的小篆形体，不确。由于甲骨文金文中的部件"∧"本身不是一个字，所以仅有其形义而无读音。"念"的金文初形含有"∧、心"两个部件，由于其中的"∧"无读音，所以"念"的初形构成不可能是形声字。"念"的初形当为会意字。"念"字中的部件"∧"的含义为天盖状。根据"念"一词的"常思"本义、部件"∧"的天盖状含义以及"念"的初形上"∧"下"心"的位置关系，"念"的形体义为：下民在心中常思念上天。原始先民的精神文化的重心在于天人关系，而上帝、神之类正位于天庭，所以"念"一词的发生背景应是下民对上天的崇拜祈祷文化。[4]

还有"会"字，作为部件出现在金文里的"会"，其初形为上"∧"下"云"的会意字，其形体义为天之下有云，即云层布满天空，太阳不见而呈阴天。后来"会"的形体被改造成"从云，今声"的形声字。[5]

而本文要讨论的甲骨文"令"，其字形上为天盖，下为人跪状，表示人跪于天空之下。"令"字的上下结构表示命令者为上天，而人跪于天空之下是接受上天的命令的。由于"令"的小篆形体已发生讹变，所以《说文》

---

[1]〔唐〕房玄龄，等. 晋书[M]. 北京：中华书局，1974：278.

[2] 有关甲骨文中部件"∧"的含义以及含有部件"∧"的一组字的详细考释，参见：徐山. 部件"∧"的含义：顶盖、盖天说[M]//汉语言的起源. 成都：四川人民出版社，1998：34-36.

[3]〔汉〕许慎撰，〔清〕段玉裁注. 说文解字注[M]. 上海：上海古籍出版社，1981：502-503.

[4] 有关"念"字的详细考释，参见：徐山. 释"念"[N]. 光明日报，2014-06-03（16）.

[5] 有关"会"字的详细考释，参见：徐山. 释"会"[J]. 书目季刊，2009（3）：69-72.

有关"令"的形体分析不可从，不过《说文》"发号也"训释则是正确的。"令"的本义用法为动词，而且从"令"的甲骨文形体中可知，"发号"者即发出命令者为上天，而上天命令的对象是天之下的人。

再来看"令"在卜辞里的用法：

丙寅卜，争贞：今十一月帝令雨。（《甲骨文合集》）
庚戌：王令伐旅帚（歸）。五月。（《甲骨文合集》）[1]

其中的"帝"即上帝义，帝居于天上，所以主谓结构"帝令"为"令"一词本义层面上的词义搭配关系。

"命"字在金文中已见。《说文·口部》："命，使也。从口令。"[2] 段玉裁注："令者，发号也，君事也。非君而口使之，是亦令也。故曰命者，天之令也。眉病切。古音在十二部。令亦声。"[3] 林义光《文源》："按：诸彝器令、命通用，盖本同字。"[4] 戴家祥《金文大字典》："按命为令之加旁字，从口从令，令亦声。会意兼形声，故命亦同令。"[5] 诸家解说"命"字的形体构成以及"命""令"之间的关系，皆得之。命，上古音为明母耕部，令，上古音为来母耕部，两者韵母相同，且明母和来母在语音演变方面有亲缘关系，如同源分化字"麦""来"的声母关系。所以从"命""令"的声和义方面来看，两词为同源分化字关系。"命"一词的本义和"令"一样不仅均为命令义，而且都是动词用法。不过，两者在引申义层面上则有所分工。《汉语大词典》"命"字下列有 12 个义项，其中有现代仍常用的"命运"和"寿命、生命"义，它们之间的具体引申途径则为：本义"天之令"→命运（由于不可违抗的天之令而出现的人的遭遇）→寿命、生命（和命运息息相关的人的年限）。

最后来讨论"天命"。"天命"在典籍里很早就出现了，如主谓结构的"天命"用法：

天命有德，五服五章哉！（《书·皋陶谟》）

---

[1] 按：为行文便利，本书例证采用夹注格式，后不再赘述。
[2] ［汉］许慎撰，［清］段玉裁注. 说文解字注 [M]. 上海：上海古籍出版社，1981：57.
[3] ［汉］许慎撰，［清］段玉裁注. 说文解字注 [M]. 上海：上海古籍出版社，1981：57.
[4] 转引自李圃. 古文字诂林：第二册 [M]. 上海：上海教育出版社，2000：36.
[5] 转引自李圃. 古文字诂林：第二册 [M]. 上海：上海教育出版社，2000：36.

> 天命玄鸟，降而生商。(《诗·商颂·玄鸟》)

又如偏正结构的名词性"天命"用法：

> 先王有服，恪谨天命。(《书·盘庚》)
> 侯服于周，天命靡常。(《诗·大雅·文王》)

从前面"命"一词的产生过程可知，"命"一词本义用法上的潜主语实际就是"天"，而主谓结构的"天命"中的主语"天"，则是将"命"一词的本义用法所隐含的潜主语外显化了。由于"命"先有动词用法，后来才有名词用法，所以偏正结构的名词性"天命"当是在主谓结构的"天命"之后出现的。

孔子亦谈及"天命"，从中可以看到儒家对"天命"的态度：

> 五十而知天命。(《论语·为政》)孔安国注："知天命之终始。"
> 孔子曰："君子有三畏：畏天命，畏大人，畏圣人之言。小人不知天命而不畏也，狎大人，侮圣人之言。"(《论语·季氏》)何晏注："顺吉逆凶，天之命也。"

孔子"五十而知天命"，其中的"天命"指的是和天之令相关的自然运动的规律之类，而"知天命"是孔子经过"三十而立，四十不惑"两大人生阶梯才达到的，说明"知天命"的境界不可能是生而知之或在人生早期阶段便能一蹴而就的。撇开"天命"天之令这样的原始导因，就认识自然运动的规律、法则尤其是对人自身所产生的"顺吉逆凶"的影响而言，则需要经过长期的实践活动。而"畏天命"，则包含了敬畏自然、敬畏生命之义。孔子"小人不知天命而不畏也"之说，阐明了"知天命"和"畏天命"之间的因果关系，即在没有认识自然运动的规律之前，其行动可能是盲目的，相反，只有认识了自然运动规律的不可抗拒性，认识到个体生命只是自然中的一员，个人在社会中才不会妄作。今天除了人与人之间应和谐相处以外，人与自然之间的和谐关系亦是题中应有之义，而重温孔子"知天命""畏天命"的思想，仍能领略其积极意义之所在。

论词义的两种形态
——对 20 世纪汉语词义学领域一些理论分歧的新审视

曹 炜

20 世纪，在汉语词义学领域存在着一些理论分歧，涉及诸多词义问题，如词义的定义问题，词义的模糊性问题，词的科学意义与通俗意义问题，词义发展过程中的所谓"深化"问题，词义的分析问题，等等。这些问题上的纷争已经影响到词义学的深入前行：深陷其中的专家学者们往往要花费很多时间作出取舍，或者验证孰是孰非，而没有更多的时间进行一些前所未有的探索；而不少初入门者也往往会在这似乎谁都有理的云笼雾罩的纷争中迷失了自己，难以自拔。今天看来，这其中的很多纷争是无谓的、永远不会有结果的，因为它们并不是在同一个范畴、同一个平面上展开的，因为词义具有两种形态：客观形态与主观形态，上述不少分歧实质上是混淆了这两种迥然不同的词义形态。

一、词义的两种形态：客观形态与主观形态

我们平时讨论的词义实际上有两个层面，或者说两种形态：一种是客观存在的词义——存在于自然语言中的词义形式，鲜活在人们的口中笔下，我们姑且称之为"词义的客观形态"；另一种是经过不同层次的人们不同程度的概括而形成的词义——经过专家学者的抽象概括而存在于辞书中的被称为"义项"的词义形式是其典型成员，我们姑且称之为"词义的主观形态"。

词义的这两种形态是存在着巨大差异的：词义的客观形态，内容丰富、芜杂，是对词义所反映的客观事物或现象所有的本质的和非本质的特征的全面完整的展示，不易把握；词义的主观形态，内容简洁、凝练，它可以是对词义所反映的客观事物或现象最为基本的特征的揭示——非专业人士

不易把握，也可以是对词义所反映的客观事物或现象一般特征的揭示——易于把握。

词义的客观形态是一个词在共时平面上出现于所有书面文献和口头表达中的意义的总和。词义的客观形态与词的运用密切相关。在同一个时代，只存在一种词义的客观形态；而不同的时代，词的运用会发生一些变化，这样就自然会带来词义客观形态的变化。

词义的主观形态是人们在词义客观形态的基础上通过自己的思考概括形成的。在同一个时代，由于人们文化程度的差异，各自所概括的词义主观形态会存在差异，呈现各种形式；不同的时代，词义的客观形态会发生变化，同时，人们的认识水平可能也会发生变化，这些都会带来词义主观形态的变化。

词义的客观形态是词义的主观形态产生的基础、源头，词义的主观形态是对词义客观形态的一种提炼、概括。词义的客观形态是社会的、全民的，而词义的主观形态则是个人的，或者说是特定的群体的。词义的两种形态的区分会让我们看到以往所不能看到的景观，也会让一些理论分歧涣然冰释。

二、词义主观形态的两种表现形式：词的科学意义与通俗意义

胡明扬先生主编的《语言学概论》（2000）有如下一段表述：

> 词义是人们对一定对象的概括反映，但这种反映在揭示事物本质的程度上有深有浅。对同一个对象，普通人和有专门知识的人认识就可能大不相同。比如，一般的人恐怕只知道"盐"指的是一种白色的、有咸味粉末或颗粒状调味品，知道"盐"是"酸中的氢原子被金属原子置换所成的化合物，其主要成分是氯化钠"的人恐怕不多；再如在一般人看来，"人"这个词指的就是用两条腿走路、会说话、像你我一样的生物，知道"人"是"能制造工具并使用工具进行劳动的高等动物"的也不会很多。以上事实说明词的理性意义由于概括深度上的差异而分为两种类型：一种是人们对事物所具有的一组非本质特征的反映，这种词的理性意义可以称之为"通俗意义"，如上面提到的"盐"和"人"的前一种意义。另一种是人们对事物的本质特征的反映，这种词的理性

意义可以称之为"科学意义",如上面提到的"盐"和"人"的后一种意义。[1]

在这里,作者已经敏锐地觉察到词的理性意义对客观事物本质的揭示存在着差异这么一个事实,但是在归因和解释的过程中则没有揭示这种现象的本质。

这里所谓的词的"科学意义"和"通俗意义",其实都属于词义的主观形态:"科学意义"是经过专家学者抽象概括而揭示的并已编入辞书的词义,是词义主观形态的典型成员,同时,也是词义客观形态中最为重要的一部分,所揭示的是客观事物或现象的本质特征;而"通俗意义"则是非专家学者,即普通人士从词义的客观形态中任意选取一部分而形成的词义,而且是其中并不重要的一部分,是词义主观形态的非典型成员。还是以上述所列举的"人"为例:"五官长相如普通人的高等动物""能直立并用两条腿走路的高等动物""会说话的高等动物""能制造工具的高等动物""能使用工具进行劳动的高等动物"等,构成"人"这个词的意义的客观形态;其中"能制造工具并使用工具进行劳动的高等动物"则是"人"这个词的意义最为典型的主观形态,同时也是"人"这个词的意义的客观形态中最为重要的一部分;而"五官长相如普通人的高等动物""能直立并用两条腿走路的高等动物""会说话的高等动物"等均为"人"这个词的意义的客观形态的一部分,而且是并不重要的一部分。

正因为词义具有客观形态,所以在不同层次、不同目的的交流中,人们可以任意选择词义客观形态中的任何一部分作为独特的词义主观形态而加以运用。

三、词义的深化:只发生在词义主观形态的一种现象

词义的扩大、缩小和转移是词义发展中最为常见的现象之一,所以成为大家共同关注的焦点,而且已经成为关于词义的发展演变话题的标准表述模式。国内几乎所有的现代汉语课程教材在讨论词义的发展演变这种现象时,均采用了这种标准表述模式,不但如此,国内几乎所有的现代汉语词汇学或词义学著作,在讨论词义的发展演变这种现象时,也均跳离不出

---

[1] 胡明扬. 语言学概论 [M]. 北京:语文出版社,2000:202.

这种标准表述模式的藩篱[1]。1985年，国内有3部现代汉语词汇学或词义学的著作几乎同时问世，按出版的时间顺序，由南往北排列，依次是：孙良明的《词义和释义》（3月出版），符淮青的《现代汉语词汇》（3月出版），葛本仪的《汉语词汇研究》（9月出版）。三者关于词义的发展演变的表述依次是：词义的缩小，词义的扩大，词义的转移；词义深化，词义扩大，词义缩小，词义转移，感情色彩变化；词义的丰富和深化，词义的扩大，词义的缩小，词义的转移，义项的增多，义项的减少。其中孙良明的是标准版，符淮青、葛本仪的是适度偏离版。符淮青增补的"词义感情色彩的变化"，增补得好；葛本仪增补的"义项的增多、减少"，也同样增补得好。但是，两者共同增补的"词义的深化"[2]，则值得斟酌。

其实，"词义的深化"所讨论的话题与"词义的扩大、缩小、转移"所讨论的话题并不在同一个层面之上。词义的扩大、缩小、转移，首先发生在客观存在的词义层面——人们的使用过程中，成为词义的客观形态；后来经过学者的概括而保存在辞书中，成为词义的主观形态之一，而词义的深化只发生在词义的主观形态层面，并不发生在词义的客观形态层面，词义本身不可能"深化"，只有专家学者鉴于科学技术的发展、人类认识水平的提高等因素而对客观对象的本质特征的揭示更加准确，从而使得在词义客观形态基础上经过抽象概括而来的词义主观形态更加深刻、科学。

也就是说，词义的扩大、缩小、转移是在词义的发展过程中真实地存在着的现象，而词义的深化则在词义的发展过程中并未真实地存在过，它只存在于人们对词义的概括、表述层面，是只发生在词义主观形态的一种现象。

我们可以来看符淮青提供的属于词义深化的例子：

土 《说文》：地之吐生物者也。
《现汉》：地球表面的一层疏松的物质，由各种颗粒状矿物质、有机物质、水分、空气、微生物等组成，能生长

---

[1] 1985年之前出版的现代汉语词汇学著作，如周祖谟的《汉语词汇讲话》（人民教育出版社，1959年版）、谭全《实用词汇新知识》（商务印书馆香港分馆，1978年版）、罗世洪《现代汉语词汇》（甘肃人民出版社，1984年版）等著作，在讨论词义的发展演变时，几乎都采用了"词义的扩大、缩小、转移"的表述模式。

[2] 张志毅、张庆云在《词汇语义学》一书中也将"词义的深化"作为词义的发展演变现象之一种。张志毅，张庆云. 词汇语义学［M］. 北京：商务印书馆，2005：250.

植物。

人 《说文》：天地之性最贵者也。
《现汉》：能制造工具并使用工具进行劳动的高等动物。

牛 《说文》：大牲也。
《现汉》：哺乳动物，身体大，趾端有蹄，头上有一对角，尾巴尖端有长毛。是反刍动物，力气大，供拉车或拉农具，有的供乳用，皮毛骨有用处。我国常见的有黄牛、水牛、牦牛等几种。

我们认为，这些例证并不能表示"土""人""牛"的词义发生了变化和深化，而只能说明，《说文解字》的作者受当时科学技术水平、人类认识水平的局限，对"土""人""牛"的词义没有给予准确的表述，而"土""人""牛"的词义古今其实并没有发生变化，这同属于词义扩大的"脸""江""河"，属于词义缩小的"脚""学者""烈士"，属于词义转移的"主人公""热烈""发行"，属于词义感情色彩变化的"爪牙""复辟""勾当"等有着本质的区别，后者的词义是实实在在地发生了变化，今义与古义有霄壤之别。

学者们讨论词义的"深化"总拿《说文解字》与《现代汉语词典》来做比较，这也基本成了一种讨论的范式。我们认为，拿《说文解字》与《现代汉语词典》作比来讨论词义的发展变化的做法本身也是很不合理的。因为《说文解字》作者的写作意图，是实践他因形求义的思想，重点放在了汉字形体结构的分析上，通过汉字结构及形体的分析来寻求字的本义，诚如王念孙在段玉裁《说文解字注·序》中所言："《说文》之为书，以文字而兼声音训诂者也。"[1] 在字义的诠释上往往比较粗略。而《现代汉语词典》是一部现代辞书，编纂者的宗旨就是为人们提供现代汉语中五六万个词的标准的规范的意义诠释，重点就放在了词义的表述上。此其一。《说文解字》解释的是字义，字义往往来自字的形体构件及构件的结构布局，后者就是我们常说的汉字的构形理据，而且，许慎更是突出了这一点，他要让字义的解释成为他的"六书"理论的完美注解，他更要彰显他圈定的那9000多个宝贝汉字的字形理据，而字义同词义是有距离的，有区别的，也

---

[1] ［清］王念孙.《说文解字注》序［M］∥［汉］许慎撰，［清］段玉裁注.说文解字注.上海：上海古籍出版社，1981：1.

是各有偏重的，两者并不对等，《现代汉语词典》解释的正是词义。此其二。

因此，词义的深化，用来表述释义的一种变化现象——词义主观形态的演进过程尚可，而用来表述词义的发展演变——词义客观形态的演变则欠妥。

四、词义的定义：着眼的应该是词义的客观形态

词义是什么？什么是词义？语言学界至今没有一个清晰的、统一的界定，不同的时代、不同的学派、不同的个人。均会有不同的表述。英国著名语言学家杰弗里·N. 利奇的《语义学》（1987）[1] 一书在 C. K. Ogden 和 I. A. Richards 所罗列的 22 种西方学者所下的词义定义中选录了 12 种定义。张志毅、张庆云在《柏拉图以来词义说的新审视》（2002）[2] 一文中也罗列了他们认为比较常见的国内外 10 种词义说，并在总结前人学说的基础上提出了他们自己的"七因素新说"。

综观此前国内外的各种词义学说，它们有一个共同的误区，那就是混淆了词义的两种形态，而且他们更多地关注的是词义的主观形态。而词义的定义，实际上应该着眼的是词义的客观形态。也就是说，词义是什么的问题，回答的是词义的客观形态的本质。

其实，在国内外学者们探索词义本质的漫漫长路中，也曾经有学者触摸到了词义的客观形态这个层面。

如美国描写语言学派的代表人物布龙菲尔德关于词义的解说便是如此。布氏在其《语言论》（1980）一书中有这么一段独特的表述：

> 我们曾经给语言形式的意义（meaning）下的定义是：说话人发出语言形式时所处的情境和这个形式在听话人那儿所引起的反应。说话人的处境和听话人的反应是相互紧密地配合，这是因为我们每一个人既会做一个说话的人，又会做一个听话的人。在下面的因果序列中：

---

[1] [英] 杰弗里·N. 利奇. 语义学 [M]. 李瑞华，等，译. 上海：上海外语教育出版社，1987：1-2.

[2] 张志毅，张庆云. 柏拉图以来词义说的新审视 [J]. 中国语文 2000（2）：126-136.

> 说话人的处境→言语→听话人的反应，
>
> 作为最先提出命题的说话人的处境，通常比听话人的反应呈现的情况要单纯一些；所以我们一般都根据说话人的刺激来讨论和确定意义。
>
> 引起人们说话的情境包括人类世界中的每一件客观事物和发生的情况。[1]

很显然，布龙菲尔德把词义看成是说话人发出语言形式时的处境和该语言形式所引起的听话人的反应的总和，其中尤以说话人的处境显得更为重要。而且布氏还对"说话人的处境"作了他个人的解释"包括人类世界中的每一件客观事物和发生的情况"。这里的所谓"说话人的处境和听话人的反应"所触及的正是词义的客观形态，只是这种表述过于笼统和模糊，而且涵盖过于广泛。因为"说话人的处境和听话人的反应"所囊括的东西要远远超过词义所能囊括的，词义只是"说话人的处境和听话人的反应"之总和的一部分——对词义所反映的客观事物或现象所有的本质的和非本质的特征的全面完整的展示的那部分，其余的则不属于词义。

也许感到他的关于词义的解说存在缺憾，布龙菲尔德（1980）也不得不承认："所以在语言研究中对'意义'的说明是一个薄弱环节，这种情况一直要持续到人类的知识远远超过目前的状况为止。"[2]

而在词义的解说中不仅触摸到了词义的客观形态这个层面，而且还涉及词义的主观形态的是当代英国伦敦语言学派的代表人物罗宾斯。他在其《普通语言学概论》（1986）一书中是这样来阐述他对词义的理解的：

> 话语是有意义的，或是有表义作用的。儿童是这样来掌握词的意义的：他从别人的话语中听见许多的词，自己来练习说这些话语，由别人来纠正，并通过听他说话的人来证实能否被人理解。这种过程我们终身都在进行。我们不断地学习新词，并且当我们听见或看见已知的词出现在新鲜的话语中，其用法又跟我们所习惯的用法略微不同的时候，我们又扩大了有关这些词的知识。因此，一个词的意义可以看作是它作为不同的句子的一个基本成分

---

[1] ［美］布龙菲尔德. 语言论 [M]. 袁家骅，等，译. 北京：商务印书馆，1980：166.
[2] ［美］布龙菲尔德. 语言论 [M]. 袁家骅，等，译. 北京：商务印书馆，1980：167.

而被使用的方式。词典的工作就是概括地诠释语言里每个词在某类句子中的使用方式。

....

人们常说，词的含义就是词所传达的概念，或者是词在说话人或听话人的头脑里所引起的概念。这种说法跟"用言语交流思想"之类关于语言的一般定义有关。然而这类关于词的含义和语言的作用的解释是不能成立的，对此我们可以举出两个理由：(1)这类解释试图主要根据个人的现象来说明大众的现象（言语、文字）；(2)很难说概念是个什么东西或者有什么用处，除非同义反复地说概念是词的含义。

....

对于所指和所指意义的成见已经为语义学理论工作带来了麻烦。这种麻烦产生于对某一类词义的过分看重，这一类词义能够容易地单独加以说明，能够被当作词与所指的事物之间（或词与概念之间、能指与所指之间）的双边关系，或当作词、说话人或听话人与所指之间的三边关系。在语言学中，句子和句子成分的意义，根据词如何起作用比起单纯地根据词所指称的事物来，可以得到更好的说明。因此上述不同类型的所指就是某些词在句子中所起作用的一部分；而一个词的词典条目则简明地归纳了该词典型地出现在句子中时所具备的功能（指称的功能或其他功能）。[1]

在第一段话语中，罗宾斯将"词的意义"定义为"作为不同的句子的一个基本成分而被使用的方式"。而"词典的工作就是概括地诠释语言里每个词在某类句子中的使用方式"。所谓"作为不同的句子的一个基本成分而被使用的方式"实际上触及了词义的客观形态层面，诚如我们前面所述，"词义的客观形态是一个词在共时平面上出现于所有书面文献和口头表达中的意义的总和"，具体地说，也就是一个词在共时平面上出现于所有书面文献中的句子中和口头表达中的句子中意义的总和，只是罗宾斯用"使用方式"来表述词义形式不够确切。而所谓"词典的工作就是概括地诠释语言

---

[1] [英]罗宾斯. 普通语言学概论[M]. 李振麟，胡伟民，译. 上海：上海译文出版社，1986：33-39.

里每个词在某类句子中的使用方式"更是触及了词义的主观形态层面,我们称之为"词义主观形态"的典型成员。可贵的是,早在20世纪60年代初,罗宾斯就已经觉察到了"作为不同的句子的一个基本成分而被使用的方式"——我们所说的"存在于自然语言中的词义形式"与词典中"概括地诠释语言里每个词在某类句子中的使用方式"——我们所说的"经过专家学者的抽象概括而存在于辞书中的被称为'义项'的词义形式"存在的差异。

在第二段话语中,罗宾斯反对将词义看作是"词所传达的概念,或者是词在说话人或听话人的头脑里所引起的概念",其中一个重要理由是"这类解释试图主要根据个人的现象来说明大众的现象(言语、文字)"。这里所谓的"个人的现象"实际就是指的词义的主观形态,因为正如我们前面所述的,词义的主观形态"是个人的,或者说是特定的群体的";而所谓的"大众的现象(言语、文字)"实际也就是指词义的客观形态,即词"出现于所有书面文献和口头表达中的意义"。

只是那时的罗宾斯还并不明确地意识到词义实际上具有两种存在着巨大差异的形态。

在第三段话语中,罗宾斯先是否定了 Gardiner 的"指称说"和曾一度在西方流行的由英国人 C. K. Ogden 和 I. A. Richards 提出的把词义"当作词、说话人或听话人与所指之间的三边关系"的所谓"语义三角"学说,并进而指出"不同类型的所指就是某些词在句子中所起作用的一部分,而一个词的词典条目则简明地归纳了该词典型地出现在句子中时所具备的功能(指称的功能或其他功能)"。所谓"某些词在句子中所起作用的一部分"以及"该词典型地出现在句子中时所具备的功能",实际上所指的就是我们所说的词义的主观形态。如果是"某些词在句子中所起作用的全部",那就是某些词义的客观形态了。在这段表述中,最为精彩的是罗宾斯使用了"典型地出现"这个说法,这与我们所说的"经过专家学者的抽象概括而存在于辞书中的被称为'义项'的词义形式"——"词的意义最为典型的主观形态"——在意思上已经很接近了,可以说只有一步之遥了。

目前国内较为通行的词义解说是所谓的"反映说",即把词义看作是客观对象或事物在人的意识中的概括反映。这个关于词义的定义实际上还是偏向于词义的主观形态,而没有更多地关注词义的客观形态,至少对词义的客观形态所具备的揭示客观事物或现象所有的本质的和非本质的特征的丰富性、芜杂性以及全面性没有比较明确地予以表述。

区分词义的两种形态，不仅对解决诸如词义的定义问题、词的科学意义与通俗意义问题以及词义发展过程中的所谓"深化"问题等的纷争大有裨益，而且也将对有关词义分析问题的深入探索带来启迪。因为，事实上，国内学界所谓的词义分析研讨，均只关注词义的主观形态，其主要表现为：无论是词义分析模式的确定，还是词义分析典型个案的操作，无不参照和依据《现代汉语词典》。而《现代汉语词典》所保存的义项均是经过专家学者的抽象概括而形成的，是词义的最为典型的主观形态。这种词义形式确实揭示了客观事物或现象最为基本的特征，但并没揭示客观事物或现象的一般特征，更遑论词义的客观形态所要求的全面完整揭示客观事物或现象所有的本质的和非本质的特征。因此，词典中所展示的只是词义客观形态的"冰山之一角"。关于这个问题，非三言两语所能表述清楚，我们将另文探讨，这里就不再展开了。

（本文原载《江苏大学学报：社会科学版》2009年第3期）

汉语句类发展的演进路径和运作机制[1]

王建军

一、引言

句类是句子的语用分类，也即句子的语用价值或语用目的的类别。如果说词类和句类属于汉语语法系统中不可或缺的两大主板，那么句类史和词类史则是支撑语法史的两根重要立柱。从历史层面考量，汉语的句类和词类都具有以下几个重要而鲜明的特质：

其一是恒常性。恒常性即句类和词类的不可替代性，意味着某种句类或词类一旦应运而生，就必定会在整个句类或词类系统中占据一席之地，其间虽有发展、变化或挪移，但一般不会瓦解或消退。迄今为止，我们尚未在汉语史上发现一种曾经出现并业已消亡的句类或词类。

其二是层累性。句类和词类的发展过程是一个由少而多的堆积过程，先有原始类别，再产生后续类别，新旧相因，并由此而构成一个功用相对完备的体系。该体系虽可能发生局部的替换或更迭，但基本不会步入衰微境地，因为不同的句类或词类往往具有不同的语用效能，彼此间为互补关系，通常不会发生倾轧现象。

其三是兼容性。对具体的词而言，其语法属性具有非单一性；对具体的句子而言，其语用属性具有非限定性。因此，汉语中客观存在着词类的兼类现象和句类的跨界现象。一词多类现象是因不同的语法功能而生，一句多类现象则因不同的语用功能而生。

就此而言，科学而完备的汉语语法史应该同时凸显句类史和词类史，这既是语言系统性的必然要求，也体现了语言研究的均衡原则。长期以来，汉语语法史研究一直比较偏重词类史而忽视句类史，不仅造成了整体研究

---

[1] 本文为国家社科基金一般项目"语言类型学视野下汉语句类演变研究"（项目编号18BYY161）的阶段性成果。

局面的失衡,而且也在一定程度上制约了汉语语法史研究的深化。

近几十年来,在学界的大力推动和辛勤耕耘下,汉语句类史研究已经取得了长足的进展。随着单个句类史、断代句类史研究的突飞猛进,对句类史进行整体观照的时机已然成熟。在整体观照句类发展进程的过程中,归结句类发展的演进路径并探寻句类发展的运作机制似乎显得尤为紧要。

二、汉语句类发展的演进路径

与词类一样,汉语的句类承上启下,得到了高度的发展,呈现出崭新而鲜明的发展趋势。在对疑问句、感叹句、祈使句、比较句、存在句等基本句类进行历时考察并加以归总的基础上,我们获得了有关汉语句类演进路径的一些大致认识,兹约举如下。

(一)句类义类范畴的齐备化

从历时角度看,句子的语用功能总是不断向外拓展的。而语用功能的拓展其实就意味着句类的义类范畴的增加。汉语几乎所有的句类都经历了一个义类日渐齐备的进化过程。

考察显示,判断句的各种义类是在中古达到齐备的。这一点可从"是"字判断句身上得到印证。柳士镇指出:"秦汉时期的'是'字式判断句,其宾语在意义上主要表示与主语的等同、对主语的归类以及主语的特征,句中的主语与宾语多为名词、代词或名词性词组。"[1] 和前期相比,中古的"是"字句至少出现了四种引申用法:1)表示确认事实;2)表示解释原因;3)表示事物存在;4)表示辅佐语气。兹依次各引二例如下:

> 此袍是市西门丁与许。(《古小说钩沉·幽明录》)
> 此卤簿甚盛,必是殿下出行。(《宋书·王华传》)
> 公门置甲兵栏骑,当是致疑于仆也。(《搜神记》卷十八)
> 君侯所患,正是精进太过所致耳。(《世说新语·术解》)
> 孝义里东,即是洛阳小市。(《洛阳伽蓝记·城东》)
> 此庙中无神,但是龟鼍之辈。(《搜神记》卷十九)
> 天下方是我家有,汝等不忧不富贵。(《宋书·竟陵王传》)
> 若是阳不闭阴,则出涉危难而害万物也。(《南齐书·五行志》)

---

[1] 柳士镇. 魏晋南北朝历史语法 [M]. 南京:南京大学出版社,1992:291.

再如，汉语存在句拥有三大语用功能系列：叙述性句、判断性句和描写性句。由叙述到描写是汉语存在句的基本演化路径。上古汉语大致是叙述性存在句和判断性存在句一统天下，中古则是描写性存在句大发展的时期。描写性存在句是在说明事物或情况存在的基础上，再对其存在方式和情状加以一定描绘的句子，表意上带有明显的形象色彩。上古的描写性存在句因处于起步阶段，义类比较单一，仅有发生类和摆放类等有限的几类，中古则骤然新增了环绕类、烧煮类、包含类、悬挂类、种植类、刻写类、穿戴类、建筑类、立卧类和显露类等十多种描写句，明显由弱势转为强势。下面各酌引一例，以资佐证：

　　海四面绕岛，各广五千里。(《海内十洲记》)
　　树上然火。(《古小说钩沉·幽明录》)
　　口含四十齿，方白而齐平。(《修行本起经·菩萨降生品第二》)
　　其城门上张大帱幕。(《法显传·自发迹长安至度葱岭》)
　　内殖种种华果。(《法显传·中天竺、东天竺记游》)：
　　墙壁槃盂皆画龙。(《论衡·乱龙》)
　　上著青袄，下服白布裳。(《古小说钩沉·冥祥记》)
　　树下起精舍。(《法显传·师子国记游》)
　　井上辘轳卧小儿。(《古小说钩沉·裴子语林》)
　　后系一小船。(《法显传·浮海东还》)
　　于一微尘身中，复现三千大千世界微尘等身。(《大方便佛报恩经·孝养品第二》)

值得一提的是，中古的描写性存在句大多是静态句，而动态性存在句则大致是近代之后的产物。例如：

　　头上出火，足下出水。(《敦煌变文校注·降魔变文》)
　　时遇暮冬天气……又早纷纷扬扬下着满天大雪。(《水浒传》第十一回)
　　火光丛中，闪出首将豹子头林冲。(《水浒传》第五十九回)
　　水底下早钻起三四百小军。(《水浒传》第五十四回)
　　只见灵床子下卷起一阵冷气来。(《水浒传》第二十六回)
　　红焰之中冒出一股恶烟。(《西游记》第七十回)

> 但见凭空里就现出许多人来。(《儿女英雄传》缘起首回)
> 窗外又起了一阵风。(《儿女英雄传》第三十五回)

可见,作为一种初始句类,汉语存在句的现代义类体系经过数千年的衍生和累积,直到近代始大致告就。

(二) 句类形式标记的明晰化

"语言中的标记现象(markedness)是指一个范畴内部存在的某种不对称现象……有标记和无标记的对立在语言分析的所有层次上都起作用,这叫作标记现象的普遍性。"[1] 句类作为一种常规句法现象,也存在着有标记与无标记的对立。以汉语的被动句和主动句为例,被动句通常有标记,而主动句则一般无标记。就句类史而言,汉语明显经历了一个从无标记到有标记、从单一标记到多个标记的进化阶段。汉语句类的标记化是受语言交际的明确原则主导的,因为"语法中无标记项的意义一般比有标记项的意义宽泛,或者说有标记项的意义包含在无标记项之中"[2]。

不妨先关注一下被动句的标记情况。汉语起初只有无标记的被动句即意念被动句。据考察,甲骨文中并不存在任何带标记的被动句即形式被动句。周代开始,被动句有了标记与无标记之分,但标记句仍居于劣势地位。据钱宗武统计,今文《尚书》的60例被动句中仅有13例是标记被动句。[3] 直到春秋秦汉时期,汉语的标记被动句始获得较为长足的发展,形成了"于"字、"见"字、"为"字和"被"字等四种标记共享的局面。中古的标记被动句不仅在数量上大为增加,而且被动标记日益集中于"为"字和"被"字。唐钰明曾对南北朝时期六种典籍(《世说新语》《洛阳伽蓝记》《颜氏家训》《搜神记》《百喻经》《出曜经》)中的标记被动句进行了穷尽统计,其中"为"字句占总数的67%,"被"字句占总数的18%。[4] 到了近代,被动句又在口语中萌生出一些新标记:"吃""蒙""叫""挨"等。可见,由无标记到有标记、由个别标记到多元标记是汉语被动句的演化轨迹。

汉语的祈使句也有所谓的隐性和显性之别:凡结构上无突出标记的为隐性祈使句,反之则为显性祈使句。显性祈使句的标记成分一般由助动词、语气词和否定副词充任。从自然语言的生成事实推测,初始的祈使句很可

---

[1] 沈家煊. 不对称和标记论 [M]. 南昌:江西教育出版社,1999:22-24.
[2] 沈家煊. 不对称和标记论 [M]. 南昌:江西教育出版社,1999:33.
[3] 钱宗武. 今文尚书语法研究 [M]. 北京:商务印书馆,2004:378.
[4] 唐钰明. 汉魏六朝被动句略论 [J]. 中国语文,1987 (3).

能是隐性句,而显性祈使句则属于后起之秀。由于隐性句对语境的依赖过度,其语用效果往往不够明显,因此在文献中很难得到确认。卜辞中被认作祈使句的句子仅四例(其中两例为带否定副词的显性句)[1],这种状况显然与隐性句的难以识别不无关联。周代往后,由于书面表达清晰性的需要,显性句得到迅猛的发展,如《尚书》中以副词和语气词为标记的祈使句就明显增多。中古和近代是显性祈使句的兴盛时期,不仅数量急剧扩张,而且屡屡产生新的句类标记:新兴的助动词"应""合""须"及其多种组合形式[2],新兴的语气词"着""咱""则个""罢(吧)""波(啵)"等,新兴的否定副词"休""别"等。可见,显性祈使句的三大常规标记是渐次产生并推广开来的。

(三)句类主体功用的界限化

不同的句类有不同的语用功能,因此同一尺度下划分出的各种句类在语用上理应处于互补地位。句类的互补性要求不同句类之间必须形成相对确定的界限,即由功能的清晰达到类别的分明。

较之上古,中古和近代是汉语各种句类实现类聚化的关键时期,句类功能日益显豁,句类界限也趋于明了。这主要得益于中古和近代在语法方面出现的几点新变化:

其一是增添语法手段。语法手段的单一化无法使句类实现有效的分工,客观上容易导致句类的混同。关于卜辞中的疑问句,张玉金曾指出:"卜辞中的疑问句,其句末通常是不用语气词的。其疑问语气的表达,一般是依靠句调这种语法手段。"[3] 句调或语调本身是一种无形的语法手段,书面中难以辨识。句类若完全以语调为据,必然会导致其语用功能的模糊,从而抹杀不同句类之间的差别。例如,卜辞中的是非问句由于只凭语调而不用语气词,其语句形式与陈述句基本无异,很难加以鉴别。而中古和近代则是语法手段大扩张的时期。仅语气的表达方式就比前期有了质的改观。除了语调和特定语词(如语气词、语气副词、叹词和代词)之外,越来越多的句式也开始担当起语气释放者的角色,如"感情动词+然"式用于表达感

---

[1] 张玉金. 甲骨文语法学 [M]. 上海:学林出版社,2001:338.

[2] 柳士镇归结出助动词与助动词的组合有九组十三种、副词与助动词的组合有四组十二种,参见:柳士镇. 魏晋南北朝历史语法 [M]. 南京:南京大学出版社,1992:128-135.

[3] 张玉金. 殷墟甲骨文句类问题研究 [M] // 郭锡良. 古汉语语法论集. 北京:语文出版社,1998:602-603.

叹语气、"VP+neg"式和"是+NP+neg"式用于表示疑问语气等[1]。

其二是补充语法标记。标记是功能的代表，标记的缺失必然使某些句类不能彰显，进而会因难以识别而被忽略。张玉金在全面考察了西周汉语语料后指出："在西周汉语的语料中，可见到询问句、反问句，但未见到测度问句。"[2] 鉴于甲骨文中已有测度问句，我们认为，西周汉语实际上应该拥有此类句，只是形式上缺乏标记，人们无法识别罢了。正因如此，后世陆续诞生了不少测度语气词如"其""岂""殆""得无""得微""得非""得毋""无乃""将""将非""将无""将不""敢""怕""莫不""莫非""莫是"等，使测度问句最终发展成为汉语中非标记不可的疑问句。中古和近代是汉语语法标记的勃兴时期，各种句类的重要标记均已大致告就。例如，用于平比句的比较词"与""和""跟""同"等，用于差比句的比较词"不及""不如""不若""争（怎）如""比"等，用于极比句的比较词"最""无比""……比……都……"等都是在中古以后臻于完备的。

其三是限制语用范围。上古因句法成分有限，故使用上颇多泛化倾向，而中古和近代由于语法成分增多，分工趋于明确，各成分的语用范围也随之缩小。例如，"哉"在上古就是一个高频语气词，具有典型的泛化倾向。钱宗武对今文《尚书》中的"哉"作了穷尽统计，基本结论是："'哉'于句末可助成各种语气。表示祈使语气 39 见，表示感叹语气 18 见，表示陈述语气 10 见，表示判断语气 2 见，表示疑问语气 1 见。余 4 见表示商度语气。"[3] 中古虽与上古拥有大致相仿的语气词系统，但已发生了一些实质性的变化，特别是在语用功能方面呈现出专门化的趋势。例如，在上古可以助成各种语气的"哉"在中古就只用于表示疑问和感叹。又如，上古的祈使句大多借助语气词和副词来生成，而中古和近代的祈使句则大多借助助动词和特定句式来生成，这样就有效避免了祈使句与感叹句、疑问句之间的混同现象。

（四）句类句法构造的复杂化

句类无论内涵的充实还是外延的拓展都必须以句法形式为依托。柳士镇指出："如果从汉语语法发展的角度来看，要做到语言形式的扩大容量与表达清晰，这除去大量增加复音词之外，更要依赖于句法结构的扩充化与

---

[1] "VP-neg"式反复问句虽起于秦汉，但直到中古始发展成为主流表达形式，而"是+NP+neg"式则完全是中古的新生物。

[2] 张玉金. 西周汉语语法研究 [M]. 北京：商务印书馆，2004：376.

[3] 钱宗武. 今文尚书语法研究 [M]. 北京：商务印书馆，2004：310.

表达方式的严密化。"[1] 可见，汉语句类功能的繁富和义类的齐备不可能脱离汉语句法结构的扩充化。

句法结构的扩充化大致可遵循两条路径：其一是增加各内在成分的层级，即内部增容；其二是链接不同的句式，即外部延伸。较之先秦两汉，中古和近代是句法结构扩充化加剧的关键时期，许多基本句类都在此期完成了自身结构的升级改造，从而走向了功能的完善与义类的繁富。

例如，中古是存在句内部系统大扩张的时期，整个句类的扩张过程都伴随着句法结构的扩充。就句法层面看，存在句结构的扩充既表现于内部的增容上，又表现于外部的延伸上。

就内部增容而言，存在句 A 段（即时空词语）、B 段（即中介动词）和 C 段（即存在主体）的普遍复杂化即始于中古。诸如 A 段和 C 段含多层定语的情况以及名词性词语、动词性词语和介词短语混用作 A 段的情形都只见于中古之际；其他如主谓短语更多地充任句中成分、B 段动词前频繁添加限制性成分也是兴于中古而盛于近代。

就外部延伸而言，中古和近代的存在句呈现出两大迹象：一是延伸现象趋于普遍，二是延伸度有所加大，产生了大量的跨界句。例如：

  汉文帝十二年，吴地有马生角，在耳前，上向，右角长三寸，左角长二寸，皆大二寸。（《搜神记·吴马生角》）

  佛堂前生桑树一株，直上五尺，枝条横绕，柯叶傍布，形如羽盖。（《洛阳伽蓝记》卷一）

  其中重岩复岭，欹嵌相属，深溪洞壑，逦迤连接，高林巨树，足使日月蔽亏，悬葛垂萝，能令风烟出入，崎岖石路，似壅而通，峥嵘涧道，盘纡复直。（《洛阳伽蓝记》卷二）

  忽于众中化出大树：坡（婆）娑枝叶，蔽日干云，耸干芳條，高盈万仞。（《敦煌变文校注·降魔变文》）

  树林里铜铃响，走出十四五个伏路小喽啰来，发声喊，把宋江捉翻，一条麻索缚了，夺了朴刀、包裹，吹起火把，将宋江解上山来。（《水浒传》第三十二回）

另外，"是"字判断句每种新义类（即上文所称的四种引申用法）的诞

---

[1] 柳士镇. 魏晋南北朝历史语法 [M]. 南京：南京大学出版社，1992：330.

生往往都伴随着结构成分复杂化,如主语的复杂化、"是"字前出现修饰成分、宾语的复杂化等[1]。

(五) 句类句子模式的多样化

任何一个句类都不是单一品种的延续,而是多种句子模式的聚合,这是语用多样性对句类的必然要求。不同的句子模式往往具有异样的语用价值。一个句类拥有的句子模式越多,其用途就越具有多样性和可选性,就越容易实现语用上的互补。汉语演进史表明,汉语的任何一个重要句类都无一例外地具有多种句子模式。例如,祈使句有隐性祈使句和显性祈使句。隐性祈使句又分为含行为主体的祈使句、无行为主体的祈使句和疑问形式的祈使句等;显性祈使句则分为带语气词的祈使句、带动词和助动词的祈使句、带语气副词的祈使句、带否定副词的祈使句等。

必须指出,对汉语的多数句类而言,占据主流地位的句子模式大多是在中古和近代奠定的,后世除了在类型上略有添加或替换外,很少发生质的迁移和更替。多种句子模式的存在为不同的语用需求提供了宽广的选择余地。在中古以来的文献中,同一句类的几种不同模式的句子往往可以共处一体。例如:

> 洲上多凤麟,数万各为群,又有山川池泽及神药百种,亦多仙家。(《海内十洲记》)
>
> 刹上有金宝瓶,容二十五斛。宝瓶下有承露金盘一十一重,周匝皆垂金铎,复有铁镶四道,引刹向浮图四角,镶上亦有金铎。(《洛阳伽蓝记》卷一)
>
> ——以上为多模式存在句的共用现象
>
> 列位休要打我!邵兄弟,你拦他们一拦,我合你们同去就是了。(《醒世姻缘传》第十三回)
>
> 大师傅,不要动怒!你看菩萨分上,怜我无知,放下我来,我喝酒就是了!(《儿女英雄传》第五回)
>
> ——以上为多模式祈使句的共用现象

同一句类的不同句子模式现身于同一语境,既突出了其构造的多样性和互补性,又能彰显出其功能的一体性和包容性。这是句类系统发达和成

---

[1] 柳士镇. 魏晋南北朝历史语法 [M]. 南京:南京大学出版社, 1992:291-294.

熟的标志。比如，萧统的《令旨解二谛义》是一篇仅四千余字的问答体短文，其中的选择问句多达 31 例，句子模式丰富多样，充分反映出中古选择问句的全貌[1]。例如：

  又咨："未审有起动而凡夫横见，无起动而凡夫横见？"（萧统《令旨解二谛义》）

  又咨："未审就凡圣两见，得言两义，亦就凡圣两见，得言两体？"（萧统《令旨解二谛义》）

  又咨："为有横见？为无横见？"（萧统《令旨解二谛义》）

  又咨："未审一得无相，并忘万有，为不悉忘？"（萧统《令旨解二谛义》）

  又咨："有智之人，为是真谛？为是俗谛？"（萧统《令旨解二谛义》）

  又咨："未审此寄言辨体，为是当理，为不当理？"（萧统《令旨解二谛义》）

  又咨："为当见妄？为当见有？"（萧统《令旨解二谛义》）

  湘宫寺慧兴咨曰："凡夫之惑，为当但于真有迷，于俗亦迷？"（萧统《令旨解二谛义》）

  又咨："真俗既云一体，未审真谛亦有起动，为当起动自动，不关真谛？"（萧统《令旨解二谛义》）

上述选择问句统共九种模式，少数沿袭了上古的语法格局，仅在个别成分（如否定词、句末语气词）上有所翻新，而大部分则是中古的新生类型。这种新旧模式并存的现象正反映出选择问句的习用性与成熟度。可以说，近现代选择问句的基本模式大多承此而来。

三、汉语句类发展的运作机制

语言发展的背后往往隐藏着秘不示人的机制。语言的一切规律性的变化都是特定机制运作下的产物。句类作为语法系统的两大支柱之一，其发展也一定在特定语言机制的操控之下。透视汉语句类发展的历史，我们认

---

[1] 柳士镇. 萧统《令旨解二谛义》中的选择问句 [J]. 古汉语研究，2002（4）：45-50.

为以下几种机制的作用似乎特别明显。

（一）句式类推机制

任何一种句类的产生都不可能瞬间迸发、一蹴而就，总是要以某一种句式为框范，通过长期的示范和辐射作用，来引发相关的句式，从而使句子的表现形式摆脱单一、走向多元，这就是句式的类推机制。从历时角度观察，汉语句类的发展就正印证了句式类推机制的存在。众所周知，句式类推通常是单向的，即由已经稳固建立的基本句式类化新的句式，而不是相反。

以存在句为例，在所有类型的存在句中，"A+B+C"的框架是一种常式或基式，也是一种类推方向。除了原始的独语句和无中介句，后世诞生的几乎所有类型都未超越这一框架。在依托"A+B+C"框架的存在句中，产生最早、使用最广的是"有"字句，因而"有"字句的引导作用十分明显，它不仅引导了属同一语用类型的"无"字句和"没"字句，而且也引导了面广量大的行为动词句。成形于中古的"是"字存在句也是一种类推下的产物。句式的类推作用不仅施于宏观，也深入微观，涵盖每段的内部构成状况。例如，各类存在句A段的构成就如出一辙，基本不外乎名词性词语、介词短语和动词性词语。"有"作为非行为动词之所以能附以"着""了"乃至"过"这样的标记无疑也是类推的结果。

句式的类推作用不仅体现在外观的类同和内构的划一方面，有时也表现为发展程序的一致。历时考察的结果一再表明：各类存在句的语义类型几乎都是按照时间类、空间类和时空混合类的次第生成的；先内部增容、后外部延伸也是各类存在句结构演进的通则。

类推作用所带来的全局性影响是维持了汉语存在句的基本模式和固有程序，使之最终形成一套既符合汉语句子的一般要求，又在语义、语法和语用方面独具个性的句类体系。我们之所以能将那么多形式参差、功效不一的句子归拢到存在句的旗下，靠的就是对基本模式的识别。就此而言，句式类推是一类句子构建特点、形成体系、走向稳固与成熟的重要机制。

必须申明的是，强调类推绝不意味着掩盖发展变化，也绝不意味着以共性取代个性。在相同的类推作用下，汉语各种句类的局部的创新与突破也是不争的事实。正因如此，各种句类才可能出现多样并举的局面。应该说，类推与创新的结合是汉语句类的发展机制之一。

（二）词汇替换机制

类推属于沿用，词汇替换在某种程度上则是一种创新。纵观汉语句类史,不难发现,词汇替换是实现创新的重要手段。词汇替换的目的在于提高、改善句类的现时性和适应性,使之免遭淘汰出局的厄运。

选择问句的演化历程几乎就是词汇替换的历程。从先秦至宋元明清,选择疑问句的关联词经历了如下变化:"将、抑、且、其"→"则、岂、将、为、为是、为复、为当"→"为、为是、为复、为当、是"→"是、还是"。与之同时,选择疑问句的语气词也经历了革命性的替换:先秦到魏晋南北朝以"乎、与(欤)、邪(耶)、也"为主,唐宋则疏于语气词的使用,元明则代之以"那、哩",而清代以后则盛行"呢、啊、哇、吗、呀"等语气词。

在以行为动词为中介的存在句中,词汇替换也极为寻常。由于行为动词句的实际运用频率较高,句中的行为动词多是常用词。这些常用词有时也需要根据语言的发展状况进行适当的更换。例如,在"悬挂类"存在句中,"悬"和"挂"即为一古一今的两个常用词,或者说,"挂"是作为"悬"的历史替换形式出现的。据汪维辉考证,两者的更替约发生在魏晋南北朝之际,魏晋之前多用"悬",魏晋之后多用"挂"。[1] 类似情形在各类行为动词句中均不同程度地存在。又如在"穿戴类"句中,"穿"就是"著(着)"的历史替换形式,大致唐以前用"著(着)",唐以后用"穿"。例如:

> 从头至足,皆著金银白珠璎珞,随时被服。(支谦译《七女经》)
> 身上皆著金银琥珀珠宝,被服甚好。(支谦译《七女经》)
> 上著青袄,下服白布裳。(《古小说钩沉·冥祥记》)
> 左边尽着黄金甲。(《敦煌变文校注·王昭君变文》)
> 上穿一件红衲袄。(《水浒传》第二回)
> 身上穿个棋子布背心。(《水浒传》第十五回)
> 脚下穿一双二蓝尖头绣碎花的弓鞋。(《儿女英雄传》第四回)
> 下面穿一件大红绉绸甩裆中衣。(《儿女英雄传》第六回)

若单从形式论,词汇替换属于新陈代谢,无疑应视为创新之举;若从实际效果看,词汇替换是为了让旧有句子焕发新生命,如此处理其实又可视为对历史的一种沿袭和继承。

---

[1] 汪维辉. 东汉-隋常用词演变研究[M]. 南京:南京大学出版社,2000:210-221.

(三) 语法化机制

语法化是推进语言发展的重要机制之一，对句类的影响作用同样不可小视。《汉语语法化的历程》中谈到："语法手段包括语法标记和语法结构两大类。在汉语语法史上，一个语法化过程往往同时涉及新标记和新结构的产生，两者经常是同一变化的两个方面。"[1] 语法化既是机制，又是过程。例如，"是"由指代词演化为系词（判断词）就是一个实实在在的语法化过程。在这个过程中，"是"的复指功能逐渐淡化而连接功能日趋强化。正是基于"是"的语法化，新型的判断句才得以脱颖而出。

语法化过程不仅分先后，有时还分层次。就存在句而言，其语法化就大致表现在高、中、低三个层面。

从高层看，存在句是先有空间句，后有时间句，时间句就是语法化的产物。因为空间是具体的、直观的，时间是抽象的、无形的，存在句的A段由空间过渡到时间就是一个虚化的过程。时间句在某类存在句的比例愈高，就说明此类句的语法化程度愈深。尽管存在句源远流长，但时间句在各类存在句中的分布依然有限，表明存在句在这一层面的语法化过程尚未告终。就空间类存在句而言，实体空间向虚化空间的过渡也可视为高层语法化的一种具体体现。

从中层看，行为动词句也可算作语法化的产物。存在句的历史表明：最早的存在句可能是无中介动词句，中介动词句属于后生后发。存在句的中介动词原先只能是非行为动词如"有""无""是"等，此后逐渐扩至行为动词。行为动词进入存在句后，其固有的动作性即大受削弱，只用于揭示存在的状态，以致行为动词的一些固有特征（如重叠）就很难得以显现。动词性的弱化就是动词的虚化。据此，可以认定行为动词句的产生与发展过程就是一种典型的语法化过程。

从低层看，存在句的某个组块也时不时会露出语法化的迹象。比如，近代频繁出现于存在句句末的"在这里（那里）"虽说仍不乏确认存在处所的作用，但已呈现出虚化为语气词的迹象[2]。而近代见于存在句句末的"便是"则大致完成了其自身的语法化过程。"便是"由句中判断到句末肯定，整个语法化过程较为分明。

---

[1] 石毓智，李讷. 汉语语法化的历程 [M]. 北京：北京大学出版社，2001：2.
[2] 俞光中.《水浒全传》句末的"在这（那）里"考 [J]. 中国语文，1986（1）：63.

(四) 焦点主导机制

从语用角度出发，汉语的基本句类大多属于"施为句"[1]。所谓"施为句"，就是句子表达的是一种行事行为，或提供一种信息，或宣告一项结果。因此，人们在使用句子的时候，总要采用一定的手段来突出其中的焦点，这就是所谓的焦点主导机制。可以说，汉语的每种句类都是焦点主导机制的产物，句类的发展和演变也必须受该机制的约束。

不妨仍以存在句为例。在存在句中，作为 C 段的存在主体是存在句中最为重要的指称，无疑当占据焦点位置。对大多数句子来说，句首是焦点位置；而对存在句来说，句末是焦点位置。在实际语境中，存在句可以出现各种变式，但在所有的变式中，C 段永远是不可或缺的论元。

再看疑问句。不同疑问句有不同的焦点，疑问句的焦点就是疑问点。疑问点在不同的疑问句中有不同的分布：在特指问句中，疑问代词就是疑问点；在选择问句中，一个选项往往就是一个疑问点；在正反问句中，"A 不 A"就是疑问点；在是非问句中，疑问点则表现为整个句子。正因如此，在特指问句中，疑问代词是不二之选，语气词则基本遭到排斥。而在选择问句、正反问句和是非问句中，由于焦点的分置导致疑问度的降低，其他的表疑问的成分（如表疑问的语气副词和语气词）才得以普遍采用。

在比较句中，比较点是比较双方关注的内容，理所应当成为句子的焦点。比较点一般只在句中出现一次，句法上常常依附于比较前项或比较后项。在实际语境中，比较点有时可与比较项重合。比较点的出现与否完全取决于内容表达的需要，一般会对句法功能的表现产生一定影响。比较点单独出现时，句子属于狭义的比较；比较点不单独出现时，句子则属于广义的比较。

总之，句子的句法结构和语义模式不论如何转换，似乎都无法摆脱焦点主导机制的规约作用。

四、结语

语言本质上属于一种系统的存在。而语言的系统性很大程度体现在语言元素的聚合即类别上。因此，汉语史研究不能只停留于语言细节的求

---

[1] 姜望琪. 当代语用学 [M]. 北京：北京大学出版社，2003：34.

证,还应着眼于汉语演变的大势即关注汉语类系统的生成和发展状况。汉语句类身上负载着丰富而稳定、密集而系统的历史语言信息,应该成为汉语史断代研究的重要而可靠的参数之一,应该受到汉语史研究者的高度重视。汉语句类演进史表明:多样化的运作机制是动因,多方位的演进途径是方向,动因主导方向,二者相辅相成,由此铸就了汉语句类的基本格局。

现代汉语自相叠加式定中结构刍议

高永奇

一、引言

陆俭明（1985）[1]对汉语中"父亲的父亲的父亲"一类由指人的名词自相组合造成的偏正结构的切分问题进行过讨论，此后，吴葆棠（1991）[2]、袁毓林（1994）[3]、邵敬敏（2011）[4]、卢英顺（2015）[5]等不少学者对此类结构也发表过看法，但他们多是引用陆先生的观点，将此作为层次分析法运用的典型案例之一，很少有在此基础上展开进一步的深入讨论。

这类结构之所以让人们感兴趣，除了语义方面"父亲的爷爷"跟"爷爷的父亲"所指是同一个人、不管哪种切分看起来好像意思都一样之外，还有深层次的原因。因此，本文从认知语言学空间隐喻角度入手，对这类结构进行分析，探究此类结构的形成条件及其特点，并结合语言类型学相关理论，对这类结构进行讨论。

二、空间域词语的自相叠加

（一）正前方位的叠加表达

汉语中的指代系统是二分式（近指、远指），表远指的代词只有"那（里、边）"，要表达前方更远处的事物，可以运用逐步叠加式的偏正结构。如：

---

[1] 陆俭明.由指人的名词自相组合造成的偏正结构[J].中国语言学报，1985（2）：209-225.
[2] 吴葆棠.语流语法分析模式[J].中国语文，1991（1）：104-113.
[3] 袁毓林.一价名词的认知研究[J].中国语文，1994（4）：241-253.
[4] 邵敬敏.汉语语法趣说[M].广州：暨南大学出版社，2011.
[5] 卢英顺.语言学讲义[M].上海：复旦大学出版社，2015.

（1）前面的前面的前面　　　（2）那边的那边的那边
（3）前方的前方的前方　　　（4）前一排的前一排的前一排

从生成机制上说，这是一种由近及远、由眼前事物到远处事物的逐层叠加式结构。因为人类的视线呈前方直视，有一定的视角和视域范围：眺望越远的事物，视角越小；越近的事物视角越大，即所谓的"透视原理"。如图1所示，AB 的前面是 $A'B'$，$A'B'$ 的前面是 $A''B''$，如果它的前面还有别的事物，再一次叠加，会形成"前面的前面的前面的……"逐层套叠的形式。

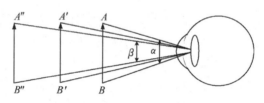

图1　透视原理示意图

这种结构是一种复杂定语加中心语构成的定中短语。其内部层次是（a）而不是（b）：

（a）前面的前面的前面　　　（b）前面的前面的前面

这一点很容易证明，我们只要将中间的"前面"替换为别的词，比如"石头"，说成"前面的石头的前面"，就只能理解为"前面的‖石头的∣前面"，而不会理解成"*前面的∣石头的‖前面"，[1] 这跟多层定语不同。多层定语是定中短语再带定语的形式。如"大公鸡"是定中短语，其前面再加上定语"一只"，就形成了"一只大公鸡"。而且还可以继续加定语，说成"新买的一只大公鸡""他的新买的一只大公鸡"，等等。语言中短语具有的这种性质被称为语言的"递归性"。而我们说的这种叠加形式的复杂定语，也有这种递归性，如果需要，可以无穷无尽地递归下去。

---

[1] 一道竖线"∣"表示第一层切分处，两道竖线"‖"表示第二层切分处，其余类推。下同。

（二）其他方向的叠加表达

正前方的事物我们能直面看见。由正前方转到上、下、左、右、后时，在汉语中同样可以使用这种叠加形式的定中结构。如：

（5）上面的上面的上面　　（6）下面的下面的下面
（7）左边的左边的左边　　（8）右边的右边的右边
（9）后面的后面的后面

这些短语仍然是一种逐步叠加形式，其内部层次结构仍然不是多层定语，而是复杂的定语形式。即"上面的‖上面的｜上面""下面的‖下面的｜下面"。不难理解，虽然我们不能直视可见，但我们可以通过头部或身体的转动，仍能像正前方一样，看到位于其他方位的远方的事物。

不管是正前方还是非正前方，这两种观测的基点都是我们自身。以我们的身体为原点，由此出发，由近及远，句法形式上表现为词语的逐层叠加。

（三）内外结构的两种情况

人们在观察内外结构的容器时，有两种可能：第一种情况，人们不再是以说话人自身为参照点，而是以被观测的事物本身为观测点，人自身则处于旁观者的角度。第二种情况，容器足够大（但又不能过大，人要能自然认识到它是个内外结构的容器），人自身为处于容器中，观测的出发点仍是说话人本身，方向性依然清晰。

第一种情况的例子如：

（10）里面的里面的里面　　（11）外边的外边的外边
（12）外围的外围的外围

如图2所示，我们站在旁观者的角度，分析A、B、C之间的关系，发现C的里面是B，B的里面是A，所以有"里面的里面的里面"；同理，A的外面是B，B的外面是C，可以说成"外面的外面的外面"。但是，如果仍以说话人为参照点，那么就会表达不清，理解混乱，结构就不成立了。如：

图2　内外结构示意图

(13) ＊周边的周边的周边　　(14) ＊周围的周围的周围

《现代汉语词典》对"周边"的解释是"周围",对"周围"的解释是:"环绕着中心的部分:周围地区｜屋子周围是篱笆。"[1]

《现代汉语词典》对"外围"的解释是:"① 周围。② 以某一事物为中心而存在的(事物):外围组织。"[2]

显然,"外围"的第二个义项跟我们这里说的是一致的,是以"某一事物为中心"的。而"周围"的解释有些笼统。"环绕着中心"既可以是以某事物为中心,如词典中的例句(屋子周围);也可以是以说话人本身为中心。而我们这里讨论的这种叠加结构,显然倾向于以说话人为中心。所以例(13)(14)理解起来都倾向于以说话人为中心,方向性不确定,因此无法成立。

那么,这种因为观察点不同的内外关系的叠加结构,内部语法层次如何呢?

这时就会有第二种情况出现。

以例(10)为例,该句有两个意思:a. 说的是一个封闭的容器,比如"箱子",人完全作为旁观者来描述,这时候短语的结构是"(箱子)里面的‖里面的｜里面"。这一点不太好理解,甚至有两种理解,但比较"(箱子)里面的‖盒子的｜里面""(箱子)里面的‖布娃娃的｜身上",就可以看清其内部层次了。b. 以说话者为观察的出发点。比如,我们站在衣柜前,说"(衣柜)里面的里面的里面",其结构层次依然是"(衣柜)里面的‖里面的｜里面"。

显然,不管哪种情况,只是观测者的角度不同,对短语的结构没有影响。短语本身都是叠加式的定中短语,而不是多层定语结构。

(四) 方位短语的自相叠加

有时候方位短语也可以构成这种叠加式的结构。如:

(15) 碗里的碗里的碗里　　(16) 箱子里的箱子里的箱子里
(17) 桌子上的桌子上的桌子上 (18) 尖子中的尖子中的尖子

---

[1] 中国社会科学院语言研究所词典编辑室. 现代汉语词典 [M]. 7版. 北京:商务印书馆, 2016:1704.

[2] 中国社会科学院语言研究所词典编辑室. 现代汉语词典 [M]. 7版. 北京:商务印书馆, 2016:1345.

例（18）中的"尖子中"不表示空间方位意义，应该属于我们下面要谈的情况，但因为它是方位短语形式，也符合由"近"及"远"的意义，我们姑且把它放在这里。

这些结构跟上面的结构一样，都是由近及远、由此及彼的推进。它们的内部句法结构也都是叠加式的定中短语。由于有逐步推进义，这些短语跟上面的短语一样，如果需要，可以无限延伸下去。

（五）异形词语的叠加结构

以上列举的都是同形词语构成的结构，异形词语只要意义能搭配，符合逻辑表达，也可以构成类似的结构。如：

（19）前面的上面的旁边　　（20）后面的桌子上的石头上
（21）桌子上的石头的上面　　（22）前面的东边的前面

可见，即使更换一个词语，只要是不影响空间方位关系的表达，结构仍然成立。但如果改变词语后，空间方位意义也发生了变化，结构就不一定是原来的结构了。如：

（23）西边的村子里的女人　　（24）房间里的孩子的妈妈
（25）前面的人们的欢呼　　　（26）后面的人们的叫声

（23）空间关系清楚，句子的表达没有问题。（24）中"孩子的妈妈"空间关系不清晰，所以该短语有两种理解：a. 房间里的｜孩子的妈妈；b. 房间里的孩子的｜妈妈。（25）跟（26）也都有两种理解。但通过对比，我们发现，（25）表达"前面"的概念时更倾向理解为叠加式的定中短语——"前面的人们的｜欢呼"，而（26）表达"后面"的概念时更倾向于理解为多层定语——"后面的｜人们的叫声"。[1]

这里我们列举的都是带"的"的结构，不带"的"的情况我们暂不讨论。

---

[1] 这一语感在课堂上也得到苏州大学文学院 2019 级汉语言文字学专业研究生衣俊达、袁也等同学的一致认可。

（六）汉语地名的排列顺序

名词表示的概念所占空间有大有小，按照透视原理，大的在近处，小的在远处，因此，名词的排列顺序是从大到小。这跟汉语中地名的排列一样，即从大到小排列。[1] 如：

(27) 中国江苏省苏州市姑苏区

(28) 云南省西双版纳傣族自治州景洪市宣慰大道

三、时间域词语的自相叠加

空间概念投射到时间领域，是人类普遍的认知规律，也是跨语言的普遍现象。"时间就是空间"即是空间域概念到时间域的概念映射。

无论是从历史的角度看，还是从人们的认知角度看，人们对空间概念的认识远早于对时间概念的认识。这是因为，时间"是看不见也摸不着的，人类的感官并不能直接感知时间"，"人们往往将空间概念结构投射到时间概念结构"，"在有关时间的隐喻中，关乎空间的一类亦是最重要的、最基本的。"[2]

（一）同形的时间词语的叠加表达

现代汉语时间域的概念也可以用同样的表达方式，表示时间的由近及远。如：

(29) 昨天的昨天的昨天　　(30) 明年的明年的明年

(31) 从前的从前的从前　　(32) 过去的过去的过去

(33) 将来的将来的将来　　(34) 上一周的上一周的上一周

(35) 下一年的下一年的下一年 (36) 下个月的下个月的下个月

从空间域到时间域是一种概念隐喻。例（29）中，对说话人来说，时间词"昨天"跟空间词语一样，由"眼前"近处的"昨天"，逐步推及

---

[1] 英语中地名排列的语序也符合空间序列，只不过他们是从说话人身边的处所开始，由身边到远处。因为身边的空间一定比远处外围的空间"小"，如"家里"→"村里"→"县里"→"市里"，因此句子形式上就呈现出由"小"地名到"大"地名的现象。而汉语中则是综合分析空间大小之后，再依照透视的基本原理重新安排"大""小"。

[2] 匡腊英. 汉语言中时间的空间隐喻——论空间范畴概念对汉语时间表述的影响 [J]. 湖南社会科学，2011 (6)：158-161.

"过往"的远处的"昨天",形成了叠加式的定语形式。其结构层次是"昨天的‖昨天的∣昨天"。其余几个例子都是如此。

由于时间概念比起空间概念来说更加抽象,如何证明这些例子的结构是叠加式的而不是多层定语呢?其实跟上面的方法一样,我们以(34)为例,将原句改成"上一周的前一个值日周的上一周",中间的词语改成语义更为具体的短语,就可以发现,它们的结构仍然不是多层定语结构。当然,这样蹩脚的句子实际语言中很少会使用。

(二)异形的时间词语的叠加表达

不仅同形词语可以构成这种叠加格式,异形的时间词语也一样,也可以构成这种结构。如:

(37)下周五的晚上的休息时间 (38)上个月的五号的早晨
(39)明年的下一年的三月 (40)前天的上午的八点半

异形时间词所表示的概念也有范围大小的问题,应该按照从大到小的顺序排列,而不能倒过来。

(41)去年三月中旬一个晴天的下午
(42)星期五上午九点五十分三十二秒

跟空间词语一样,如果使用的词语不能显示由"观察点"逐步推及另外时间的关系,则句子理解起来会有困难。

(三)时间域的观察视点

因为时间是"可以流动"的,可以看成是处于具有方向性的时间轴上,而说话人无时无刻不处在这个时间流之中。因此,观察点应该是说话人说话时自己所处的时间点,即说话者仍然是以自己为观察点,而不是时间的旁观者。

四、称谓域词语的自相叠加

称谓词可以分为社交称谓词和亲属称谓词。下面分别来讨论这两类词的叠加定语情况。

（一）社交称谓词的叠加情况

社交称谓词也称社会称谓词，是人们在社会交往中相互之间使用的称呼语。在社交称谓词中，只有少数称谓词可以使用叠加式定语形式。这些词语又可分为三类：

一类是表示上下级关系意义的称谓词语。如：

（43）上峰的上峰的上峰　　（44）上级的上级的上级
（45）下级的下级的下级　　（46）领导的领导的领导

另一类是表示具有传承关系意义的称谓词语。如：

（47）师傅的师傅的师傅　　（48）先生的先生的先生
（49）老师的老师的老师　　（50）徒弟的徒弟的徒弟

第三类是表示具有相互依存关系意义的称谓词语。如：

（51）邻居的邻居的邻居　　（52）同学的同学的同学
（53）朋友的朋友的朋友　　（54）哥们儿的哥们儿的哥们儿

这些词语所处的语义场中，都有类似家庭等级的含义，我们可以描写为［+类家庭］的语义特征。比如，第一类的"上级""下级"关系，类似"父子关系"，这一语义特征的获得大概跟传统的"家长制"领导作风有关。第二类的传承关系，习惯上就被社会认为是"家庭关系"，如"师徒如父子""老师如父母"。第三类词语表示的概念被看成是社会"大家庭"，四海之内皆兄弟。[1] 这些社交称谓词能够获得［+类家庭］义，也许跟千百年来我国社会受"宗法制"的影响有关，家庭伦理观念已经融入社会交往中。不具有这一语义特征的词语，除非特别注明人物身份，一般不能进入这一格式。如"科长""处长""会计""厂长""校长"等。如：

（55）*校长的校长的校长　　（56）*服务员的服务员的服务员

---

[1]"朋友"可以说是社交称谓词，如果把"敌人"也看成是社交称谓词，"敌人的敌人的敌人"也属于此类。

(57) *理发师的理发师的理发师 (58) *大夫的大夫的大夫

(二) 亲属称谓词的叠加情况

亲属称谓词大多可以叠加做定语。如：

(59) 爸爸的爸爸的爸爸　　(60) 妈妈的妈妈的妈妈
(61) 姐姐的姐姐的姐姐　　(62) 姑姑的姑姑的姑姑
(63) 姨夫的姨夫的姨夫　　(64) 舅舅的舅舅的舅舅

异形的称谓词语同样可以构成这种结构。如：

(65) 妈妈的哥哥的儿子　　(66) 弟弟的女朋友的同学

称谓词语所表示的概念没有空间上的"大""小"之分，排列顺序没有从大到小的限制，所以，(66) 也可以说成"同学的女朋友的弟弟""同学的弟弟的女朋友"等。可见，从空间域到称谓域，语义更为抽象，投射不是简单的照抄，而是经过人们对对象的重新加工。

(三) 称谓词与空间概念的关系

从上面的论述可以看到，能够形成叠加式定中结构的汉语称谓词语以"家庭"为核心，构成了家庭称谓网络。在宗法制"长幼有序"的理念下，称谓语便有了上下关系的方向性。加上亲属关系本身就是以社会空间的形式分布的[1]，便有了"称谓空间"。由空间词语构成的称谓词的例如：

(67) 前辈的前辈的前辈　　(68) 后代的后代的后代
(69) 上一代的上一代的上一代 (70) 下一代的下一代的下一代

也有由其他词语构成的。但如果方向性不明显，就会产生意义不清，结构不成立。

(71) 老一辈的老一辈的老一辈 (72) *新一辈的新一辈的新一辈

---

[1] 以自己为核心，兄弟姐妹分布四周，父母子孙堂前膝下，亲缘关系本身以空间布局的格式排开。

双指向的称谓词因为无方向（双方向）性，也不能进入这种格式。如：

(73) *连襟的连襟的连襟　　(74) *妯娌的妯娌的妯娌
(75) *父子的父子的父子　　(76) *婆媳的婆媳的婆媳

也有受词义关系的限制，无法使用这种格式的。如：

(77) *前夫的前夫的前夫　　(78) *前妻的前妻的前妻

这些概念表示的人或事物不存在，在现实中无法出现，所以说法不成立。

五、其他领域词语的自相叠加

（一）数量运算的自相叠加

数量运算领域，也可以使用这种叠加方式。如：

(79) 百分之一的百分之一的百分之一
(80) （3 的）五倍的五倍的五倍
(81) 倒数的倒数的倒数
(82) 负数的负数的负数
(83) 平方根的平方根的平方根

有趣的是，按照我们的解读，"（2 的）平方的平方"内部结构是"（2 的）‖平方的｜平方的"，事实上，这个结构表示的是$(2^2)^2$，而不是2^{2^2}，跟我们分析的结果是一致的。

关于"平方的平方""立方的立方"，一般在短语结构中不用"的"字。《阿尔·卡西代数学研究》中有"3 的平方平方（即四次方）"的说法。[1] 薛琼、肖小峰在《数学文化导论》中也说："卡米尔是第一个随意使用未知数的高次幂的伊斯兰数学家，在他的著作中，出现了直至 x 的各次方幂（x^2 除外）。他称 x^3 为'立方'，称 x^4 为'平方平方'，称 x^6 为'平方立方'，称

---

[1] 郭圆圆. 阿尔·卡西代数学研究 [M]. 上海：上海交通大学出版社，2017：150.

x^9为'立方立方',称x^8为'平方平方平方平方'。"[1]

也有在"平方平方""立方立方"中间使用"的"字的,如《代数学辞典》谈到:"分析$(A^2)^2=A^4$,即某数的平方的平方","某数的四次根,等于该数的平方根的平方根。"[2]

用不用"的"字,只是显示:是把它们看作一般的短语,还是看作一个"专名"的问题。不管有没有"的"字,我们的结构分析跟数学运算之间是一致的。

(二)数学运算的叠加原因

为什么数学运算领域可以使用这种叠加方式?是因为:第一,数学运算是一种典型的逻辑思维,具有明确的方向性。第二,运算中的因果关系是空间域的一种投射。

陶丽(2014)指出:"认知域可以分为三大类:空间域、时间域和抽象域。空间域直接和我们的空间体验相关,因此空间义通常是最先出现也是最核心的意义,空间域向时间域和抽象域的隐喻映射是意义延伸的重要机制。时间域和空间域一样是人们最为原始的、最具代表性的基本认知域,不能再细分为更小的认知域。抽象域是非基本域,指的是更为复杂的概念体系,它的作用往往是用来定义更高一个层次的概念。Dirven(1993)研究了12个英语介词(at、on、in、by、with、through、about、under、over、from、off、out of)后发现,这些介词除了表示空间概念的原型意义外,能够映射到6个认知域:时间域(time)、状态域(state)、区域域(area)、方式域(manner)、情境域(circumstance)、因果域(cause and reason),其中through能够映射到时间域、方式域和因果域。"[3] 不管是英语中还是汉语中,由空间域到因果域的映射,都是一种隐喻方式。汉语中的"前因后果""由此及彼""由表及里"等表达逻辑关系的说法本身就使用了空间隐喻。

数学运算域可以构成复杂定语的词语较少,但如果表达的概念存在,也可以用异形词语形式,如"倒数的五倍的三分之一"。同时,数学运算域也没有大小排列顺序问题。

---

[1] 薛琼,肖小峰.数学文化导论[M].武汉:武汉理工大学出版社,2016:95.

[2] [日]笹部贞市部郎.代数学辞典·问题解法:上[M].蒋声,沈宗华,等,译.上海:上海教育出版社,1982:83.

[3] 陶丽.认知语义学视角下的英语介词多义研究[M].苏州:苏州大学出版社,2014:165-166.

（三）其他单向概念域的自相叠加

我们观察到，在其他领域，如果是表达具有单向推延性（衍生性）概念的词语，有些也可以有自相叠加形式。如：

(84) 利息的利息的利息　　(85) 三折的三折的三折

例（84）成立的条件是，"利息"本身会产生新的"利息"，而且依次循环下去。但是，如果没有推延性（衍生性），或者没有方向性，这种格式似乎不能成立。如：

(86) *本金的本金的本金　　(87) *老本的老本的老本
(88) *关税的关税的关税

"本金"不是从其他"本金"中衍生出来的，"关税"也不需要对另一"关税"再征关税。如果"本金"是从"本金"中生出来的，针对"关税"还要再征收"关税"，那么这些句子就可以成立了。

除此之外，还有一种能够使用自相叠加的词语。

(89)（关于《红楼梦》的）研究的研究的研究
(90)（关于）谈判的谈判的谈判

例（90）的意思是：双方要进行谈判，谈判之前甲方提议，先来一场"关于谈判的谈判"，即"谈什么、怎么谈"等问题先谈一谈；乙方提出，既然如此，我们应该在这之前来一场"关于谈判的谈判的谈判"，即就甲方提出的"事先谈判"谈一谈。

它的层次结构是：

(a)（关于）谈判的谈判的谈判　(b)（关于）谈判的谈判的谈判

可以理解成（a），也可以理解成（b）。从乙方角度的理解就是（b）；

从其他"旁观者"、第三方的角度理解,是(a)。这里,我们加入了"关于"一词,从第三方的角度,还可能是:

(c)(关于)谈判的谈判的谈判
　　――　――――――――
　　　　――――――　――
　　　　　　　　――

(c)中去掉"关于"一词后,剩下的部分也是叠加式定语。这类结构我们后面还会提到,这里就不加详细讨论。

六、对自相叠加式定语的解读

（一）对自相叠加式定语的相关研究

袁毓林(1994,2013)对亲属称谓词的语义特点有过详细的讨论。他说:"根据一些心理学家的研究,意义的心智表达(mental representation)是概念网络。调用(即激活)一个词项的意义可以触发(trigger)有关概念网络中相关的语义节点,这就是语义的扩散性激活(spreading activation)。比如,激活了亲属名词'爸爸'的语义结构中的'男性、成年、某人的亲代'等语义后,就触发了'某人'这个确定亲属称谓的参照点。""亲属名词、属性名词和部件名词这三类一价名词是一种预备刺激,能激活相应的参照名词、主体名词和原型名词,从而使一价名词具有一种定向(orientation)的作用,成为一种在句法、语义上有配价要求的名词。"[1]

他还总结出一条认知原则:"人们倾向于就近在同一直接成分中寻找亲属名词的参照名词,以便尽快地确定其所指。"[2]这条原则可以帮助我们在碰到人们对结构切分有争执时,从心理计算的角度来评价哪一种切分最符合人们理解语言时的认知过程。例如,下面的结构似乎有两种可能的切分方式:

---

[1] 袁毓林.一价名词的认知研究[J].中国语文,1994(4):241-243;袁毓林.著名中年语言学家自选集·袁毓林卷[M].上海:上海教育出版社,2013:4-5.

[2] 袁毓林.著名中年语言学家自选集·袁毓林卷[M].上海:上海教育出版社,2013:6.

a. 小王的 ⅲ 爸爸的 ‖ 爸爸的 ǀ 爸爸　　b. 小王的 ǀ 爸爸的 ‖ 爸爸的 ⅲ 爸爸

"人们在理解语言时，从识别结构层次到得出语义解释，要经过一系列的心理计算。"从认知经济的角度看，"陆俭明（1984）证明 a 种切分是唯一正确的。"[1]

从本文的讨论可以看出，亲属称谓词的叠加格式只是自相叠加格式的一种特例，而自相叠加格式中的定语，都是一般认为的"限制性定语"。限制性定语具有分类的功能，可以使得概念的外延缩小、内涵扩大。而石定栩（2010）则认为，从句法语义功能的角度来分析，汉语的各种定中结构都表示事物的集合。中心语表示一个集合，整个定中结构表示其中的一个子集。所有定语因此都是限制性的。[2] 但本文讨论的这种类型的定中结构，定语并不是起分类功能，也不是表示中心语集合的子集的。

无论空间方位词，还是时间词、称谓词、数学运算词语，因为这种结构是一种有方向的矢量结构，第一个词起到了定位的作用。"那边的那边的那边"中，第一个"那边"指明了方向，同时，也是一个"先入概念"，为它后面的词语规划了"出发点"。相比后面的词语来说，第一个词语是一个"已知信息"，更容易被感知。在词语自相组合造成的偏正结构中，因为前后词语的词形相同、意义一样，由第一个词"定位"，末尾一个词"承载信息重心"，中间的相同词语只是起到了"表数量层级"的功能。

卢英顺（2015）认为："从理论上说，递归应是无限的，如'我爸爸的爸爸的爸爸的爸爸的……'，但实际上，任何语言的递归现象都是有限的，有的大概受结构本身性质的限制，有的是受人们的认知心理制约的，'我爸爸的爸爸的爸爸的爸爸'到底是'我'的什么人？听后大概如坠云雾。"[3]

持类似的看法的还有陆丙甫，他认为人类短时记忆的限度"7±2"，如果句子的"板块"数量超过这个数目，人们就无法理解说出的句子。[4]

我们认为，本文所讨论的这种结构，在现实语言中只有在极特殊的情况下才会出现。即使出现，而且也不会超过"7±2"。上面说的中间词语既然是"表数量层级"的，因此，也就可以用数词进行减缩。如："上一代的上一代的上一代的上一代的上一代"中，一共五个"上一代"，说话人就会

---

[1] 袁毓林. 著名中年语言学家自选集·袁毓林卷 [M]. 上海：上海教育出版社，2013：6.
[2] 石定栩. 限制性定语和描写性定语 [J]. 外语教学与研究，2010（5）：323-328.
[3] 卢英顺. 语言学讲义 [M]. 上海：复旦大学出版社，2015：74.
[4] 陆丙甫. 语句理解的同步组块过程及其数量描述 [J]. 中国语文，1986（2）：106-112.

说成"上五代"。无法减缩时,就会使用其他词语代替。

(二) 自相叠加式定中结构的研究价值

虽然实际语言中很少出现,但不表示这种结构的分析就没有价值。

首先,从理解机制上说,这种格式跟多层定语的理解机制是不同的。在多层定语"我的一只大红公鸡"中,说话人完整说完句子之后,听话人会以"扇面扫描"的方式捕捉信息。"公鸡""一只""我的""红的",捕捉信息的顺序并不重要,而是以"什么?——公鸡。""怎么样的?——我的、红的、一只……",直至形成完整的信息。大脑使用的多是形象思维。而我们讨论的这种结构,大多是以"直线推进"的方式展开的。听话人听到完整的句子后,会以跳跃式"点到点"的连线方式理解句子:"那边的""那边的""那边的"……"那边"。大脑使用的多是抽象思维。

其次,从疑问词提问的形式上,两种格式使用的疑问词也不相同。如果说话人说完一句话,听话人对其中的某个词没有听清楚,发出疑问,使用的疑问词大致如下:

对第一词"妈妈"提问,一般用"谁",也可以用"什么人",对后面的词语提问,只能用"什么人",不太能用"谁"。一般不说"*妈妈的谁的女儿的孩子""*妈妈的妹妹的谁的孩子"。

其他类型中词语提问情况如下:

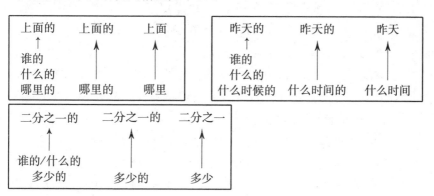

在所有格式中,第一个词都可以用"谁"提问,这说明在听话人心目

中，第一个词不管表示的是时间、数量，还是方位，都可以理解为"领属"，是后面词语的"领有者"。当然，同时也说明汉语中以人指代其他事物的"以己推他"现象以及疑问代词"谁"的泛化。

第三，第一个词是"领有者"，听话人在听话时的"瞬时理解"就会像挖掘机式的挖掘式推进，直至最后一个词之前停下。因此，从语义上，人们也倾向于将第一层的切分在末尾一个词语前。

以上现象也说明，这种结构的词语表达的概念是离散式的分布，即散点式的分布，然后靠某一"方位"把它们串起来。

我们知道，在多层定语的排列顺序中，领属定语、方位定语、时间定语位于最左端，层次切分的第一层从中心语前切分，这说明此类定语跟中心语结合得不够紧密。

七、语言类型学下的观照

（一）其他语言中的情况

我们考察英语、日语、泰语等语言中的类似结构，发现其他语言中有跟汉语一致的情况，也有跟汉语不一致的。泰语、日语中跟汉语一致的形式多，英语跟汉语一致的形式少。[1] 如：

爸爸$_1$的爸爸$_2$的爸爸$_3$→（英语）dad$_1$'s father$_2$'s father$_3$

老师$_1$的老师$_2$的老师$_3$→（日语）先生の先生の先生→（英语）teacher$_1$'s teacher$_2$'s teacher$_3$

箱子里$_1$的箱子里$_2$的箱子$_3$→（日语）ボックス内のボックス内のボックス→（英语）the box$_3$ in the box$_2$ in the box$_1$→（泰语）**กล่อง ใน กล่อง ใน กล่อง**

碗里$_1$的碗里$_2$的碗里$_3$→（日语）ボウルにボウルボウルにボウル→（英语）the bowl$_3$ in a bowl$_2$ in a bowl$_1$→（泰语）**ชาม ใน ชาม ใน ชาม**

尖子中的尖子中的尖子→（日语）先端の先端の先端

---

[1] 汉语和英语有的句子词序一样，但是下标不同，说明这些句子中的词语在两种语言中的排列是有区别的。这一点得到苏州大学文学院研究生袁也同学的提醒以及在苏州大学的留学研究生于富同学的英语语感确认，特表感谢。错误和不当之处由笔者负责。

昨天的昨天的昨天→（日语）昨日の昨日の昨日→（泰语）เมื่อ วาน ของ เมื่อ วาน เมื่อ วาน นี้

上一代的上一代的上一代→（日语）前世代の前世代の前世代→（泰语）หน้า ของ รุ่น ก่อน หน้า ของ รุ่น ก่อน หน้า

这说明这种格式在不同语言中有不同的表现。

（二）"左-右分叉"的内部层次

Dryer（1992）以"动宾"语序为参照，考察了VO-OV语言中动词、形容词、介词、名词等词汇性成分与被支配成分、关系从句、领有语、介词短语等句法性成分的和谐组配关系。研究发现，所有词汇性成分都一致性地前置，并在同一侧，而所有句法性成分都一致性地后置，并在另一侧。[1] 由于Dryer以左-右分叉为基础，也被称为分支方向理论（Branching Direction Theory/BDT）。如英语就属于比较典型的右分叉语言，日语属于典型的左分叉语言。[2]

按照原则与参数理论，不同的语言可能会选择不同的参数。参数不同又使短语内部的中心语、补足语、指示语之间的词序不同。如果按中心语及其补足语不同词序进行分类的话，日语动词的补足语不管是直接宾语还是间接宾语，都位于动词中心语的前面。也就是说，日语中的宾语出现在动词的左侧，因此属于中心语在后语言。汉语和英语都是中心语在前、补足语在后，所以属于中心语在前语言。中心语在后语言又被称为左分叉语言（left-branching），中心语在前语言被称为右分叉语言（right-branching）。[3] 如下图：

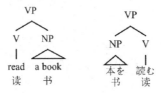

也有人认为汉语跟英语是分叉方向不同的两种类型的语言。"比如在英汉的句法层次，英语定语具有右分叉（right-branching）的特征，而汉语中

---

[1] Dryer MS. The Greenbergian word order correlations [J]. Language, 1992, 68 (1): 108-181.

[2] 席建国. 英汉介词研究的类型学视野 [M]. 上海：上海交通大学出版社，2013：24.

[3] 林立红. 二语句法习得：问题与视角 [M]. 上海：上海交通大学出版社，2012：113.

定语往往前置，是典型的左分叉（left-branching）语言。"[1] 也有夸大这种差异的说法，认为"在西方的文化传统中注重右为上，中国的文化传统中注重以左为上，这种文化传统也决定了英语右分叉、汉语左分叉的语言特点。"[2]

汤廷池（1979）认为汉语的"那一栋［在教会的右边的（有红色的大门的房子）］就是我的家"是"向左分叉句"。[3]

本文讨论的叠加式复杂定语跟多层定语的结构大体如下：[4]

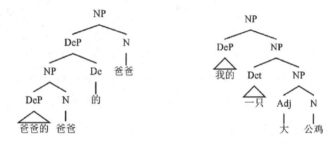

根据语言类型学的研究，类似汉语这种 SVO 型语言的定语一般后置，类似英语的 the people of the country。汉语中的这两种结构都是"中心语位于修饰语之后的"结构，但其内部结构却迥然不同。从 NP 节点看，短语中每个 NP 结构是"左分叉"，但两个短语结构整体的内部层次有明显差异。特别是左图第三层，"的"字不可或缺，这也是这种结构除了最底层（第一个）的"的"在个别情况下可以不出现，其他的"的"字必出现的原因。（数学运算中的专业术语除外，因为那里把它看成一个"词"而非"短语"。）

（三）非范畴化现象

纵观以上分析，我们认为，汉语中的这种自相叠加式定中结构是定中短语的非范畴化现象。

刘正光（2006）认为，非范畴化是"在一定的条件下范畴成员逐渐失去范畴特征的过程。范畴成员在非范畴化后重新范畴化之前处于一种不稳

---

[1] 冯奇. 外语教学与文化：第8辑［M］. 上海：上海大学出版社，2012：722.

[2] 李晶. 英汉语言形合与意合的成因及对比分析［J］. 亚太教育，2016（17）：166.

[3] 汤廷池. 国语语法研究论集［M］. 台北：台湾学生书局，1979：262.

[4] 熊仲儒认为，这种结构中"的"只是个限定范畴，有着主语特征。当中心语是个一价名词时，很难说有领有义。因此，"父亲的父亲的父亲"中，末尾的"父亲"是词汇核心，前面的"父亲的父亲"是其论元。（熊仲儒. 当代语法学教程［M］. 北京：北京大学出版社，2013：117.）我们认为，这类结构的中心语并不一定是一价名词，也有可能是二价名词。因此，我们这里只是对其结构的一种描写。

定的中间状态，即在原有范畴和即将进入的新范畴之间会存在模糊的中间范畴，这类中间范畴丧失了原有范畴的某些典型特征，同时也获得了新范畴的某些特征。"[1]

简单地说，非范畴化就是某些成员逐步失去所在组群的典型特征的过程。

定中短语是向心结构，根据递归性，可以构成［定语+（定+中）］的多层定语，而叠加式定中短语的内部定语，不是依附在一个定中短语（NP）上的，而是依附在一个名词性词语（N）上的。因此，我们认为这种复杂形式的定中结构，是失去定中短语典型特征的一种非范畴化现象。除了它们在内部层次上的差异外，这种非范畴化还表现在，多数以双音节形式出现，必须有"的"字依附，具有明确的方向性。

八、结语和余论

除了本文所列举的几种跟空间域有关的时间域、称谓域、数学运算域之外，具有"［+修正］、［+推进］"语义特征的词语也可以构成叠加格式。如：

> 反串的反串的反串、更正的更正的更正、建议的建议的建议、警告的警告的警告、警觉的警觉的警觉、警惕的警惕的警惕、看法的看法的看法、控诉的控诉的控诉、批评的批评的批评、评估的评估的评估、启示的启示的启示、认识的认识的认识、商量的商量的商量、讨论的讨论的讨论、提示的提示的提示、投诉的投诉的投诉、推论的推论的推论、推敲的推敲的推敲、问题的问题的问题、乌龙的乌龙的乌龙、想法的想法的想法、修改的修改的修改、谣言的谣言的谣言、意见的意见的意见、转折的转折的转折……

因为这些词语构成的格式一般还需要其他词语或语境的帮助，故本文没有展开讨论。

---

［1］刘正光. 语言非范畴化：语言范畴化理论的重要组成部分［M］. 上海：上海外语教育出版社，2006：61.

现代汉语中还存在一种单音节形容词自相叠加构成的偏正结构，它们不用"的"字，其结构是"定+（定+中）"，是一种多层定语形式。我们认为它们多为"专名"，是一种构词层面的结构。如：

黑黑豆（陕西某些方言中对"黑豆"的叫法，当地人把"绿豆"叫作"黑豆"，把"黑豆"叫成"黑黑豆"。）

老老爷［河南一些地区把爷爷的父亲叫作"老爷爷"或"老爷"，"老爷爷"的父亲叫作"老老爷（爷）"。］

老老李（一是指"老李的父亲"，二是指两个"老李"中年龄更大的那个。）

小小王（指两个"小王"中年龄小的那个。）

新新人类（起源于台湾地区，后在网络上流行开来的一个词，意思是指不同于旧时代的人类，特指出生在20世纪80年代以后的青年。）

这种结构跟"形容词重叠式+中心语"构成的偏正结构不同，如"小小少年""青青荷叶""淡淡炊烟"。对后者，本文也不再详细讨论。

本文着重讨论了现代汉语中具有方向性语义的词语反复叠加而构成的定中结构。这种结构在句法层面是一种复杂的定语形式，第一层的切分处位于末尾词语前。从语义层面看，这类结构都具有语义上步步推进的关系，在后面的词语前有时可以添加"再""又"等副词。如："平方的平方的再平方""前面的前面的再前面"。这说明进入这种格式的词语处在一个顺序义的语义场之中，而这种顺序又呈现出一种推进式的离散型状态。从认知层面看，现代汉语中的这些结构都可以理解成空间关系在其他语义域中的投射。从语言类型学角度来看，汉语中的这种格式跟多层定语一样位于中心语之前，但它们的内部结构层次不同，可以理解为汉语定语的一种非范畴化现象。

《说文》"厂"及"厂部"之字试说

江学旺

《说文·厂部》"厂"（呼旱切。下同）下曰："山石之厓巖，人可居。象形。凡厂之属皆从厂。𠪳，籀文从干。"[1]"厂部"统共二十五字，其中"庇""厥""厲""厱""居""厗""厝"七字，许慎均释为"……石也"；"屎""厒""皖""㿩""厠""厐"六字，许慎均释为"石……"。既然这么多的字意义都与"石"有关，而与所谓"厂"之义没有直接联系，这让我们不得不怀疑《说文》"厂部"存在的合理性。经过与古文字字形以及后世字书所收字形的对比研究，我们更加确信《说文》所谓"厂"以及"从厂"之字，实在是许慎的误解所造成。下面就从字形演变等角度来阐述一下我们的看法。不妥之处，敬请方家指正。

首先来谈一下对所谓"厂"字的认识。我们认为本没有什么"厂"字，小篆"厂"这一形体，与"广"（鱼俭切。下同）和"石"二字有关。

先看"厂"与"广"的关系。《说文·广部》"广"下曰："因广为屋，象对刺高屋之形。凡广之属皆从广。"段玉裁将正文改作："因厂为屋也。从厂，象对刺高屋之形。"并注曰："'厂'，各本作'广'，误，今正。厂者，山石之厓巖，因之为屋，是曰广。"并且说："'刺'，各本作'刺'，今正。"[2] 王筠于"广"字下曰："赵宦光曰：'广'当为'厂'。《佩觽》引作'因巖为屋'，《广韵》同。"[3]《原本玉篇残卷》引《说文》作："因广为屋也。"[4] 我们觉得很可能原就作"广"，《佩觽》和《广韵》因音改作"巖"；也有可能是原作"巖"，音误而作"广"。赵宦光和段玉裁二人

---

[1] [汉] 许慎. 说文解字 [M]. 北京：中华书局，2013：191.
[2] [汉] 许慎撰，[清] 段玉裁注. 说文解字注 [M]. 上海：上海古籍出版社，1991：442.
[3] [清] 王筠. 说文解字句读 [M]. 北京：中华书局，1998：351.
[4] [南朝] 顾野王. 原本玉篇残卷 [M]. 北京：中华书局，1985：443.《原本玉篇残卷》缺"因"字，今据《大广益会玉篇》（简称《玉篇》补. 顾野王. 大广益会玉篇 [M]. 北京：中华书局，1987：104.

改"广"为"厂",证据不足。而且,王筠对段玉裁将"对剌"改为"对剌"也不以为然,他说:"'对剌'似是连绵字,即形容高屋之词。"[1]

说"广"是象形字是对的。甲骨文中虽未见"广"字,却不乏从"广"之字。这些字所从的"广",大多作"广"或"广"[2][3]。金文与甲骨文大多相同[4],至于其中有作"广"的,我们可以认为是形近讹混,或形旁通用。有时笔形简化作"厂",如师酉簋"廟"字作"廠";有时上部穹隆形干脆简化成平直的横画,作"厂",如"廣"作"广"[5]。从这一现象中,我们可以得到这样的启示:不能简单地把金文中从"厂"的字都视为《说文》中"厂部",有些字所从之"厂"实际上是由"广"简化而成的。金文中有"斤""斥"等形,《金文编》隶定作"斥",置于"广部"之末。[6] 我们觉得这个字与《说文·厂部》"厂"字籀文"斥"其实就是一个字,《汉语大字典》[7]已经把它收录于"厂"字下了。把所谓"厂"字"籀文"与金文相比较,我们也不难看出,其中的"厂"是由"广"演化而来的。又如《说文·厂部》"厓"下曰:"山边也。从厂圭声。"战国文字作"厓"[8],字从"广",《睡虎地秦简文字编》隶作"厓",谓"说文所无"[9]。其实就是《说文》"厓"字,只是许慎根据小篆形体,把它归于所谓"厂部"罢了。这也可以证明"厓"所从的"厂"是由"广"演化而来的。再如《说文·厂部》"厞"下曰:"隐也。从厂非声。"段玉裁注:"按室西北隅曰'屋漏';'厞'者,又西北隅隐蔽之处也。"[10] 王筠引皇氏曰:"'厞'谓西北隅厞隐之处。"[11] "厞"既与屋有关,字当从"广"或"宀"。《玉篇》正有"厞"字,曰:"隐也。"[12] 字

---

[1] [清] 王筠. 说文解字句读 [M]. 北京: 中华书局, 1998: 351.
[2] 中国社会科学院考古研究所. 甲骨文编 [M]. 北京: 中华书局, 1996: 383-384.
[3] 于省吾. 甲骨文字诂林 [M]. 北京: 中华书局, 1996: 1764.
[4] 容庚. 金文编 [M]. 北京: 中华书局, 1996: 657-661.
[5] 中国社会科学院考古研究所. 殷周金文集成: 第八册 [M]. 北京: 中华书局, 1987: 288.
[6] 容庚. 金文编 [M]. 北京: 中华书局, 1996: 659.
[7] 汉语大字典编辑委员会. 汉语大字典 [M]. 缩印本. 成都: 四川辞书出版社, 武汉: 湖北辞书出版社, 1993: 29.
[8] 汤余惠. 战国文字编 [M]. 福州: 福建人民出版社, 2001: 632.
[9] 张守中. 睡虎地秦简文字编 [M]. 北京: 文物出版社, 1994: 148.
[10] [汉] 许慎撰, [清] 段玉裁注. 说文解字注 [M]. 上海: 上海古籍出版社, 1991: 448.
[11] [清] 王筠. 说文解字句读 [M]. 北京: 中华书局, 1998: 335.
[12] [南朝] 顾野王. 大广益会玉篇 [M]. 北京: 中华书局, 1987: 104.

正从"广"。战国文字作"🀄"[1]，所从之"厂"当是"广"简化的结果。

既然这样，我们是不是可以认为《说文》中"厂"本来就是"广"，而从"厂"之字本都是从"广"呢？事情并不这么简单。小篆"厂"这一形体，还可能有另外一个来源，那就是"石"字。

下面就来看"石"与所谓"厂"的关系。《说文·石部》"石"下曰："山石也。在厂之下，口象形。"已有学者指出，许慎根据小篆对字形的分析，与"石"字的早期字形是不合的。甲骨文"石"字作"厂"或"㇋"，"象石之形"[2]；或作"𥑡""𠙶"，"增口为饰"[3]。"增口"的"石"在金文中大多作"𠙶"，其中原象形字"厂"简化作"厂"，字形为小篆所本。许慎将字形析为"从厂"，所谓"厂"，其实就是由原来象形的"厂"简化而来，许氏不明，故以为字本从"厂"。至于"口"，"许书盖以从口不可解，故改为从囗，以象石形说之。"[4]何琳仪先生说："秦系文字或作𠙶，口形讹作囗形，为小篆所承袭。"[5]也许许慎所见到的"石"字已经讹作从"囗"，而不是他改为"囗"，但无论如何，他把"囗"说成是"象形"，仍然不是确解。

既然增"口"的"𠙶"字所从的"厂"或"㇋"可以简化为"厂"，那么，未增"口"的"厂"字简化作"厂"也就不是不可能的了。甲骨文中"磬"字作"𣪘""𣪙"[6]，所从之"石"作"厂""㇋"；或作"𣪚"，《甲骨文编》说"不从石"[7]，其实"厂"就是"厂"之省简；或又作"𣪛"[8]，从增"口"的"石"，但"厂"很显然是由"厂"简化而来的。《说文·厂部》有个"庐"字，曰："岸上见也。从厂从之省。读若跃。"段玉裁注："岸者，厓陵而高也。岸上见，故从厂屮会意。上见者，望之而见于上也。"并谓"'之省'二字当作'屮'。""岸上见，故以屮象之。浅人乃改为'之省'耳。"[9]王筠曰："岸者水厓也。水之厓，自水中视之，

---

[1] 汤余惠. 战国文字编 [M]. 福州：福建人民出版社，2001：633.
[2] 于省吾. 甲骨文字诂林 [M]. 北京：中华书局，1996：2195 按语. 今按：《甲骨文编》（384页）将此形释为"厂"，不确。
[3] 于省吾. 甲骨文字诂林 [M]. 北京：中华书局，1996：2195 按语.
[4] 于省吾. 甲骨文字诂林 [M]. 北京：中华书局，1996：2195 按语.
[5] 何琳仪. 战国古文字典 [M]. 北京：中华书局，1998：546.
[6] 于省吾. 甲骨文字诂林 [M]. 北京：中华书局，1996：2218.
[7] 汤余惠. 甲骨文编 [M]. 福州：福建人民出版社，2001：385.
[8] 于省吾. 甲骨文字诂林 [M]. 北京：中华书局，1996：2222.
[9] [汉] 许慎撰，[清] 段玉裁注. 说文解字注 [M]. 上海：上海古籍出版社，1991：447.

必见。若在陆地视之，大抵与高原平耳。其或突兀而上见，则谓之'屵'。厂者厓形，屮在其上，故曰上见。"又曰："徐锴本作'从之省声'，桂氏曰：当从'出'省声，出、之形近易讹，《集韵》'屵，岸上出见貌'，此从'出'之证。筠案：如此则是从出义，非从出声矣。……严氏主'之省声'，云'之、躍声之转'。"[1] 各家拘于小篆字形和许慎的分析，说皆不得要领。我们把这个字与甲骨文"磬"相比较，就不难看出，"屵"的来源应该就是"产"或"产"，所谓"厂"实际是"石"。"古悬石为磬，故称磬为石乐。"[2] 从许慎的"读若躍"（与"乐"音近），我们推测"屵"的本义可能就是音乐。

唐兰先生认为"厚"字的甲骨文"厚"所从之"厂"即为"石"之省。[3]《说文》"厚"字的"古文"作"垕"，许慎析为"从后土"，其实所谓"后"实即"后"字缀增一横画，战国文字中"石"字作此形者比比皆是。这就进一步证明唐氏之说是可信的。金文中"硕"字作"頀"[4]，从页石声。又有一字作"厵"，《金文编》隶定作"頙"，谓"《说文》所无"[5]，董莲池先生指出此字当释"硕"[6]。董说是。其中的"厂"即是"石"字。

总之，甲骨文"宀"和"厂"后来都有两种演变可能：从"宀"的字，一部分后来作从"广"，还有一部分简化作从"厂"；从"厂"的字，一部分后来作从"石"，还有一部分也简化作从"厂"。换句话说，《说文》中从"厂"的字，原来实际是从"广"或从"石"的。怪不得《说文》所谓"厂部"所收的字很多都与"石"相关，甚至有些字的异体径直从"石"，如"厎"或体作"砥"；还有些归于不同部首的字，我们也有理由相信它们本来是一字之异体，如"厂部"有"厝"字，《说文》曰："厉石也。从厂昔声。《诗》曰：'他山之石，可以为厝。'"《说文》"石部"新附字收"碏"，徐铉引《唐韵》释为"敬也"。然而"敬也"之义无法与"石"旁挂上钩，所以他说"从石未详"。王筠于"厝"下曰："或据《左传》衛之石碏，谓碏为厝之异文，则非也。汉石经作石踖，碏乃讹字，徐

---

[1] [清] 王筠. 说文解字句读 [M]. 北京：中华书局，1998：355.
[2] 于省吾. 甲骨文字诂林 [M]. 北京：中华书局，1996：2219 按语.
[3] 唐兰. 殷虚文字记 [M]. 北京：中华书局，1981：39.
[4] 容庚. 金文编 [M]. 北京：中华书局，1996：626.
[5] 容庚. 金文编 [M]. 北京：中华书局，1996：664.
[6] 董莲池. 金文编校补 [M]. 长春：东北师范大学出版社，1995：274.

铉引《唐韵》云'敬也',是其体讹而其义则未讹也。"[1] 段玉裁于"蹧"字下曰:"按《左传》'石碏',汉石经《公羊》作'石蹧'。从'石',误字也。"[2] 宋代洪适《隶释》"石经公羊残碑"条"蹧"字下曰:"板本作碏。"[3] 清顾蔼吉《隶辨》"蹧"字下加按语曰:"《广韵》蹧、碏并七雀反,非同音而借,则传《公羊》有不同也。"[4] "古文"的《左传》作"碏",而"今文"的《公羊传》作"蹧",很可能"蹧"是西汉人将《公羊传》形诸文字时所为。"碏"与"蹧"同从"昔"得声,故可相通。王、段二氏谓"碏"是"蹧"之讹误,未免武断。徐铉以假借之义为"碏"之本义,"则昧其原矣"[5]。我们觉得把"碏"看作"厝"之异体,跟把"砥"看作"厎"的异体如出一辙,无须怀疑。

《说文·厂部》"厲"下曰:"旱石也。"[6] 段玉裁注曰:"旱石者,刚于柔石者也。"[7] 王筠已怀疑段说,他说:"颜注《汉书》,屡用此文。旱石盖礪石之别名。若与柔石对文,则旱字难解。《诗·公刘》'取厲取锻',笺云:'取锻厲斧斤之石,可以利器用。'《汉书·梅福传》引《论语》'必先厲其器'。"[8] 王贵元《说文解字校笺》引《说文解字诂林》周云青注:"唐写《文选集注残本》陆士衡《答贾长渊诗》'民之胥好狷狂厲圣'注、曹子建《七启》'近者吾子所述华滟欲以厲我'注皆引《说文》'厲,磨石也',又《原本玉篇残卷》引作'厲,摩石也',摩与磨同音通假字,盖古本如是。今二徐本磨误作旱,非是,宜据改。"[9] 《说文·石部》新附字收"礪"字,徐铉曰:"䃴也,从石厲声。经典通用'厲'。"段玉裁于"厲"下注曰:"俗以义异异其形。凡砥厲字作'礪',凡劝勉字作'勵',惟严厲字作'厲',而古引申假借之法隐矣。"[10] 金文中"厲"字作"𠩺",或作"𠩽"[11],一个从增了"口"的"石",一个从未增"口"而简化了的

---

[1] [清] 王筠. 说文解字句读 [M]. 北京:中华书局,1998:355.
[2] [汉] 许慎撰,[清] 段玉裁注. 说文解字注 [M]. 上海:上海古籍出版社,1991:81.
[3] [宋] 洪适. 隶释·隶续 [M]. 北京:中华书局,2003:152.
[4] [清] 顾蔼吉. 隶辨 [M]. 北京:中华书局,2003:177.
[5] [清] 郑珍. 郑珍集 [M]. 贵阳:贵州人民出版社,2002:351.
[6] 至于许慎将"厲"字析为"蠆省声",以及段玉裁改篆形,不在本文讨论范围。
[7] [汉] 许慎撰,[清] 段玉裁注. 说文解字注 [M]. 上海:上海古籍出版社,1991:446.
[8] [清] 王筠. 说文解字句读 [M]. 北京:中华书局,1998:354.
[9] 王贵元. 说文解字校笺 [M]. 上海:学林出版社,2002:396.
[10] [汉] 许慎撰,[清] 段玉裁注. 说文解字注 [M]. 上海:上海古籍出版社,1991:446.
[11] 容庚. 金文编 [M]. 北京:中华书局,1996:662.

"石"。由于"厲"假借表严厉之义,再加上人们可能已不知"厲"所从之"厂"本就是"石",所以后来又累增"石"旁构成"礪"字,来表示它的本义。郑珍曰:"虚实义本无二字,俗乃加石。"[1]

《说文·厂部》"厤"下曰:"治也。从厂秝声。"王筠曰:"此治玉治金之治,谓磨厲之也。"[2]很显然,"磨厲"之义与所谓"厂"没有关系,"厂"应当就是"石"。金文"厤"作"㪝",所从之"厂"与"厲"之所从完全相同,正是"石"。《说文·石部》又收有"磿"字,曰:"石声也。从石厤声。""石声"与"磨厲"意义相因,"磿"当是"厤"累增"石"而来,应该说就是一字之异体。

《说文·厂部》"厭"下曰:"笮也。从厂猒声。一曰合也。"王筠曰:"厭,今字作壓。竹部'笮,迫也。在瓦之下、棼之上。'本注之笮,但取'在瓦之下'义,谓镇壓也。"[3] 字何以又加"土"?段玉裁曰:"此义今人字作'壓',乃古今字之殊。……按厭之本义'笮也、合也',与壓义尚近,于'猒饱也'义则远,而各书皆假'厭'为猒足、猒憎字。猒足猒憎失其正字,而'厭'之本义罕知之矣。"[4]"厭"的本义是镇压,因为又假借表猒足、猒憎义,于是后来又加"土"造"壓"字来表其本义,"厭"与"壓"形成古今字。那么,"厭"所从之"厂"究竟是什么呢?战国文字作"厭"[5],所从之"厂"与战国文字其他从"石"之字"石"的写法完全一样;当然也可把此字看作是"石"与"猒"共用"口","厂"与战国文字"石"字写法也是完全一致的。由此可以看出,"厭"字所从的所谓"厂",其实是"石",从"石"与镇压之义正合。

《说文·厂部》"厥"下曰:"发石也。从厂欮声。"王筠曰:"《廣雅》作'礥',云'发石。'"[6]"厥"与"礥"同,之所以增"石",是因为字义与石有关,而后人不知"厥"字所从之"厂"就是"石"之省,故又累增"石"。战国文字作"厥"[7],所从的"厂"正是"石"之省。

---

[1] [清]郑珍. 郑珍集[M]. 贵阳:贵州人民出版社,2002:349.
[2] [清]王筠. 说文解字句读[M]. 北京:中华书局,1998:354.
[3] [清]王筠. 说文解字句读[M]. 北京:中华书局,1998:354.
[4] [汉]许慎撰,[清]段玉裁注. 说文解字注[M]. 上海:上海古籍出版社,1991:448.
[5] 汤余惠. 战国文字编[M]. 福州:福建人民出版社,2001:633.
[6] [清]王筠. 说文解字句读[M]. 北京:中华书局,1998:354.
[7] 《战国古文字典》(906页)摹作"厥",从"广",恐不确。又见:汤余惠. 战国文字编[M]. 福州:福建人民出版社,2001:632.

《说文·厂部》"仄"下曰："侧倾也。[1] 从人在厂下。庆，籀文从矢，矢亦声。"依《说文》，"厂"是"山石之厓巖，人可居"，则"人在厂下"便不得会"侧倾"之义。后世有字作"庆"，如《史记·五帝本纪》索隐述赞曰："明敭庆陋，玄德升闻。"那么，"厂"是不是由"广"演变而来呢？也应当不是。依《说文》，"广"是"因广为屋"，既然是屋，为何人在其下要侧倾呢？依情理，当以人在石下会意。战国文字作"仄"[2]，所从之"厂"与其他从石之字"石"的写法完全一样。

有两个字虽有可资参照的古文字字形，但情况比较复杂，我们也来谈一下粗浅的看法。《说文·厂部》"厰"下曰："崟也。一曰地名。从厂敢声。"王筠于"崟也"下曰："当作'厰崟也'。'厰崟'当读如'嚴吟'，而又作'崟厰'。《五音集韵》：'崟厰，山厓状也。'"于"一曰地名"下曰："此义与上义不异也。桂氏曰：僖三十三年《谷梁传》'巖唅之下'，馥谓即'厰崟'。段氏曰：盖《公羊传》'殽之嵚巖'是也，'嵚'盖即'厰'字。筠案：二传本一事，巖唅、嵚巖相颠倒，仍是一义，且皆是形容敱地之险，因目之为地名耳。"[3]《金文编》所收字形大多从"厂"，如"厰""厰"；或从"宀"，如"厰"；[4]据我们调查，还有的从"广"作"厰"[5]。那么，"厰"字原来的形符究竟是什么？我们遍查《说文》"宀部"和"广部"，均无描绘山的字，"厰"字原来的形符也就不会是"宀"或"广"。《说文》中描绘山的字大多是从"山"，也有少数是从"石"。如果原来是从"山"，则不可能演变出金文中的这几种字形；如果本来是从"石"，就比较容易理解了：因为金文中大部分字从"厂"，这跟其他从"石"之字的写法完全一样；而作从"广"的，大概是由于形近而误；作从"宀"的，则是由"广"进一步演变的结果。

还有一个字是"䃶"。《说文·厂部》"䃶"下曰："石声也。从厂立声。"《金文编》（六六二页）收"䃶""䃶""䃶"等形，释作"䃶"。字义既为"石声"，字形自当以从"石"为是。此字的演变情况很可能与"厰"一样，即"石"讹变作形近之"广"，再由"广"进一步讹作

---

[1]"侧倾也"，《原本玉篇残卷》（465页）引作"倾侧也"。
[2] 汤余惠. 战国文字编[M]. 福州：福建人民出版社，2001：632.
[3][清] 王筠. 说文解字句读[M]. 北京：中华书局，1998：354.
[4] 容庚. 金文编[M]. 北京：中华书局，1996：661.
[5] 中国社会科学院考古研究所. 殷周金文集成：第八册[M]. 北京：中华书局，1987：287.

"宀"。《集韵·合韵》："䃍,《说文》：'石声也。'或作砬。"[1] 其或体从"石",当是由于人们已不知"䃍"所从的"厂"就是"石"而改作。又颇疑当别为二字,"䃍"释为"䃍",而"立"、"立"当释作"应"。《集韵·合韵》"应,屋声。"[2] "宀"与"广"形近意通,而"石"则否,但因都从"立"得声,故可通用。

以上我们参照古文字字形,梳理了《说文》所谓"厂"及"厂部"之字。这些古文字材料证明,《说文》中所谓从"厂"的字,原来实际是从"石"或从"广"的。《说文》"厂部"还有些字,虽然目前没见到相应的古文字材料,但我们从后世字书,也可以发现一些蛛丝马迹。

《说文·厂部》"厱"下曰："厱诸,治玉石也。从厂僉声。读若蓝。""蓝",段注本和王筠句读本作"籢"[3],小徐本作"监"[4],"蓝""籢"二字均从"监"得声。段玉裁注曰："《淮南·说山训》'玉待礛诸而成器',高注曰：'礛诸,攻玉之石。''礛'即'厱'字也。《广韵》曰：'礛䃴,青礝。'"[5] 王筠曰："'厱'或借'敛',《易林》'敛诸攻玉',群书多作'礛䃴'。众经音义通俗文：细厲谓之硷礶礛䃴。礛䃴治玉,硷礶治金。《玉篇》：礛䃴,治玉之石也,青礝也。或作'厱'。"[6] "监"与"僉"语音相近,故作声旁可互换。由"厱"或体作"礛",我们也可以看出"厱"所从之"厂"就是"石"。

《说文·厂部》"厲"下曰："石利也。从厂䔂声。"段玉裁注曰："谓石锐也。……按石之利,如礜、砭、厎、厲、厝是也。"[7] 这些表示石利之义的字均从"石"(厎、厲、厝三字见上文),那么"厲"所从的"厂"当亦是"石"之省。

《说文·厂部》"厖"下曰："石地恶也。从厂兒声。"[8] 段玉裁注曰："《集韵》《类篇》皆曰：'礍厖,石地。'按石部曰：'礍,石地恶也。'二

---

[1] [宋]丁度,等.集韵[M].北京：北京市中国书店,1983：1597.
[2] [宋]丁度,等.集韵[M].北京：北京市中国书店,1983：1597.
[3] [汉]许慎撰,[清]段玉裁注.说文解字注[M].上海：上海古籍出版社,1991：447; [清]王筠.说文解字句读[M].北京：中华书局,1998：354.
[4] [南唐]徐锴.说文解字系传[M].北京：中华书局,1998：188.
[5] [汉]许慎撰,[清]段玉裁注.说文解字注[M].上海：上海古籍出版社,1991：447.
[6] [清]王筠.说文解字句读[M].北京：中华书局,1998：354.
[7] [汉]许慎撰,[清]段玉裁注.说文解字注[M].上海：上海古籍出版社,1991：447.
[8] "石地恶也",《原本玉篇残卷》(464页)引《说文》作"石地也"。

篆叠韵。"[1] 既然"虎"与"䃢"同训,那么,说"虎"所从之"厂"同样是"石",应该不会不可能吧。

《说文·厂部》"厖"下曰:"石大也[2]。从厂龙声。"《玉篇》(105页)又收"䃧"字,曰:"亦作蚌。"《淮南子·墜形训》:"雒棠武人在西北陬,䃧鱼在其南。"高诱注:"䃧鱼如鲤鱼也。有神圣者乘行九野,在无继民之南。'䃧'读如'蚌'也。"[3] "䃧"假借作"蚌",其本义当与"石"有关。《集韵·讲韵》:"䃧,石貌。"[4] 故"䃧"与"厖"可能就是一字。

《说文·厂部》"厬"下曰:"石间见。从厂甫声。"王筠曰:"'间'当作'文'。初以声讹为'闻',再以形讹为'间'也。《玉篇》:'厬,石文见也。'《五音集韵》:'厬,石文见貌。'"[5] 《玉篇》又收有"䃣"字,曰:"䃣䃣,砲。"[6] 颇疑"厬"与"䃣"同。

《说文·厂部》"厂"下曰:"仄也。从厂辟声。"《说文·广部》"廦"下曰:"墙也。从广辟声。"《说文·土部》"壁"下曰:"垣也。从土辟声。"许慎将"厂""廦""壁"别为三字,前人已提出不同的看法,如《玉篇》于"厂"下曰:"今作壁。"[7] 段玉裁于"廦"下注曰:"与土部之'壁'音义同。"[8] 王筠于"廦"下亦曰:"与'壁'同。"[9] 各家于"厂"字下皆附会许说,如徐锴曰:"《春秋左传》曰'辟陋在夷',当此'厂'字。"[10] 段玉裁注:"今人言'偪仄',乃当作'厂仄'。"[11] 王筠曰:"亦以'辟'代之。《曲礼》'辟咡诏之',注云:'谓倾头与语也。'"[12] 《汉语大字典》"厂"引邵瑛《群经正字》:"今经典多借用'辟'字,亦或作'僻'。"[13] 由此可见,各家虽对许慎的释义没有怀疑,

---

[1] [汉] 许慎撰,[清] 段玉裁注. 说文解字注 [M]. 上海:上海古籍出版社,1991:447.
[2] 《说文解字句读》(355页)曰:"'也'一引作'兒'。"
[3] 国学整理社. 诸子集成 [M]. 上海:上海书店出版社,1994:63.
[4] [宋] 丁度,等. 集韵 [M]. 北京:北京市中国书店,1983:641.
[5] [清] 王筠. 说文解字句读 [M]. 北京:中华书局,1998:355.
[6] [南朝] 顾野王. 大广益会玉篇 [M]. 北京:中华书局,1987:105.
[7] [南朝] 顾野王. 大广益会玉篇 [M]. 北京:中华书局,1987:104.
[8] [汉] 许慎撰,[清] 段玉裁注. 说文解字注 [M]. 上海:上海古籍出版社,1991:444.
[9] [清] 王筠. 说文解字句读 [M]. 北京:中华书局,1998:352.
[10] [南唐] 徐锴. 说文解字系传 [M]. 北京:中华书局,1998:188.
[11] [汉] 许慎撰,[清] 段玉裁注. 说文解字注 [M]. 上海:上海古籍出版社,1991:448.
[12] [清] 王筠. 说文解字句读 [M]. 北京:中华书局,1998:355.
[13] 汉语大字典编辑委员会. 汉语大字典 [M]. 缩印本. 成都:四川辞书出版社,武汉:湖北辞书出版社,1993:34.

然而经典中却并未真正见过"厞"表示"侧倾"之义的用例。我们要进一步指出,"厞"与"壁""廦"也是一字,"厞"字所从的"厂"是"石"或"广"演变而成。石、土或广,是人们从不同的角度构字而选用的形符。许慎不明"厞"字所从之"厂"的来源,因其与"仄"所从相同(其实"仄"也是从"石"。详上文),于是便把"仄也"当作"厞"的本义。

《说文·厂部》:"庲"下曰:"厞也。从厂夹声。"段玉裁曰:"'庲'与'陕'音同义近。"[1]《说文》"陕"下曰:"隘也。"因许慎以"仄也"为"厞"之义,故以"厞"释"庲"。《玉篇》收有"硤"字,曰:"硤石,县名。"[2] 作县名显非本义,我们觉得"硤"就是"庲"。

《说文·厂部》"厷"下曰:"石地也。从厂金声。"《玉篇》收"磁"字,释曰"石"[3]。颇疑"厷"与"磁"同字。

《说文·厂部》"厜"下曰:"厜㕒,山颠也。从厂垂声。""㕒"下曰:"厜㕒也。从厂义声。"段玉裁于"厜"下注:"颠者,顶也。……释山曰'崒者厜㕒',又作'厜厵',又作'崒嶬'。许书释'崒嶬'曰'山貌',释'厜㕒'曰'山顶',不曰同字也。"[4] 王筠于"厜"下曰:"释山'崒者厜㕒',释文曰:本又作'厜厵''崒嶬'。……案:释山释文'厜㕒'即山部'嵯峨'之异体。"[5] 上文我们已经指出,汉字中本没有所谓"厂"字,《说文》中所谓"从厂"之字大多原来是从"石"的,亦有一部分是从"广"的。《说文》"广部"之字大多与"屋"义有关,未见一个描绘山的字,《玉篇》亦是,所以"厜㕒"二字所从的"厂"不可能是由"广"演变而来。而《说文》"石部"却有与山有关之字,如"礒","石山也";《玉篇》更多,如"硼礚,山貌";"磭,山";"硾,石山";"砐硪,山高貌"[6],所以"厜㕒"二字很可能本是从"石"的。《说文·石部》新附字收有"硾"字,徐铉曰:"擣也。"《说文·手部》"捶"下曰:"以杖击也。从手垂声。"郑珍谓"捶""即古'硾'字,俗别从'石'"[7]。如果认为"捶"是"硾"的古字,则"硾"之字义当亦是"以杖击也",而"以杖击"与石无关,字便不该从"石",所以郑氏之说不一定可信。我们

---

[1] [汉]许慎撰,[清]段玉裁注. 说文解字注[M]. 上海:上海古籍出版社,1991:447.
[2] [南朝]顾野王. 大广益会玉篇[M]. 北京:中华书局,1987:104.
[3] [南朝]顾野王. 大广益会玉篇[M]. 北京:中华书局,1987:106.
[4] [汉]许慎撰,[清]段玉裁注. 说文解字注[M]. 上海:上海古籍出版社,1991:446.
[5] [清]王筠. 说文解字句读[M]. 北京:中华书局,1998:354.
[6] [南朝]顾野王. 大广益会玉篇[M]. 北京:中华书局,1987:105-106.
[7] [清]郑珍. 郑珍集[M]. 贵阳:贵州人民出版社,2002:353.

觉得"硪"与"厗"应当就是一字，至于"硪"用于击义，当是由于"硪"与"捶"同从"垂"得声，故可通用。《说文·石部》"硪"下曰："石嚴也。从石我声。"《玉篇》曰："砐硪，山高貌。"《玉篇》又收"礒"字，曰："嶔崟崎礒，石嚴。"[1] 所以，"礒"、"硪"是一字之异体（"義"本就从"我"得声，故二字作声符可互换），许慎因不明"厗"所从之"厂"就是"石"，而将"硪""厗"别为二字。

总之，从后世字书收录的异体，也可以看出《说文》中有些所谓"厂部"字，原来可能是从"石"的。（限于篇幅，《说文》其他部中从"厂"的字详另文。）

金文中还有一个字作"厂"[2]，学者们大多比附《说文》小篆，把它释作"厂"，似乎也没有其他的证据证明它必须读作"厂"。既然所谓从"厂"之字，要么本是从"石"，要么本是从"广"，那么也就证明所谓"厂"字本不存在。许慎之所以立"厂部"，是为了归部的方便。这种现象在《说文》中不是没有[3]，有时甚至明知是一字，却划归为不同的部首。如《说文·頁部》"頁"下曰："头也。象形。凡頁之属皆从頁。"《说文·首部》"首"下曰："百同。[4] 古文百也。凡首之属皆从首。"段玉裁于"首"下注曰："不见'首'于'百'篆之次者，以有从'首'之篆，不得不出之为部首也。"[5] 散盘的"厂"[6] 用于地名，究竟是"石"还是"广"，也只有留待考古学家或地理学家们探讨了。

（本文原载《汉字研究》（第一辑），中国文字学会、河北大学汉字研究中心编，学苑出版社，2005年6月）

---

[1] ［南朝］顾野王. 大广益会玉篇［M］. 北京：中华书局，1987：105-106.

[2] 容庚. 金文编［M］. 北京：中华书局，1996：661.

[3] 周祖谟《文字音韵训诂讲义·〈说文解字〉概论·〈说文〉的编排方法》（天津古籍出版社，2004年2月，54页）说："五百四十部，这是许氏据篆书分析出来的，有些并不完全对。""有的部首当时可能不是字，是许慎分出来的。"

[4]《说文解字句读》（335页）依《玉篇》引于"百"上补"与"字。

[5] ［汉］许慎撰，［清］段玉裁注. 说文解字注［M］. 上海：上海古籍出版社，1991：423.

[6] 中国社会科学院考古研究所. 殷周金文集成：第十六册［M］. 北京：中华书局，1994：182.

丹阳陵口方言的指示代词"辣"

周国鹃

丹阳隶属江苏省镇江市，东邻武进，南接金坛，西北与丹徒交界，东北临长江与扬中隔江相望。京杭运河、沪宁铁路自西向东贯穿全境。陵口镇东距丹阳市区9公里，位于京杭大运河和沪宁铁路中间的狭长地段。陵口因南朝齐梁陵墓而得名。南朝齐梁两代多位皇帝死后葬于萧港（现名萧梁河）两岸，王子公卿谒陵，多走水路至各陵。石兽守护在萧港入口处，成为陵墓区入口的标记，陵口也因此而得名。陵口在陵口集镇东南隅。

丹阳方言处于吴方言和江淮官话两大方言区的交界地带，方言十分复杂。蔡国璐（1995）[1]根据丹阳各地方言特点，将其分为四片：第一片以市区云阳话为代表，第二片以吕城话为代表，第三片以河阳话为代表，第四片以埤城话为代表。陵口镇与丹阳市区相去不远，陵口话的特点与市区云阳话也基本一致，因此陵口话属于第一片区。但这只是一个粗略的分法，因为即使是在同一片区内，不同乡镇的方言不尽相同，甚至同一乡镇不同村庄其方言也有差异。

关于丹阳城关话的指示代词，吕叔湘（1980）[2]、蔡国璐（1995）[3]均认为丹阳方言的指代词系统由表示近指的"隔［kæʔ3］"和表示远指的"过［kə33］"[4]构成。笔者的方言调查也证明，两位先生所述属实。而陵口方言一个有别于丹阳城关话的鲜明特点是，陵口话表示远指除了用"过"，还用"辣［lɑʔ3］"，且"辣"的使用频率远高于"过"。本文将对陵口方言中的这个"辣"进行研究。

---

[1] 蔡国璐. 丹阳方言词典［M］. 南京：江苏教育出版社，1995：4-5.

[2] 吕叔湘. 丹阳方言的指代词［J］. 方言，1980（4）：241-244.

[3] 蔡国璐. 丹阳方言词典［M］. 南京：江苏教育出版社，1995：21.

[4] "隔、过"的本字可能都是"个"；助词"格"更是"个"。在南方的很多方言中都有拿"个"兼做指示代词、助词"的"以及量词的现象。有的方言为了区别字形，用"個、个、箇"来分别表示。本文依据吕叔湘《丹阳方言的指示代词》，仍用"隔、过、格"表示。

1. 陵口方言的指示代词系统

丹阳陵口方言的指示代词跟城关话相比，除了有近指的"隔 [kæʔ3]"和远指的"过 [kə33]"外，还多一个"辣 [laʔ3]"，用来表示远指、更远指和虚指。"隔、过、辣"一般不单用，但可作为词根，构成一套指示代词系统。

分类		近指		远指		
		陵口话	普通话	陵口话		普通话
基本形式		隔 [kæʔ3]	这	过 [kə33]	辣 [laʔ3]	那
事物		隔格 [kæʔ3kæʔ3]	这个	过格 [kə33kæʔ3]	辣格 [laʔ3kæʔ3]	那个
处所		隔里 [kæʔ5lı55]	这儿	过里 [kə33ı55]	辣里 [laʔ5lı5]	那儿
		隔头 [kæʔ3te3]		过头 [kə42te24]		
		隔沿 [kæʔ3ı33]	这边	过沿 [kə42ı24]		那边
时间		隔歇候 [kæʔ3ɕiʔ5kə55]	这会儿、现在	过歇候 [kə33ɕiʔ3kə33]	辣歇候 [laʔ3ɕiʔ5kə55]	那会儿、那时
		隔早晚 [kæʔ3zɔ33mæ11]	现在	过早晚 [kə33zɔ33mæ11]	辣早晚 [laʔ3zɔ33mæ11]	那时
		隔（格）辰光 [kæʔ3sêŋ33 kuaŋ55]	现在	过（格）辰光 [kə33tsêŋ33 kuaŋ55]	辣（格）辰光 [laʔ3tsêŋ33kuaŋ55]	那时
					辣里 [laʔ5lı5]	那时
程度、方式、情状		根（格）[keŋ24（kæʔ3）]	这么	功（格）[kɔŋ3（kæʔ3）]	浪（格）[laŋ33（kæʔ3）]	那么
		隔样过 [kæʔ3ɲiaŋ33 kə33]	这样	过样过 [kə33ɲiaŋ33 kə33]	辣样过 [laʔ3ɲiaŋ33 kə33]	那样
		隔点过 [kæʔ3tı11kə33]		过点过 [kə33ı11kə33]	辣点过 [laʔ3tı11kə33]	
		告过 [kɔ24kə55]	这样			
数量		隔兴过 [kæʔ3ɕiŋ33kə33]	这些	过兴过 [kə33ɕiŋ33kə33]	辣兴过 [laʔ3ɕiŋ33kə33]	那些

下面我们将讨论"辣"跟"隔、过"的不同之处及其相互关系。

2. "辣"在陵口话中的语义分布

在陵口方言中,"辣"和"过"的关系较近,都可以用来表示远指,因此本节"辣"的语义分布主要是通过与"过"的比较来行文的。

2.1 "辣"作为基本指代词

2.1.1 "辣"和"过"同现,指代更远的处所、人或事物。这种情况一般要辅以手势。例如:

(1) 过格是他格(指前面),辣格才是我格(指更远的地方)。[那个是他的,(指更远的地方)那个才是我的。]

(2) 隔格是食堂,过格是宿舍,辣格最前头格才是教室。(这是食堂,那是宿舍,那个最前面的才是教室。)

但有时"辣"和"过"同现时也无所谓远近,只起区别作用。例如:

(3) 隔格是我家爸爸,过格是我家姆妈,辣格是我家妹子。(这是我爸爸,那是我妈妈,那个是我妹妹。)

2.1.2 "辣"和"过"同现,分述相关的两件事物。这时的"辣、过"已经失去了指别的作用,也不表示回指,无定的性质很明显。一般情况"过"在前,"辣"在后。例如:

(4) 过格一哭曼,辣格也跟得哭。(那个一哭,另一个也跟着哭。)

(4') 隔格一哭曼,过格也跟得哭。(这个一哭,那个也跟着哭。)(一般会辅以手势以示远近)

(5) 过格点点头,辣格也点点头。(那个点点头,另一个也点点头。)

(6) 过格狗子到辣格人一样格,欢喜闹热哆。(狗跟人一样,喜欢热闹的。)

上述句子里的"过、辣"也可换成"隔、过",但不能换成"隔、辣"。用"隔、过"往往实有所指,说话时会辅以手势指示远近,而使用"过、辣"时一般无实体对象在场,而是跟前叙话题有关。

2.1.3 "辣"和后面的词语组合,跟前面的词语构成领属或同位关系。"辣"可以换成"过",但一般的人习惯用"辣"。而且,在这种结构里,用远指比用表近指的"隔"字的多。例如:

(7) 我辣格宝货儿子弗争气,气煞我咧。(我那讨厌的儿子不争气,气死我了。)

(8) 我去吃昼饭辣(一)天定下来格亲。(我去吃中饭那天定下来的亲事。)

(9) 枱里辣块手表的高人格?(桌上那块手表是谁的?)

在这里,"辣"的指示作用不完全,必须伴同别的附加语才能有定指作用。

2.1.4 回指上文提及的对象或指示听说双方都明白且不便明说的对象时,用"辣格"不用"过格"。如:

(10) 辣格是我家姑父,我暧格会弗认得乃。(那是我姑父,我怎么会不认识。)

(11) 辣格弗是铅,是银子,值弗少钞票叮。(那不是铅,是银子,值很多钱呢。)

(12) 你听弗懂他说得格话,辣格是外国话。(你听不懂他说的话,那是外国话。)

(13) 他总没本辣格弯。(他总不能那样呀。)(此句的应用场景是:在看别人打牌时,两个人在讨论,不能说出来让对方知道)

2.1.5 "辣格"用在名词前,表示人或事物的种类。这种时候的"辣格"不能用"过格"替换。如:

(14) 日本东西贵得弗得了,辣格苹果要十几块洋钱一个哆。(日本东西贵得不得了,苹果要十几块钱一个呢。)

(15) 辣格电瓶过三轮车,老人家骑骑蛮好格。(老人骑骑电

瓶三轮车挺好的）

（16）在辣格皮鞋厂里混混也弗错哦。（在皮鞋厂混混也不错呀。）

（17）辣格做小格有几个可以根格吵。（做小辈的有几个人可以这样呢。）

这些例子里"辣"所指示的名词性成分，并不是对上文说到的某个人或事物的回指，其所在的句子往往是对上文说过的事的一种评价。具体地说，就是上文谈到了某个人或事，下文评论说"这一类人或事物如何如何"。如例（14），并不是具体指示哪个苹果，而是用苹果这一类商品来具体解说关于"贵"的论断。因此可以说，"辣"在这里已无指示作用，而是一种通指成分标记了。

2.1.6 "辣格"用在专有名词前。这种时候的"辣格"不能用"过格"替换。例如：

（18）辣格小兰最弗是东西。（小兰最不是东西。）

（19）辣格中央电视台最没得电视看。（中央电视台最没有好看的电视。）

"小兰"和"中央电视台"都是定指的，"辣格"和这些表示定指的专有名词共同构成话题成分。

2.1.7 "辣格"在定语和中心语之间起连接作用，相当于结构助词"的"。这种时候不能换成"过"。例如：

（20）他辣格第二个老婆，人蛮好格。（他的第二个老婆，人很好的。）

（21）现在辣格房子，点点到银行利息差弗多。（现在的房子，出租的钱和银行利息差不多。）

（22）做酒辣格钞票都把他葬掉咧。［做酒生意（赚）的钱都被他胡乱花掉了。］

（23）一热头就痛辣格毛病看弗好。（一热就头疼的毛病治不好。）

（24）找对象辣格节目，真过假过？（找对象的节目是真的还是假的?)

(25) 钞票,暖格说乃,有辣格辰光有用,有辣格辰光也没得用。(钞票,怎么说呢,有的时候有用,有的时候也没有用。)

2.2 "辣"和"里"组合指代处所

丹阳方言指代处所的词语中,"隔头、过头"和"隔沿、过沿"均没有相对应的"辣头"和"辣沿",只有"隔里、过里"有相对应的"辣里"。这也许是因为在人们的认知中,"头"和"沿"都是只有两极的概念,非此即彼,不可能再有第三极,如果再出现"辣头"或"辣沿",将有悖人们的常识。因此,如果要表示更远指,丹阳方言往往通过拉长"过"的发音并辅以手势的方法来加以区分。如:

(26) 篮篮弗在过头,在过——头。

而"里"是一个在丹阳方言中使用极广的方位词语,除了普通话用"里"的地方丹阳话也用"里"外,很多普通话用"上"的地方,丹阳话也用"里"。如:在路里碰着一个朋友(在路上碰到一个朋友)、面孔里有颗痣(脸上有颗痣)、挂得墙头里(挂在墙上)、放得枱里(放在桌子上)等。"里"是一个可以无限划分的方位概念,因此可以有跟"隔里、过里"相对应的"辣里"。"辣里"常用来表示说话时说话者眼睛看不到的某个地方,这时的"辣里"也可以换成"过里"。如:

(27) 辣里/过里格人说话听得懂曼?(那儿的人说话听得懂吗?)

(28) 放得辣里/过里的东西弗会有人要格。(放在那儿的东西不会有人要的。)

有时目力所及也可以用"辣里",和"过里"同现,一般只是为了起区别作用,而不一定强调距离的远近。这种时候的"辣里"也可以换成"过里"。如:

(29) 隔里放沙发,过里放床,辣里/过里放写字台。(这儿放沙发,那儿放床,那儿放书桌。)

"辣里"除了表示空间范畴,在陵口话里还可以表示时间范畴,指代过去的某一段时间。这样的句子里,"辣里"表示的时间意味不强,有点表示时态的意味,表示过去进行时。这种情况不能换用"过里"。例如:

(30)他己辣里歇夏在家里,天天家搓麻将。(他们那时在家歇夏天,天天搓麻将。)

(31)我辣里在丹阳城里上班,无本家来吃昼饭。(我那时在丹阳城里上班,不能回来吃中饭。)

2.3 指代时间、数量

一般情况下,"辣"和"过"可以互换。如:

(32)过早晚格人划头吃得到根好吃格东西?(那时的人哪里吃得到这么好吃的东西?)

(33)到过歇候再说乃。(到那时再说呢。)

(34)辣歇候你才三岁,说话还说弗清爽哆。(那时你才三岁,讲话还讲不清楚呢。)

但在跟前面的词语构成同位关系或用于回指和当前指时,人们在使用上倾向于用"辣"。例如:

(35)我家娘啊老子结婚辣歇候家里房子一点点。(我父母结婚那时家里只有一点儿房子。)

(36)我带家来的辣兴过本子放得划头咧?(我带回来的那些本子放哪儿了?)

2.4 指代程度、方式、情状

陵口话用"根(格)[keŋ24(kæʔ3)]、功(格)[kɔŋ33(kæʔ3)]、浪(格)[lɑŋ33(kæʔ3)]"表情状、程度。"根、功、浪"在语音形式上跟"隔、过、辣"有对应关系,分别是"隔么、过么、辣么"的合音形式。其中"功"的使用范围很受限制,它不能单独出现,一定要与"根"对举出现,且前后结构要一致。除此之外的语法功能都由"浪"来承担了。例如:

(37) 根说功说,他就是弗听。[这(样)说那(样)说,他就是不听。]

(38) 根(格)弗好,功(格)弗好,暧格就好咧乃?(这样不好,那样不好,怎样才好呢?)

(39) 他浪要面子格人,你能得好根格说他乃?(他那么要面子的人,你怎么能这么说他呢?)

(40) 浪冷格天,你波得划头开格?(那么冷的天,你跑到哪儿去了?)

(41) 等得浪格半天都弗来。(等了这么半天都不来。)

(42) 浪格会用铜,有多少钞票把你用乃?)那么会花钱,有多少钱给你用呢。)

(43) 他浪格一说曼,大家都弗好意思拿了。(他那么一说,大家都不好意思拿了。)

在"……样过""……点过"的结构中,"辣"和"过"可以互换,没有特别的限制。但在指示、区别的作用不太明显或无法明确说出情状、方式时,人们习惯使用"辣"。例如:

(44) 你养第一个小五格辰光痛得辣样过,都忘记掉得咧?(你生第一个孩子的时候疼得那样儿的,都忘掉了?)

(45) 钞票辣样过用法子,有多少把你用乃?(那样用钱,有多少给你用呢?)

3. "辣"在陵口方言指代词系统中的地位

在调查的过程中,当问到发音人陵口话中用不用"辣"表示远指时,他们会很肯定地说不用,但当我们复述他们的话时,他们会说是"顺带便"讲出来的。这一现象表明,"辣"在陵口话中确实存在,但其指代的作用没有"隔、过"明显,大多情况下已经弱化。

通过对"辣"的语义分布的分析,也可以进一步印证,"辣"在陵口话指代词系统中,其指示远近的作用是很弱的。在2.1.1中,"辣格"和"过格"同现可以表示更远指,但须辅以手势。"辣格"更多的用法不是指示远近,而是区分同类(2.1.2)和照应上文(2.1.3、2.1.4)。在2.1.5和2.1.6中,"辣格"有了相当于英语定冠词的用法,而在2.1.7中,"辣格"更是有了相当于结构助词"的"的用法。

在指示处所的组合中,"辣"只能和"里"组合而不能和有明显远近之分的"头"组合,以及"辣里"所指往往是说话者所看不见的地方,均说明"辣"的指代作用的弱化。"辣里"还由空间关系范畴转而指示时间范畴且有表示时态的倾向,是一种明显的虚化轨迹。在指代时间数量的组合中,表示同位关系和回指当前指时,"辣"一般不能被"过"替换。而在远指程度、方式、情状时,陵口话基本由"浪"来承担,是因为程度、方式、情状本质上并不指示远近,就如陵口话中用"根"的句子,在普通话中可以用"那么";用"浪"的句子,在普通话中也可以用"这么"。

这些用例均说明,"辣"在丹阳陵口方言指代词系统中主要不是用来指代远近,而是一个跟苏州话的"弆"有诸多相近之处的指代词。

对苏州话的"弆"进行过分析的学者有很多,王力(1945)[1]认为苏州方言"弆"的所指"非远非近",吕叔湘认为苏州方言中"强调区别作用的用'该、归',不强调区别作用的用'格'",因而"格……是一个弱化的指代词""不论远近的中性指代词"(1990)[2]。尤其是刘丹青(1995)[3],对此进行过深入的研究。他认为,讨论汉语的指代词应该区分"指示、代替、照应"三个概念。表示指示的词,语法上和区别词相当,其所指有远近的区别;表示照应的词,其作用是指示上文提及的对象或指示听说双方都明白的对象,所指无远近之别。普通话中指示、代替、照应三种功能都可以由"这、那"表示,而苏州方言则分工明确:"这、那"的指示功能分别由"该、归"承担,其照应功能则由"弆"承担。表指代和照应的"这",在苏州方言中一般应分别由"该、弆"替换。此外,"弆"可以代替单用的近指或远指词,而代替"近指"的机会更多。苏州方言"该、归"的声母、声调相同而韵母相近,"弆"则与"该、归"语音相去甚远,也支持"弆"与"该、归"不在同一个层次的说法。

陵口话中,"这、那"的指示功能主要由"隔、过"承担,尤其是在对

---

[1] 王力.中国语法理论:下册[M].北京:中华书局,1945:46-49.

[2] 吕叔湘.指示代词的二分法和三分法——纪念陈望道先生百年诞辰[J].中国语文,1990(6):401-405.

[3] 刘丹青.吴江方言的指标范畴:二分、三分与一分[C]//全国汉语方言学会第八届年会论文集(未正式出版).武汉:华中师范大学,1995.

举时,强制性地必须使用"隔、过","过"不能用"辣"来代替。如:

(46)隔家近点格你去,过家远点格我去。(这家近点的你去,那家远点的我去。)

(47)小把戏到得店里,隔格也要,过格也要,一点点办法都没得。(小孩子到店里,这个也要,那个也要,一点儿办法都没有。)

(48)隔样拿点过样拿点就弗少嘞。(这样拿点那样拿点就不少了。)

以及例(37)(38)。

"隔"和"过"的主要作用在区别,且区别的力量在对举时最强。"辣"无法进入这个系统,也说明其指代功能的弱化。"辣"虽然在跟"过"同现时有更远指的作用,但通过上面的分析可以看出,其主要用于泛泛地指称事物。这些都是跟"舜"的相似之处。

在语音上,陵口话的近指代词"隔[kæʔ3]"和远指代词"过[kə33]"声母相同,都是"k"。据赵元任(1956)[1]的研究,指代词用[k-]做词根,这是在吴方言中占相当优势的一个现象。而"辣[lɑʔ3]"则与"隔、过"语音相去甚远,跟"舜"与"该、归"的情况相似。

"辣"跟"舜"的不同之处主要在于,"舜"可以跟"哀"搭配近似远指,也可以跟"弯"搭配近似近指,而"辣"几乎不跟"隔"对举出现,在跟"隔、过"同现时可以表示更远指[例(1)],也可以不表示远近只表示区别[例(3)],或分述相关的两件事[例(4)]。

在指代比较远的人和事物时,"辣"和"过"可以互换。如:

(49)我要去找过/辣格人说话。(我要去找那个人理论。)
(50)过/辣格是的高人?(那是谁?)

但细究语义,"过"往往有所实指,"辣"则更多表示不用明说或回指上文。而在更多的回指、虚指中,"辣"大多已不能跟"过"互换(2.1.4~2.1.7)。因此,"辣"在陵口话的指代词系统中,似乎可以看作一个跟"过"构成互

---

[1] 赵元任.现代吴语的研究[M].北京:科学出版社,1956:98-99.

补的远指代词,而不是像"㑚"一样的中性指代词(吕叔湘,1990)[1]或定指词(刘丹青,1995)[2]。

4. "辣"的来源

从语音上来看,"辣"和"隔、过"无论是声母还是韵母,都无相近之处,却跟普通话表远指的"那"以及扬州、南京话中的远指代词语音相似。这很容易让人想起共同语对方言的影响,但"辣"为什么在城关话中不存在,却出现在了距离江淮官话相对较远,离吴方言相对较近的城关东郊话中?

这也许跟丹阳地区的地理历史有关系。自公元4世纪晋室南迁,北方移民大批南下,镇江(南徐州)成了最大的移民聚居地。东晋政权的建立给以南京为中心的江南一线,带来了北方移民,也带来了北方方言,而且是官话。北方方言板块楔入江南,吴方言只得向东南退缩。[3] 太湖流域是江东世家大族世代经营的肥沃地区。江东集团无论在经济上还是在军事上都有足够的力量与北方集团抗衡,抵御北人的植入。他们顽强地保全着固有的势力范围。北方移民不能涌入太湖流域,北方话自然也就不能进入这一地区了。丹阳属于江东世家大族范围,保留了吴方言,成了吴方言和北方话的分界区。丹阳从公元前334年开始置邑,丹阳县城一直是丹阳地区的政治经济中心。在北方人大量南下时,丹阳县城作为江东集团的势力所在地,北方人不太可能在此形成有影响的语言社团。大量南下的北方贫民只能在城外定居,从而也把北方话带到了这些地方[4]。在调查中发现,"辣"不单单存在于丹阳县城东郊的陵口地区,在南郊的麦溪、北郊的新桥、荆林等地,都有这种用法。北方话对同属市区云阳片的郊区方言产生了影响,还有很多佐证:例如中古宕摄开口三等庄组和江摄开口二等知、庄组的今韵

---

[1] 吕叔湘.指示代词的二分法和三分法——纪念陈望道先生百年诞辰[J].中国语文,1990(6):401-405.

[2] 刘丹青.吴江方言的指示范畴:二分、三分与一分[C]//全国汉语方言学会第8届年会论文集(未正式出版).武汉:华中师范大学,1995.

[3] 顾炎武《音论》引陈第《读诗拙言》曰:"自五胡乱华,驱中原之人入于江左,而河淮南北,间杂夷言。声音之变,或自此始。"

[4] 有一例可以证明江东势力的强大:据《晋书》卷五十八,义兴(今宜兴)周勰起兵讨王导、刁协,与东晋朝廷直接进行军事对抗,虽被镇压,但晋元帝司马睿不敢追究此事。另外,东晋时,吴郡顾、陆、朱、张诸氏,吴兴沈、邱诸氏,均保全着固有的势力范围。

母，城区读开口的［aŋ］韵，郊区读撮口的［yaŋ］韵，如"装"，城区音为［tsaŋ33］，郊区音为［tɕyaŋ33］；"爽"，城区音为［saŋ55］，郊区音为［ɕyaŋ55］。城区音近吴方言，而郊区音近江淮官话。还有一个使用范围极广的助词，其用法相当于苏州话中的"仔"，在城区的发音为"则［tsæʔ3］"，郊区说成了"得［tæʔ3］"，"则"跟"仔"音近，而"得"跟"仔"的发音则相去甚远了。

因此，我们可以说，"辣"是北方话远指代词"那"在丹阳方言中的叠置。"那"在方言指代系统中的叠置现象，汪化云（2000）[1]通过对湖北黄冈市所辖8个县级行政区方言指代词的研究，认为是随着共同语的影响在近、现代的加强，"那"作为远指代词叠置于该地方言中，在与该方言固有的远指代词对举时指代更远的对象和用于虚指，取代了当地固有远指代词的部分功能。而至于"那"为什么用于更远指和虚指，汪化云认为是因为"那"是外来的，比起该方言中固有的远指代词来当然要陌生一些，因而心理距离也会远一些。所以，当两个远指代词并用时，"那"就表现出明显的远指特征，而原有远指代词的所指就相对近一些。

上文分析，"辣"在跟"隔、过"同现时有更远指的功能，和"里"结合表示眼睛看不到的地方也是更远指的一种表现（或者也可以认为是"过"所指相对近了）；"辣""过"同现分述相关的两件事情时，要"过"在前、"辣"在后（2.1.2），这也是"过"所指相对近，"辣"所指相对远的一种表现。而"过"表示虚指的功能，已基本由"辣"来担当。这些，均很好地印证了汪化云的这个结论，只是在湖北黄冈地区以及山东、山西等有叠置现象的地方（钱曾怡、罗福腾，1992[2]；张维佳，2005[3]），"那"的书面语色彩往往较浓，用"那"显得文雅、郑重，而丹阳话中的"辣"则正好相反，用"辣"会给人一种"老土"的感觉。这是语言竞争的结果。丹阳处于吴方言和江淮官话的交界处，也是太湖经济与北方经济的交界地带。从南北朝开始，太湖地区就不仅在经济上，而且在文化上开始领先于中原地区，虽然因为政权更迭的缘故北方方言进入了丹阳地区，但在长期的竞争中，"辣"并没有能够进入指代词系统表示中指或远指，更没有能够完成与原有指代词的词汇更替，而只是承担了一部分表示虚指的

---

[1] 汪化云. 黄冈方言的指示代词［J］. 语言研究，2000（4）：88-96.
[2] 潍坊市史志办公室，钱曾怡，罗福腾. 潍坊方言志［M］. 潍坊：潍坊市新闻出版局，1992：34-35.
[3] 张维佳. 山西晋语指代词三分系统的来源［J］. 中国语文，2005（5）：459-467.

功能。此外由于城市化的发展，年轻人在往城里跑的同时在极力掩盖自己的"乡下人"身份，"辣"由于主要存在于城关郊区话中，且被认为是一种比较"土"的说法，因此现在30岁以下的年轻人大多倾向于用"过"来代替"辣"，因而"辣"有被"过"逐渐取代的趋势。

（本文原载《语言科学》2014年第4期）

敦煌佚本《维摩诘经注》写卷俗字辑考五则

陶家骏

一、引言

《甘肃藏敦煌文献》首次发表了定名为"维摩诘经疏释"的写卷原件照片，分别为土地庙出土的敦研066号、067号以及收集品247号、248号、249号、250号、251号、252号、375号[1]。这些写卷为北朝写本，为同一形式、同一人书写，内容没有重复，当年应是一件，源自敦煌藏经洞[2]，后流传各处。难能可贵的是，敦研375号写卷流传至日本后，幸得日本友人青山庆示先生回赠[3]，方得完璧。

《甘肃藏敦煌文献》敦研066号写卷叙录称："此件为北朝写本，长期未能查出注疏者何人。几十年前，著名学者汤一介先生访问敦煌，曾见过这批写本，认为是十分重要的文献，希望早日发表。由于各种原因，这批文献原封未动，汤先生的期望未能实现。此次发表原件，也只是考查了一下究竟是何经何品的注释而已。"[4]

由于发布时间较晚，方广锠、许培铃两位先生在《敦煌遗书中的〈维摩诘所说经〉及其注疏》[5]一文中没有提及该件写卷。笔者近年来致力于

---

[1] 段文杰. 甘肃藏敦煌文献：第1卷 [M]. 兰州：甘肃人民出版社，1999：72-76，225-241；甘肃藏敦煌文献：第2卷 [M]. 兰州：甘肃人民出版社，1999：173-174.

[2] 根据施萍婷先生考证，土地庙写卷皆来源于敦煌藏经洞. 详见：施萍婷. 敦煌研究院藏土地庙写本源自藏经洞 [J]. 敦煌研究，1999（2）：39-46；施萍婷.《甘肃藏敦煌文献》概述 [M]//段文杰. 甘肃藏敦煌文献：第1卷. 兰州：甘肃人民出版社，1999：概述4-5.

[3] 1997年，日本友人青山庆示先生遵照其父青山杉雨先生遗嘱，将八件出自藏经洞的写卷捐赠给敦煌研究院，敦研375号写卷系其中一件。事见：段文杰.《甘肃藏敦煌文献》序言 [M]//段文杰. 甘肃藏敦煌文献：第1卷. 兰州：甘肃人民出版社，1999：序言1.

[4] 段文杰. 甘肃藏敦煌文献：第1卷 [M]. 兰州：甘肃人民出版社，1999：248.

[5] 方广锠，许培铃. 敦煌遗书中的《维摩诘所说经》及其注疏 [J]. 敦煌研究，1994（4）：145-151.

该写本的整理与研究工作，目前已完成了全部录文及校勘工作。《甘肃藏敦煌文献》将该件写卷定名为"维摩诘经疏释"，而袁德领则定作"佚本《维摩诘经注》"[1]。袁先生所说的是，因为"疏"通常指在旧注的基础上再做进一步的阐发，而从写卷内容来看，是直接给罗什译本经文作注，同时，该注本又不见于现存藏经中，因此宜定作"佚本《维摩诘经注》"[2]。根据写卷内部材料，笔者发现该写本的作注者与鸠摩罗什本人有着非常密切的关系，应是罗什门下高足之一，聆听了罗什的译经说法据而作注[3]。

该件写卷正面体例为单注[4]，抄者从罗什本经文中提取若干字词或短语，写作大字，作为标目，下以单行小字加以注解，阐发标目或标目所属经文的含义。写卷背面也有文字，《甘肃藏敦煌文献》定名作"佛经注解"，敦研066V等各号叙录皆称："与正面为同一人书写，所注何经，何人所注，待考。"[5] 根据内容来看，写卷背面实际上是抄者对正面内容所作的补充，当定名作"维摩诘经补注"[6]。

鉴于该件写卷正背面内容具有互补性，因此，我们可以将其视为一个整体。诚如汤一介先生所言，作为《维摩诘经》早期注本，该件写卷是十分宝贵的文献，对研究罗什及其弟子的思想具有极为重要的意义。

除了珍贵的文献价值外，该件写本还具有极高的俗字研究价值。该写本正背面全文约两万五千余言，篇幅较长，俗字众多，这在以写经为主的敦煌北朝写本中显得非常突出，乃是研究敦煌早期俗字极好的读本。笔者细读原卷，辑录并考释了其中部分俗字。末学肤受，文中如有纰缪之处，还望方家不吝赐正。

---

[1] 袁德领. 敦煌研究院藏《佚本〈维摩诘经注〉》的几个问题 [J]. 敦煌研究，2008（3）：75-79.

[2] 关于该写本的定名、体例等情况，详见：袁德领. 敦煌研究院藏《佚本〈维摩诘经注〉》的几个问题 [J]. 敦煌研究，2008（3）：75-79；陶家骏，苗昱. 敦煌研究院藏《佚本〈维摩诘经注〉》写卷再探——兼及"子母注"问题 [J]. 敦煌研究，2012（3）：91-96.

[3] 关于注者的情况，详见：陶家骏. 敦煌研究院藏《佚本〈维摩诘经注〉》写卷注者考 [J]. [韩国] 东亚文献研究，2012，9：27-40.

[4] 袁德领先生认为写卷体例为"子母注"，此说有误。"子母注"，也称"合本子注"，由陈寅恪最早提出。"合本子注"的实质是将同一种佛经的多种译本合而为一："母"（即"本"）作大字，以一种较为接近原经意旨的译本作为正文；"子"作小字，以其他译本作为注文，相应译文置于正文该句之下，以供参考。详见：陶家骏，苗昱. 敦煌研究院藏《佚本〈维摩诘经注〉》写卷再探——兼及"子母注"问题 [J]. 敦煌研究，2012（3）：93-94.

[5] 段文杰. 甘肃藏敦煌文献：第1卷 [M]. 兰州：甘肃人民出版社，1999：281.

[6] 关于写卷背面的定名、体例、内容等情况，详见：陶家骏，苗昱. 敦煌研究院藏《佚本〈维摩诘经注〉》写卷再探——兼及"子母注"问题 [J]. 敦煌研究，2012（3）：94-96.

二、写卷俗字辑考五则

（一）㕛（麤）

（1）敦研375："翅舍：翅舍，㕛毛也。"

（2）敦研250："所以寄万法詶（酬）其所问者，欲令众会审知维摩诘是法身大士，迹绝群㕛，……"

（3）敦研250："若即时见佛，则心㕛散乱。"

按：《说文·麤部》："麤，行超远也。从三鹿。"[1] 写卷字形省作从三、从鹿。

除㕛外，"麤"还有一个常见俗体，即"麁"字。〔唐〕慧琳《一切经音义》卷一一《大宝积经》第二卷音义云："麁，省略字也，久已传用，《说文》正体作'麤'。"[2] 张涌泉先生谓"'麁'上部的'𠂉'亦为省书符号，谓省三鹿为一鹿也"，此说似有不妥之处。[3]

"𠂉"确为省书符号，不过从敦煌写卷俗字来看，它并不是省三鹿为一鹿。"麁"其实是由㕛讹变而来的。《敦煌俗字典》引"敦研024（5-2）《大方等大集经》"字作㕛，与写卷字形相同；又引"甘博004-9《贤愚经》"字作麄，引"S.388《正名要录》"字作麃，"S.0343（12-1）《悔文》"字作麁[4]。由上述诸字可以明显看出，"麤"由"㕛"再到"麁"，实际上经历了一个逐渐简省的演变过程。

此外，"麤"还可俗作"麓"。《集韵·模韵》："麤，俗作麓、麁，皆非是。"[5] 从字形上看，"麓"或是由"麁"讹变而来的。综上所述，"麤"字俗体的演变轨迹很可能是：麤—㕛—麄—麃—麁—麓。

（二）憕瞢（憕瞢）

敦研247："离身心相：身心精进，各二自种义：身离愦闹及五识憕瞢，心离结使盖缠；又解身心相离，乃精进也。"

---

[1]〔汉〕许慎.说文解字［M］.同治十二年（1873）番禺陈昌治刻本影印本.北京：中华书局，1963：203.

[2] 大正新修大藏经：第54册［M］.台北：新文丰出版公司，1983：372.

[3] 张涌泉.汉语俗字研究［M］.增订本.北京：商务印书馆，2010：79.

[4] 黄征.敦煌俗字典［M］.上海：上海教育出版社，2005：67-68.

[5]〔宋〕丁度，等.集韵［M］.上海图书馆藏述古堂影宋钞本影印本.上海：上海古籍出版社，1985：85.

按：写卷䚊字从心、从邓，作憪，字书不载，《敦煌俗字典》亦未收。《说文·心部》："憕，平也。从心、登声。"[1] 慧琳《一切经音义》卷三十《大树紧那罗王所问经》第一卷音义云："憕憴：上邓经反，下墨崩反。《考声》云：'精神不爽也。'《字书》：'惛昧也。'经中或作瞪瞢，亦通。有作悭慢，非。"[2] "憕憴"也作"憒憒"。《集韵·嶝韵》："憕：憴憕，神不爽。"[3] "憕"字本从登，或是由于"邓（邓）"从"登"得声，中古二字音近（"邓（邓）"字《广韵》徒亘切，定母去声嶝韵[4]；"登"字除平声外，亦有去声：《集韵》丁邓切，端母去声嶝韵[5]），故写卷"憕"讹从邓作䚊。

《说文·苜部》："瞢，目不明也。从苜、从旬。旬，目数摇也。"[6] 写卷"瞢"作䕣，下部从目，上部字形与"尝"字相近，但此字实从艹。写卷艹（草）字头常作草书，如"苦"作䒑、"若"作䒑䒑、"等（等）"作䒑䒑，䕣字亦同此类。《敦煌俗字典》引"敦研155《大般涅槃经》"字作䕣[7]，与写卷字形略近。

另，如慧琳所说，佛经中有作"瞪瞢"者，但其义与"憕憴"略有小异："憕憴"指心神不爽，而"瞪瞢"则与眼睛有关，指眼神发愣，如〔唐〕般剌蜜帝译《大佛顶如来密因修证了义诸菩萨万行首楞严经》卷二："于时阿难与诸大众瞪瞢瞻佛，目精不瞬[8]，不知身心颠倒所在。"[9] 又可作"瞪瞢"，如〔姚秦〕竺佛念译《出曜经》卷二十六："于食知止足，有信执精进者，行人执意得无漏信，多食瞪瞢，不容入定。"[10]

---

[1] ［汉］许慎. 说文解字［M］. 同治十二年（1873）番禺陈昌治刻本影印本. 北京：中华书局，1963：217.

[2] 大正新修大藏经：第54册［M］. 台北：新文丰出版公司，1983：505.

[3] ［宋］丁度，等. 集韵［M］. 上海图书馆藏述古堂影宋钞本影印本. 上海：上海古籍出版社，1985：610.

[4] 余乃永，校注. 新校互注宋本广韵［M］. 上海：上海辞书出版社，2000：433.

[5] ［宋］丁度，等. 集韵［M］. 上海图书馆藏述古堂影宋钞本影印本. 上海：上海古籍出版社，1985：610.

[6] ［汉］许慎. 说文解字［M］. 同治十二年（1873）番禺陈昌治刻本影印本. 北京：中华书局，1963：77.

[7] 黄征. 敦煌俗字典［M］. 上海：上海教育出版社，2005：271.

[8] 目精：眼珠。不瞬：不眨眼。

[9] 大正新修大藏经：第19册［M］. 台北：新文丰出版公司，1983：110.

[10] 大正新修大藏经：第4册［M］. 台北：新文丰出版公司，1983：749.

(三) 敠（颠）

(1) 敦研 066："欲释此理，故出此忘（妄）[1]相敠倒，皆由取我为本也。"

(2) 敦研 248v："既释，则大悟空性，如推善惠（慧）至敠倒，便悟不住，无所为本。"

(3) 敦研 067v："无决定性者，忘（妄）想龜倒，假名为生死；虚忘（妄）既除，假名涅槃。"

按：写卷"颠"多作敠，敦研 067v 作龜，这些字形颇似"巅"字，但它们并非"巅"之俗体，而是"颠"的异体。

《说文·页部》："颠，顶也。从页、真声。"[2]《说文》无"巅"字。《敦煌俗字典》"巅"字下仅收了一个字形，引"敦博 072《妙法莲花经》卷第四"字作巅，文作"巅（颠）倒分别，诸法有无。"[3]此字与写卷字形较为相近，很像"巅"字。但将其与"颠"的隶字对比，可以发现敠、巅二字皆非"巅"字，而是"颠"的俗体。

《隶辨·平声·先韵·颠字》引"石经论语残碑"字作顛（碑文作"顛沛必于是"），引"郑固碑"字作顚（碑文作"殒命顚沛"），引"杨君石门颂"字作顚（碑文作"屈曲汧顚"），引"西狭颂"字作顚（碑文作"顚覆霣隧"），引"北海相景君铭"字作顚（碑文作"顚倒剥摧"），引"周憬功勋铭"字作顚（碑文作"发射其顚"）[4]，以上皆为"颠"之隶变字。

"颠"《说文》篆文作𩕅[5]，从真，"真"隶变可作真，而隶书"止""山"字形相近，故又变真作真、真。可见，《敦煌俗字典》所收巅并非"巅"字，事实上也是"颠"的俗字，而写卷敠字则为巅之讹变。

"巅"作为后出新字，正是由"颠"的隶变字形顛、顚及敦煌写卷巅、敠等俗字演变而来。由于字形讹变从山，故后来专指山顶。《正字

---

[1] 忘：通"妄"。
[2] [汉]许慎. 说文解字［M］. 同治十二年（1873）番禺陈昌治刻本影印本. 北京：中华书局，1963：181.
[3] 黄征. 敦煌俗字典［M］. 上海：上海教育出版社，2005：84.
[4] [清]顾蔼吉. 隶辨［M］. 康熙五十七年（1718）项氏玉源堂刻板影印本. 北京：北京市中国书店，1982：175.
[5] [汉]许慎. 说文解字［M］. 同治十二年（1873）番禺陈昌治刻本影印本. 北京：中华书局，1963：181.

通·山部》云"巅,俗颠字,山顶也"[1],所言甚是。

(四) 恶恶(恶)

(1) 敦研247-27:"若观恶法及无常过患便舍,则生增心。"

(2) 敦研247-37:"良田而种子恶,种好而田薄,是以获报俱等也。"

(3) 敦研250v:"若藏恶心,内自耻责,各(名)[2]为惭;客怀恶心,耻于外人,名为愧也。"

按:写卷"恶"多作恶,仅敦研250v中有一处作恶,该行中出现两"恶"字:一作恶,一作恶,两字略有区别,抄者似有意一行之内同字不同书。

"恶"《说文》篆文作 ,《心部》:"过也。从心、亚声。"[3]《隶辨·入声·铎韵·恶字》引"杨君石门颂"字作恶,顾蔼吉按:"今俗省作恶。"[4]《敦煌俗字典》引"敦研037(2-1)《佛说舍利弗悔过经》"作恶[5]。恶显然是恶字之讹变,而写卷恶字则是由恶简省而来,后省作恶,即《颜氏家训·书证》所谓"'恶'上安'西'"[6]者。

《敦煌俗字典》"恶"字下亦收恶字("S.6825V想尔注《老子道经》卷上"),按云:"此形为'德'字手书右半,除去字形讹变因素外,似乎还有一点会意在内('德'去'人'为'恶')。此形主要存于早期写本。"[7]并详引裘锡圭《文字学概要》第七章《表意字》下《表意字分类举例》之六《变体字》:"'恶'是'德'字右旁的俗写。'德'本是从'彳''悳'声之字,本义是'升'。'悳'字从'心''直'声(或以为'直、心'会意),是道德之'德'的本字。但是南北朝人有时却把'恶'写作'恶'。恶是德的反面,去掉'德'字的'彳'旁来表示'恶',用意跟以'寻'为'碍'相类(南北朝时期'恶'字比较常见的俗体是'恶'。……东汉碑刻上又有作'恶'的'恶'字,见杨君石门颂等。这

---

[1] [明]张自烈.正字通[M]//续修四库全书:第234册.清畏堂藏版影印本.上海:上海古籍出版社,2002:332.

[2] 据下文"名为愧"可知"各"字有误,当作"名"。

[3] [汉]许慎.说文解字[M].同治十二年(1873)番禺陈昌治刻本影印本.北京:中华书局,1963:221.

[4] [清]顾蔼吉.隶辨[M].康熙五十七年(1718)项氏玉源堂刻板影印本.北京:北京市中国书店,1982:713.

[5] 黄征.敦煌俗字典[M].上海:上海教育出版社,2005:101.

[6] 王利器.颜氏家训集解[M].增补本.北京:中华书局,1993:463.

[7] 黄征.敦煌俗字典[M].上海:上海教育出版社,2005:100.

两种'恶'字的上半既有可能是'亚'的讹形，也有可能是'悤'所从的'囪'的讹形。东汉碑刻上的'德'字有时就写作'德'，见张迁碑等。所以，以'悤'为'恶'有可能在东汉时代就已经开始了）。"[1]

有意思的是随着"恶"字俗体悤的出现，在敦煌写卷中，"恶"的俗体似乎也有趋同于"德"的情况，比如《敦煌俗字典》引"甘博129《注维摩诘经》卷第三"作悳，还有从人作㥁（敦研361《佛经》）、㥁（敦研108（2-2）《大般涅槃经》）[2]者。《敦煌俗字典》"德"字下按云："'德'与'恶'本不相似，而俗字往往写'恶'如'德'，以至于有时难于区分。例如敦研036（2-1）《金光明经》：'可恶如贼，犹若行厕。''恶'字写作'德'，即与'德'字极难区分。'恶'之俗字与'德'字右半相同，'德之反为恶'，有其会意也。"[3] 不过，虽然"恶"之俗体㥁与"德"字在字形上的确极为接近，但《敦煌俗字典》所收"恶"字并无从彳者："恶"的俗体"㥁"从人，而"德"字从彳，两者差异还是比较明显的。

根据现存材料来看，尚未见到汉代"恶"作悤者，裘先生"去掉'德'字的'彳'旁来表示'恶'"的说法有待商榷。笔者推测，悤或许与"德"字并无关系，其由悪讹省而来的可能性更大些。本写卷中"恶"的俗体恶、㥁字形颇为相近，不似与"德"字有关。而"恶"之俗体悤变作悳，则显然是受到了"德"字书写的影响，汉隶中"德"就有作悳（《隶辨·入声·德韵·德字》引"郑固碑"）[4]者，这应当属于异字同书现象。至于"恶"从人作㥁、㥁者，取"恶为人所造"或"为人所憎恶"之意，这很可能与"果"作"菓"，"圂（园）"作"薗"等增加意符的情况相似，而与"德"字本身或许没有太大的关系。

（五）壐（圣）

（1）敦研247："贤［圣］[5]：欲令心净，深入法喜，亲近贤壐也。"

（2）敦研252："或见国中有厶（佛）相好，人或见一相两（两）相，

---

[1] 黄征. 敦煌俗字典［M］. 上海：上海教育出版社，2005：100-101。裘先生原文见：裘锡圭. 文字学概要［M］. 北京：商务印书馆，1988：139-140.

[2] 黄征. 敦煌俗字典［M］. 上海：上海教育出版社，2005：101.

[3] 黄征. 敦煌俗字典［M］. 上海：上海教育出版社，2005：79.

[4] ［清］顾蔼吉. 隶辨［M］. 康熙五十七年（1718）项氏玉源堂刻板影印本. 北京：北京市中国书店，1982：756.

[5] "圣"字残缺，据《维摩诘经》经文补。

如转轮■王比也。"

(3) 敦研252："诸烦恼门：明诸厶（佛）■人善为厶（佛）事，拯济群生，无往不寄。"

按：写卷"圣"字多作■，与正字"聖"相近。汉"熹平石经"字作■[1]，与■相近。写卷"圣"字亦有六处作■，此字从上到下作"一明王"之形，字书不载，《敦煌俗字典》亦未收。

《说文·耳部》："聖（圣），通也。从耳、呈声。"[2]〔唐〕苏鹗《苏氏演义》卷上云："只如'田夫民'为'農（农）'，'百念'为'憂（忧）'，'更生'为'甦（苏）'，'两隻（只）'为'雙（双）'，'神虫'为'蚕'，'明王'为'聖（圣）'，'不见'为'覓'，'美色'为'艷（艳）'，'囗王'为'国'，'文字（子）[3]'为'学'：如此之字，皆后魏流俗所撰，学者之所不用。"[4] 上述俗字大部分在敦煌遗书中都可以见到，《敦煌俗字典》所收"更生"为"苏"者，如■（S.388《正名要录》）[5]；"两隻"为"雙（双）"者，如■（Φ096《双恩记》，字形作上"雨（两）"下"隻"之形，"两"可俗作"雨"）[6]；"神虫"为"蚕"者，如■（S.388《正名要录》）[7]；"不见"为"覓"者，如■（甘博004-1《贤愚经》）[8]；"囗王"为"国"者，如■（Φ096《双恩记》）[9]；"文子"为"学"者，如■（P.2721《舜子变》）[10]，而所谓"明王"为"聖（圣）"者，如■（敦研194《太子瑞应本起经》）[11]，北朝碑刻中亦有此字，如■（东魏"李显族造像"）[12]。

张涌泉先生以"■"为"全体创造"的俗字，即完全抛开正字，另起炉灶，用全新的构件创制的新字。裘锡圭先生则谓"■"与"聖"字形相

---

[1] [日]伏见冲敬. 书法大字典 [M]. 北京：华夏出版社，2001：1797.

[2] [汉]许慎. 说文解字 [M]. 同治十二年（1873）番禺陈昌治刻本影印本. 北京：中华书局，1963：250.

[3] 按："字"当作"子"。

[4] [唐]苏鹗. 苏氏演义 [M]//王云五. 丛书集成初编. 上海：商务印书馆，1939：11.

[5] 黄征. 敦煌俗字典 [M]. 上海：上海教育出版社，2005：386.

[6] 黄征. 敦煌俗字典 [M]. 上海：上海教育出版社，2005：379.

[7] 黄征. 敦煌俗字典 [M]. 上海：上海教育出版社，2005：35.

[8] 黄征. 敦煌俗字典 [M]. 上海：上海教育出版社，2005：273.

[9] 黄征. 敦煌俗字典 [M]. 上海：上海教育出版社，2005：143.

[10] 黄征. 敦煌俗字典 [M]. 上海：上海教育出版社，2005：468.

[11] 黄征. 敦煌俗字典 [M]. 上海：上海教育出版社，2005：363.

[12] [日]伏见冲敬. 书法大字典 [M]. 北京：华夏出版社，2001：1796.

近，恐怕难以认为是完全抛开正字而新造的俗字，至少此例不典型。[1] 本写卷"聖（圣）"字有二体：▨、▨，两者在整体字形上较为相近。"聖"当先变作▨，后讹为▨（字形作"一明王"），后又省横作▨（即"明王"为"圣"者）。可见，▨并非完全抛离原字形，裘先生所说是。

另，《敦煌俗字典》"▨"字下按云："《龙龛手镜·玉部》：'壐，古文，音聖。'《字汇·玉部》：'壐，同聖。'今据此例，'壐'当作'▨'，'明王为聖'，会意俗字也。"[2]《龙龛手镜》以"壐"为古文，《汉语大字典》亦引用了此说[3]。"▨""壐"实际上都是"聖"的俗体，皆为后出字形。"壐"乃是由"▨"讹变而来，以其为古字，非是。

三、结语

潘重规先生曾指出："凡欲研究某一时代之作品，必须通晓某一时代之文字；欲通晓某一时代之文字，必须通晓某一时代书写文字之惯例。吾人苟不研究敦煌之俗字，即难望通晓敦煌之作品。"[4] 近年来，随着学界的日益重视，敦煌俗字的认读与研究已取得了长足的进步，但研究者大多以楷书俗字为中心，往往无法揭示它们的真正来源。针对这一问题，黄征先生明确提出"敦煌俗字起源于隶变"，并指出"我们以往研究敦煌俗字存在着一种'楷书中心论'，即搜寻、考察、辨析的基本上都是隋唐以来的楷书，根本就把隶书俗字遗忘了。这是一个重大的缺陷：以为某字就是隋唐以后产生的，不再追寻其来源。而实际上这个字形可能早已有之，通过隶变俗字的搜寻排比，可以清晰地看出它的讹变轨迹。"[5] 张涌泉先生指出，东汉以后俗字的盛行与隶变的影响有关，许多俗字只有追溯到汉隶，才算找到了它真正的源头。[6]

敦煌研究院藏佚本《维摩诘经注》写卷为北朝写本，正处于由隶书向楷书发展的过渡阶段，本文虽然只从其中辑考了部分俗字，但通过对这

---

［1］张涌泉. 汉语俗字研究［M］. 增订本. 北京：商务印书馆，2010：113-114.
［2］黄征. 敦煌俗字典［M］. 上海：上海教育出版社，2005：363.
［3］汉语大字典编辑委员会. 汉语大字典：九卷本［M］. 2版. 成都：四川辞书出版社，武汉：崇文书局，2010：1200.
［4］潘重规. 敦煌俗字谱［M］. 台北：石门图书公司，1978：（序言部分）5.
［5］黄征. 敦煌俗字典［M］. 上海：上海教育出版社，2005：（前言部分）8-9.
［6］张涌泉. 汉语俗字研究［M］. 增订本. 北京：商务印书馆，2010：310.

些俗字的释读，并与时代更早的汉隶和此后的楷书俗字对比，就能帮助我们了解它们的来源与演变的全貌，这对我们构建一个完整的汉字发展史必将有所裨益，同时，我们从中也可以发现，诚如黄征先生所言，敦煌俗字实起源于隶变，它绝非一时一地的产物，而大多是上有所承、自有其来源的。

（本文原载［韩国］《中国文化研究》第22辑，2013年6月）

媒体语言失范现象的成因分析与规范化策略
——以影视剧语言为例

姜 晓

媒体语言肩负着传播知识信息和推广普通话的重要责任,是社会大众日常接触与模仿的重要语料来源。媒体语言中的任何一点不规范现象,都可能在社会语言中"一石激起千层浪"。因此,如何纠正媒体语言中的不规范现象、有效地规范媒体语言,是传媒制作和监督单位乃至社会全体成员都应该共同关注和严肃对待的议题。

一、影视剧语言的社会功用

作为覆盖面极广的媒体语言,影视剧语言既丰富和娱乐着人们的生活,又潜移默化地影响着人们的语言习惯,其社会功用不可小觑。

(一)代表着国家和地方的形象

影视剧作品多旨在展示中国历史、政治、社会、文化等各个方面的内容。在媒体语言的海外传播过程中,越来越多的海外观众通过影视剧语言来感知中国的风土人情与社会现状。同时,影视剧语言也意在凸显现代汉语的特色与各大方言区的独有语言特点。不少方言影视剧作品的语言极具地方特色,成为其他地区观众乃至国外观众了解中国语言文化的一扇窗口。客观来讲,看似包罗万象的影视剧语言,最重要的标签作用实则是展示国家与地方的形象。

(二)传播各行业的信息与知识

影视剧语言可以引领人们发现中国各地的风俗人情,也能够向大众传播各行各业特有的知识与信息。通过欣赏影视剧作品、琢磨影视剧语言,我们可以走进每个行业的内部,汲取许多触类旁通的有用讯息。

(三) 助力青少年的语言学习

当今社会已由"铅字文化"向"图像文化"过渡，作为传播中华文化的影视剧语言，在丰富人们的业余生活和带给人们艺术享受的同时，也具有一定的教育引导作用。对许多青少年而言，家喻户晓的影视剧作品中标准的语言、生动的词汇、清晰的语法和有趣的示例，不仅可以引领他们了解外面的世界，而且还能辅助他们进行语言文化的学习。对不少教育工作者来说，影视剧语言寓教于乐的功能为"纸上谈兵"的传统教学方法倍增色彩，帮助课堂教学达到了事半功倍的效果。

(四) 示范标准的汉语普通话

影视剧语言的示范性作用其实早在 2000 年第九届全国人大常委会上就已经明文昭示了。国家语言文字工作委员会在当时发布了《中华人民共和国国家通用语言文字法》[1]。该法令提倡在全社会范围内推广汉语普通话，并以广播、影视等新闻媒体为榜样，要求影视剧演员的普通话不仅要标准，而且影视剧字幕的用词、用字也要得体规范。该法令第一章总则的第十四条明确规定："广播、电影、电视用语用字""应当以国家通用语言文字为基本的用语用字"。这里的"国家通用语言文字"就是指"普通话和规范汉字"。该法令第一章第十九条也对影视剧演员的语言有明确的要求："以普通话作为工作语言的播音员、节目主持人和影视话剧演员、教师、国家机关工作人员的普通话水平，应当分别达到国家规定的等级标准。"而在国家语言文字工作委员会、国家教育委员会和广播电影电视部制定的《普通话水平测试实施办法（试行）》[2] 中第十二条对这一等级标准也有明确规定："专门从事普通话语音教学的教师和从事播音、电视、电视剧、话剧表演、配音的专业人员，以及与此相关专业的毕业生应达到一级甲等或一级乙等水平。"

因此，社会大众接触到的影视剧语言，绝大多数都是标准的现代汉语语音、词汇和语法，它们肩负着辅助大众识字正音的使命，力图让人们在欣赏影视剧剧情的同时，加深对中国语言汉字的认识和理解。这对国家大力推广普通话和传播中国语言文化知识，都具有较强的示范效应。

---

[1] 中华人民共和国国家通用语言文字法. [EB/OL].(2001-01-01). http://baike.baidu.com/link?url=IZPBCtpTNEYHDs99tFxX7pm7M7myj9xc_2T4RsLzvNfjTZ-sM3NDYipoXRAbg4MS1ED9D0noSDbJAZ4lQ-wjYq

[2] 普通话水平测试实施办法（试行）. [EB/OL]. (1994-10-30). http://baike.baidu.com/view/14496779.htm

二、影视剧语言中的失范现象

影视剧语言具备了较为重要的社会作用,所以,一旦其出现不太规范的语言现象,就会对社会大众产生极为严重的负面影响。轻,则易引发民众发音、用语的失误;重,则会危及传统文化与国家形象的传播。所谓"智者千虑,必有一失",在当今国产影视剧作品中,的确还存在着一些不尽如人意的失范现象。在此,我们对其进行了归纳和整理。

(一)影视剧语言中常见的语音错误

在一些影视剧作品中常常出现某些字音的错误。这些错误并不是剧情需要造成的,往往是影视剧演员表演或者配音演员配音时无意读错、未被纠正的字音。这些语音失误不但影响了观众对剧情内容的理解,也有害于汉语普通话的传播与推广。对此,我们应该竭力避免这些语音错误,并加强对语音规范的重视。

1. 完全读错的字音

这类语音错误是影视剧语言中最常见的,即把甲音读成了乙音。

(1)"所以迷眩(xuán)缠陷天下者也"[正音:xuàn](《新版红楼梦》)

(2)"不许沾一星的荤(yūn)腥"[正音:hūn](《朱元璋》)

(3)"戏谑(nüè)"[正音:xuè](《我的团长我的团》)

2. 多音字引发的失误

这类字音错误大多是由于混淆了多音字搭配的词语而造成的。

(1)"角(jiǎo)色"[正音:jué](《摩登笑探》)

(2)"拘泥(ní)"[正音:nì](《北京爱情故事》)

(3)"道行(háng)"[正音:héng](《西游记》)

3. 人名、地名的错音

这类字音错误主要源于忽略了某些姓氏或地名的特殊发音。

(1)"纪(jì)晓岚"[正音:jǐ](《铁齿铜牙纪晓岚》)

(2)"燕(yàn)赤霞"[正音:yān](《新倩女幽魂》)

(3)"钮祜(gū)禄"[正音:hù](《宫锁珠帘》《金枝欲孽》)

4. 成语、古语词的错音

这类字音错误可能是由于对不常用书面语的不熟悉。

(1)"神祇(dǐ)"[正音:qí](《京华烟云》)

（2）"女红（hóng）"［正音：gōng］（《风声》）

（3）"身陷囹圄（húlún）"［正音：líng yǔ］（《暗算》）

5. 佛教用语的错音

这类字音错误较少，多是由于佛教用语的特殊性。

（1）"阿（ā）弥陀佛"［正音：ē］（《西游记》）

（2）"般若（bō luō）波罗蜜"［正音：bō rě］（《大话西游之月光宝盒》

（3）"南无（nán wú）阿弥陀佛"［正音：nā mó］（《西游记》）

（二）影视剧语言中常见的词汇错误

词汇使用错误也是影视剧作品中偶有出现的不规范语言现象。这类失误往往没有语音错误那样明显，但是经由影视剧作品的广为传播，这类错误极易引起大众不自觉的模仿，从而对现代汉语词汇的稳定性产生较多不良的影响。

1. 指称名号有误

这类错误多是由于词义不明而造成的。

（1）臣妾

许多半文半白的影视剧作品中，后宫佳丽都用"臣妾"一词来进行自称。实际上，古代汉语中的"臣"和"妾"只能分开使用，混用或乱用在一起是不正确的。《尚书传》云："役人贱者，男曰臣女曰妾。"可见，"臣"本义为"男性奴隶"，后引申为"古代大臣对君的自称"；"妾"本义为"女奴"，后常用来表示"男子在妻子以外另娶的女子"。因此，皇帝的嫔妃若要自称的话，其实与大多民间女子一样，自称"妾身"或"妾"就可以了。"臣妾"这个词在古代汉语中是没有"皇帝嫔妃"的含义的。

（2）格格

大部分描述清朝历史的影视剧作品都用"格格"来称呼公主，并且逐渐将"格格"等同于"公主"的含义。实际上，满语里的"格格"就是"小姐"的意思，是满族对女性的一种称谓。作为定制封号使用时，"格格"相当于"公主"，是清朝皇族女儿的统一称呼。但是，"格格"同时也可作为非正式称号使用。一些地位高贵的女性可以称作"格格"，如"苏麻喇额涅（母亲）格格"；或是用于称谓无正式封号的贵族之女，还有清朝亲王那些位在侧福晋、庶福晋之下的低阶妾等，都可以用"格格"来进行称呼。因此，现在"格格"在大众心中词义范围的缩小与影视剧语言的误用有很大关系。

2. 时空出现有误

（1）皇上

影视剧语言中基本都用"皇上"来称呼皇帝，然而，明、清之前，是没有人称呼皇帝为"皇上"的。这个词语是清朝才开始使用的。历朝历代多用"今上""圣上""万岁"来称呼皇帝。汉魏时期，皇帝多被称为"陛下"。唐朝多称为"圣人""大家"，较为亲近者，可以称呼皇帝为"某（排行）郎"。宋代则多称其为"官家"。明代，正式场合一般使用"陛下"，私下则多用"今上""上"等。所以，"皇上"一词在古代汉语中并不如影视剧语言中那样常见。

（2）奴才和奴婢

影视剧作品中，不管是哪朝的太监似乎都对皇帝和嫔妃们自称"奴才"，宫女们也常常自称为"奴婢"。事实上，宦官自称"奴才"、宫女自称"奴婢"是从明朝开始的。"奴婢"的原意是奴隶，指没有自由的人，男称"奴"，女称"婢"。到了清朝，许多满臣和入了旗的汉臣也开始自称"奴才"，清朝的女官也是自称"奴才"，并不是"奴婢"。不过，没入旗的汉臣不能自称"奴才"，只能自称为"臣"，这是清廷的一种民族歧视，认为"臣"比"奴才"的地位还低。因此，影视剧语言中的"奴才"和"奴婢"只可出现在明清时期的历史剧中，其他历史剧作品里不可使用。

（3）年

半文半白类影视剧作品中，还常常使用"年"来作为计时单位。其实，古代汉语中计算时日的单位较多且混乱，不同国度、不同历史时期的称谓并不相同。《尔雅·释天第八》曰："载，岁也。夏曰岁，商曰祀，周曰年，唐虞曰载。"另外，《新唐书·玄宗纪》曰："天宝三载正月丙申，改'年'为'载'。"后来唐肃宗又在至德三年改"载"为"年"。所以，根据影视剧剧情的不同，采用何种计时单位是需要仔细斟酌的，切不可随意使用。

3. 使用场合有误

（1）谥号

"谥号"和"庙号"都是人死之后才给予的一个作为评价的称号。人在世时，不可能被人以"谥号"相称。但是，不少影视剧语言中还是出现了这样的常识性错误。我们常常在影视剧中听到下臣称呼皇帝为"太宗""仁宗"等。电视剧《三国演义》中，刘备竟然还有这样一段台词："我已面辞献帝，又蒙丞相钧语……"此处的"献帝"一语便是完全错误的用法。"献帝"是皇帝刘协死后得到的"谥号"。而此时，刘协还活得好好的，怎么可能以此来称谓呢？类似的例子在影视剧语言中还有一些，实在是使用的场合不当。

（2）起义

此处的词汇错误实际是将现代人的观念强加在了古人的身上。电视剧《楚汉传奇》中有一段台词，一个太监向赵高禀报："不好啦！不好啦！陈胜、吴广在大泽乡起义啦！"根据历史的记载，陈胜、吴广的行动确实是顺应了历史的潮流，所以，后人把当时两人的行为称为"起义"。但是，作为一名宦官，当时似乎使用"造反"这样的词语会更为贴切。虽然我们使用现代汉语来创造影视剧作品，但这并不等于我们可以用现代人的思维来塑造古代的角色。

（三）影视剧语言中常见的语法错误

影视剧语言中的语法错误并不多，但一般出现的错误都较为明显，容易被观众所发觉，进而影响观影的乐趣，降低影视剧作品的整体质量。另外，还有一些常见却被大众所接受的语法错误，竟然已经成了影视剧语言中的某些定式。此处，我们将对其进行更正说明。

1. 短语结构有误

奉天承运皇帝诏曰

这句话应该是无数半文半白类影视剧中频繁出现的语言。然而，这句话不仅出现的时空不完全正确，而且在影视剧中的断句结构也是错误的。首先，这句话最初是从朱元璋时期才开始使用的，只有明清两朝的诏书才会出现这样的开头。唐朝的诏书一般仅以"门下"二字开始，元朝诏书的开头则是"上天眷命皇帝圣旨"。所以，并不是所有半文半白类的影视剧作品都能使用"奉天承运皇帝诏曰"这句开头。其次，在影视剧作品中，这句话均被断句为"奉天承运，皇帝诏曰"。实际上，这样的短语结构是错误的。"奉天"是指尊奉天命，"承运"是指继承"五德"，即"金木水火土"。"奉天承运"的含义是指君权神授，朱元璋便以此自称为"奉天承运皇帝"。所以，这句话正确的断句应该是"奉天承运皇帝，诏曰"。另外，根据圣旨内容和诏告对象的不同，这句开头还可换为"奉天承运皇帝，制曰""奉天承运皇帝，敕曰"两种形式。不过，这句断句错误的句子已经在大众心中扎根，并广为传播了。这样的影视剧语言语法错误确实应该尽快改正过来。

2. 搭配不当

（1）"我特别记得住一个男人应该做的责任。"（《金粉世家》）

（2）"你不能做对他伤害的事情。"（《金粉世家》）

例（1）里的"责任"不能与动词"做"搭配，应将"做"改为"负"或"承担"。例（2）里的"伤害"是及物动词，后面可以直接加宾语"他"，应将"对他伤害"改为"伤害他"。

3. 用词不当

（1）"原来你们金家对白家有过节儿。"（《金粉世家》）

（2）"浪漫是对你们年轻人的。"（《超越情感》）

例（1）里的"过节儿"一词是指双方争斗产生的矛盾，所以应将"对"改为"和""跟"或"与"。例（2）里的"对"是个介词，此处应该使用动词，可改为"属于"。

4. 语义重复

（1）"我就恕不奉陪了。"（《金粉世家》）

（2）"一见这幅画，仿佛恍若隔世。"（《大明宫词》）

例（1）里的"就"和"恕"语义重复，应该删去其中一个。例（2）里的"仿佛"和"恍"语义相同，也应该只留下一个。

5. 逻辑混乱

（1）"显然是有人企图在操纵舆论。"（《金粉世家》）

（2）"是让这些人去死，而是让这些人苟延残喘。"（《黑洞》）

例（1）里的"企图"表示操纵舆论尚未实施，而"在"则表示操纵舆论正在进行，二者放在一起语意矛盾，应删去其中一个。例（2）的两个分句语义是相反的，关联词"而是"在这里使用错误，应该改为"不是"。

（四）影视剧语言中的字幕错误

影视剧语言中的字幕错误十分琐碎，尽管错误类型不多，但数量并不算少。虽然，影视剧字幕文字在观众的视野中稍纵即逝，但重复不断的错字仍然会给大众留下较为深刻的印象。2007年，《咬文嚼字》杂志社曾组织过一场"请给荧屏亮分"的活动，发动观众检查12家电视台的语言错误。其中，影视剧语言和广告语言的错误多达2238条。据不少中小学教师反映，孩子们依照影视剧字幕写出的错字很多，足见影视剧字幕错误对观影青少年造成的负面影响。

1. 结构助词使用错误

"的、得、地"三个结构助词是现代汉语里不可或缺的虚词，主要表示附加成分与中心语之间的结构关系。定语后面使用"的"，状语后面使用"地"，补语前面使用"得"。然而，在影视剧字幕文字里，这三个结构助词却一再被错误使用。

（1）"咱们王爷啊，会得（的）多着呢。"（《后宫·甄嬛传》）

（2）"我明白了，你做的（得）对。"（《紧急追捕》）

（3）"她诧异的（地）看着他。"（《写在湖畔上的爱》）

2. 同音词使用错误

现代汉语里的同音词很多，但同音词的意义并不相同，使用错误不仅会妨碍意义的表达，还可能产生啼笑皆非的效果。

（1）"检查（察）官"（《致青春》）

（2）"战死杀（沙）场"（《历史的进程》）

（3）"跟你反应（映）点情况"（《紧急追捕》）

3. 偏旁缺漏造成错误

这类字幕错误较少，不过一旦出现就格外显眼，常常引发大众热议。

（1）"且（沮）丧"（《步步惊情》）

（2）"开支（枝）散叶"（《宫锁珠帘》）

（3）"建（健）在"（《舞乐传奇》）

三、影视剧语言失范现象的成因分析

影视剧语言作为一种流行的媒体语言，每时每刻都在对人们产生着不可估量的影响。前文列举的不少影视剧语言中出现的不规范现象，已经对大众使用的语言造成了较大的负面影响。要想杜绝这些失范现象，首要任务就是必须找出影视剧语言出现这些失范错误的根本原因。

（一）方言语音的渗透

中国地大物博，历史悠久，尽管国家规定了现代汉语普通话以北方语音为基础音、以北方方言为基础方言，但是，其他方言区的语音、词汇、语法仍然会不断地对现代汉语产生影响。国家广播电视总局（以下简称"国家广电总局"）2009年曾经通过官方网站重申"限制方言令"，即"除地方戏曲片外，电视剧应以普通话为主，一般情况下不得使用方言和不标准普通话；重大革命和历史题材电视剧、少儿题材电视剧及宣传教育专题电视片等一律要使用普通话；电视剧中出现的领袖人物的语言要使用普通话。"[1]可是，各地方言仍然以不同形式出现在影视剧作品之中。方言语音的混入，极易引起某些普通话词语的发音波动。来自各个方言区的影视剧演员一旦放松思想警惕，影视剧语言中就会出现个别方言语音，产生语音错误。

（二）古今字音的影响

现代汉语与古代汉语密切相连，如今的不少多音字都是由古代汉语发展演变而来的。浩如烟海的汉语词汇中，不少多音字的使用情况连语言学家都容易混淆，足见汉语字音的复杂。同时，香港和台湾地区的某些字词发音，还偶尔保留着古音，所以，港台地区的影视剧演员常常会将某些字词念错，这就是古今字音差异造成的结果。另外，现代汉语发展到今天，许多字词的语音也在短期内不断发生着变化。尽管《普通话异读词审音表》（修订稿）里已经把不少字词的旧读音进行了读音统一，《现代汉语词典》也在日新月异地订正着这些易错字的发音，但是，某些年龄较大的影视剧演员仍然对这些字词的"旧读音"有着根深蒂固的记忆。因此，当影视剧语言中出现这类字词时，发音错误就毫无悬念地出现了。

（三）影视剧演员的语言素养有待提高

前面提到的许多影视剧语言的不规范现象，实际上大部分是影视剧演员或配音演员的疏忽和混淆所造成的。这些错音、错字、错词其实很多都是中学或大学学过的内容，只是随着时间的推移，影视剧演员与配音演员慢慢把这些知识遗忘了。作为传媒行业的从业者，影视剧演员和配音演员本应时刻注意自己的语言发音和词汇使用，但文化基本功的不扎实、知识记忆的模糊和不查字典的语言习惯，势必会使其在台词中出现误读、误用的情况。演员语言文化素养的不足与不认真对词的工作态度，是造成影视剧语言频繁出错的重要原因。

（四）影视剧制作机制不够严谨

影视剧的制片方大多强调追求最大利益，所以在作品制作方面容易心浮气躁。不少影视剧作品几个月便拍摄完成，拍的时候仓促，后期制作速度也是分秒必争，许多细节和问题都大而化之地处理，因此，作品的整体质量不高，像"快餐"一样被推到了大众面前。这样的影视剧作品能够剧情顺畅已经不易，哪还有心思来关注影视剧语言的规范问题。创作过程中，人员对语言规范不以为然，势必造成成品中的诸多语音、文字错误。如果

---

[1] 广电总局办公厅关于严格控制电视剧使用方言的通知．[EB/OL]．（2009-07-24）．http：//www.pingdu.gov.cn/n2/n704/n705/n714/1505221416264 26304.html

这种不严谨的影视剧制作状态继续下去，影视剧语言的失范现象就将永无休止。

（五）影视剧管理机制不够完善

虽然国家广电总局和政府管理部门会对每部发行的影视剧作品进行严格、仔细的监督与审核，但是，当前的影视剧审查主要集中在影视剧的思想内涵、内容制作、发行和播出活动等方面。针对影视剧语音、词汇、语法、文字等方面的审查制度基本没有。于是，影视剧作品的语言错误就成了各级管理与审核部门视而不见的问题。不规范的语言现象明目张胆地出现，成了影视剧语言中屡禁不止的"漏网之鱼"。

（六）不良社会风气的浸染

影视剧语言不规范现象愈演愈烈的另一个原因，是普罗大众对使用语言的无所谓态度。随着网络语言的流行，许多不规范的新词新语开始在社会上广泛流行。人们慢慢被这些奇特、肆意的语言现象所感染，逐渐丧失对现代汉语普通话的感知力与敏感度。不少人自身使用汉语也变得随性和无序，那么，自然在面对影视剧语言的不规范现象时会显得无动于衷，甚至认为规范影视剧语言是一种小题大做或吹毛求疵的行为。倘若这种不良的语言风气继续在社会上传播，不仅影视剧语言不会变得严密，现代汉语普通话也会随之失去应有的严谨之美。

四、影视剧语言的规范化策略

影视剧语言是影视剧作品的重要组成部分，精准而规范的影视剧语言能够增强影视剧作品的感染力与表现力，能够让普罗大众领略到语言的美感，并产生更多的思考。不规范的语言现象势必会使许多优秀的影视剧作品质量打折，影视剧作品的艺术性也会随之弱化甚至消失。因此，规范影视剧语言，整治影视剧语言中的失范现象，是整个社会都应该高度重视的事情。

（一）国家广电总局及各省市广电局应强化语言审查力度

国家广电总局其实早在2011年就发布了《关于进一步加强电视剧文字质量管理的通知》[1]。通知里明确要求："电视剧制作机构应对所制作的电

---

[1] 广电总局办公厅关于进一步加强电视剧文字质量管理的通知[EB/OL]. (2011-02-25). http://www.gov.cn/zwgk/2011-02/25/content_1810796.htm

视剧进行文字质量检查,确保电视剧用字用语应正确、规范,避免出现字幕错别字,同时尽可能减少读音错误、用词错误和表达错误。"另外,影视剧制作完成以后,在送审之时,国家广电总局也要求影视剧制作机构再次对影视剧的文字质量进行把关,需派专人负责字幕校对,杜绝错别字。随后,影视剧制作单位不仅需要提交《制作机构电视剧文字质量自检承诺书》,表明已由专人按照国家语言文字规范标准对送审影视剧文字质量进行了检查,还要提交《播出机构电视剧文字质量承诺书》,意指若发现播出的影视剧中存在部分语言错误,应退回进行修改,若存在的语言错误较多,会依法受到处罚。

如此严格的管理制度原本完全可以实现影视语言的规范化,但在实际操作的过程中,很多规则条款却被不知不觉地淡化或忽略了。国家政府部门只有让所有规章制度真正落到实处,让一切通知、要求不再沦为"纸上谈兵",失范的语言现象才会逐渐从屏幕上减少,影视剧语言的规范化才会最终得以实现。

同时,国家广电总局还可以强化和完善各省市广电局的影视剧审核制度,尤其是加强影视剧语音、词汇、语法方面的审核,并加强奖惩力度。各地文化管理部门对影视剧语言的层层考查,自然会引起影视剧制作机构对语言规范的重视,从而使播出的影视剧作品的质量提升到一个新的高度,整个影视剧制作行业也会形成良好、严谨的语言规范态势。

(二)国家语用司与语委需加强语言规范的宣传

所有的语言都是在不断发展变化的,现代汉语里许多字词的语音、语义时常会受到社会约定俗成的影响而发生改变。因此,国家语言文字应用管理司与国家语委需要加强对规范现代汉语的持续宣传。

首先,《新华字典》和《现代汉语词典》是评判当今语言文字是否正确的官方依据。语用司和语委可以要求影视剧制作机构以此作为正音标准,减少语言失范现象的出现。除此以外,国家语用司和语委还需将社会大众对某些字词语音和词义的理解纳入语言规范的考量范围。倘若某些字词的失范现象已成为一种较为普遍的社会现象,那么,依据语言的社会性特质,可以适当地修改某些字词的读音与用法,为不规范的语言现象正名。最后,国家语用司和语委还需将现代汉语中出现的变化及时告知社会大众,让观众与影视剧从业者不再拘泥于陈旧的语言规范,始终与现代汉语的发展保持同步。

（三）影视剧从业者不断提高语言修养

影视剧语言的不规范与影视剧创作人员的语言文化修养有着十分密切的关系。因此，采取有效措施来提高影视剧从业者的语言文化修养，是实现影视剧语言规范化的重要保证。

首先，导演、编剧等影视剧制作方需要加强自律，拍摄时不仅要摒弃浮躁的心态，追求精益求精，而且对作品中的语言问题也要予以重视，把影视剧语言规范视为保证作品质量的一件大事。制作方可以安排专人来负责检查和监督影视剧语言，并采取一些有效可行的措施来确保影视剧语言的规范。比如：编剧应对剧本上的每句台词反复斟酌，引用一些古典诗词时需及时查阅相关典籍，以避免用词失误，同时，编剧还可以给某些容易读错的字和罕见字标上正确的读音，以引起表演演员和配音演员的注意。另外，在影视剧的拍摄与制作过程中，可以聘请一些语言学专家或学者来做正音工作，在演员们读音出错时及时给予提醒，在字幕用字用词错误时及时帮忙纠正。

其次，影视剧演员应该努力提升自身的文化素养，加强对汉语字音的学习。影视剧演员作为公众人物，具有较为强大的社会影响力和感召力。演员如果在表演时出现大量的不规范语言现象，极易对社会大众产生误导，影响汉语普通话的推广。因此，影视剧演员应该强化个人的语言规范意识，起到应有的示范和表率作用。培养演员的各类教学单位在制订培养方案与教学计划时，就应增设和落实相关语言课程，以提高演员的语言文化修养。在实际教学过程中，教学单位可请普通话专家传授一些分辨和记忆易错字音的方法和窍门，并用高标准、严要求的方式来进行训练。此外，影视剧演员除了平时刻苦学习、日积月累之外，最好在表演之前认真预习人物台词，力求把每个字音、断句都念得准确。遇到不熟悉的字词时，演员最好立刻翻查字典。影视剧演员如果端正了对影视剧语言的认知态度，既是对影视剧作品的一种尊重，更是对广大观众负责任的表现。

最后，影视剧字幕制作人员也应勤学常问，养成多翻字典的习惯，有意识地提高自身的语言水平，加深对汉字的了解和认识。影视剧字幕时常被大众当作是社会用字的规范和标准，字幕用字是否准确、规范对社会受众有着极大的导向性和影响力。所以，影视剧字幕的规范关系着全社会语言规范的全局。因此，影视剧字幕的制作人员一定要努力提高自己的语言文字能力，强化自身的语言规范意识，不放过字幕中的任何一个微小的错误，力求做到尽善尽美，让观众看到更多质量上乘、文字规范的优秀影视剧作品。

（四）社会民众要有语言规范意识

作为影视剧作品的受众，我们应当意识到自己对影视剧语言的规范化负有重要的监督义务。影视剧作品作为大众喜闻乐见的综合艺术，在满足大家娱乐需求的同时，更应发挥传播文化、示范正音的作用。如果社会民众对影视剧语言中出现的不规范现象视而不见、放任不管，那么，"一传十、十传百"，这些失范的语言问题就会在整个社会上飞速传播，严重影响青少年的语言文化学习，带动现代汉语走向"音不准、形不辨、意不究、典不检"的没落格局。

因此，每一个社会民众都应该积极行动起来，主动去发现影视剧语言出现的不规范现象，纠正它们，阻止它们，将正确的语言规范传播出去，给社会特别是学习中的青少年提供一个良好的语言环境，让我们的语言保持健康、纯洁与美好。同时，在信息高速传播的时代，我们可以在官方社交网络平台上指正影视剧作品中出现的语言错误，让影视剧从业者、影视剧制作者以及影视剧的审核部门及时了解影视剧语言中的问题，一起推动和实现影视剧语言的规范化。

（本文原载《中国社会科学报》2016年3月8日第920期）

基于使用的语言观下
频率对图式构式的建构作用[1]

杨黎黎 汪国胜

一、引言

（一）基于使用的语言模式强调频率效应

近年来汉语学界注重频率对语言的影响，除了传统的字频、词频、频率在二语习得和对外汉语教学中的影响（文秋芳，2003）[2]以外，与本研究相关的频率研究主要有如下几个方面：1）频率和语法化、词汇化的关系（刘云、李晋霞，2009[3]；彭睿，2011[4]等）；2）复句中前后分句搭配中的频率效应，主要有姚双云等（2011）[5]、丁志丛（2013）[6] 等；3）频率对语法结构的建构以及对整个语法体系的影响（程丽霞，2006[7]；张立飞，

---

[1] 本项研究系中国博士后第61批面上资助（2017M611889）的系列成果之一。感谢《语言教学与研究》匿名审稿人的宝贵建议。论文写作期间同彭睿教授就频率统计问题做过多次探讨，谨致谢忱。

[2] 文秋芳. 频率作用与二语习得：《第二语言习得研究》2002年6月特刊述评[J]. 外语教学与研究, 2003 (2): 151-154.

[3] 刘云, 李晋霞. 论频率对词感的制约[J]. 语言教学与研究, 2009 (3): 1-7.

[4] 彭睿. 临界频率和非临界频率：频率和语法化关系的重新审视[J]. 中国语文, 2011 (1): 3-18.

[5] 姚双云, 胡金柱, 肖升, 等. 关联词搭配的自动发现[J]. 计算机应用研究, 2011 (12): 4426-4428.

[6] 丁志丛. 关系标记对汉语有标转折复句使用频率的影响[J]. 汉语学报, 2013 (3): 85-94.

[7] 程丽霞. 左偏置结构频率统计与话题结构的显现[J]. 外语教学与研究, 2006 (2): 101-107.

2010[1]；王慧莉，邴文铎，2013[2]等）。

频率对语言结构的解释和建构作用的理论基础正是基于使用的语言模型（Bybee，2003[3]）。频率作为语言使用的一个要素，对语言结构的历时性建构、变异以及心智表征均起到了重要的作用。当代语言学并不否认频率对语言的作用，分歧仅在于频率究竟起多大的作用（Bybee & Hopper，2001[4]）。关于频率的研究，已经达成共识的是词频影响着人们对词语识别的速度（Balota & Chumbley，1984[5]；Rayner & Duffy，1986[6]）。除了词频以外，频率在比词小的单位（语素）层面起着作用；在比词大的单位，诸如多词表达、句子层面也有影响。尽管关于频率效应在词语加工方面的文献比较多，但近年来仍有不少研究是针对大于一个词的语法单位中的频率效应，比如两个词的共现频率（Bell et al.，2003[7]；Sosa & MacFarlane，2002[8]）、更大的句法结构中的频率（Arnon & Snider，2010[9]；Reali & Christiansen，2007[10]）、高频率引起线性毗邻的语言单位的组块化

---

[1] 张立飞. 论频率对语言结构的建构作用［J］. 解放军外国语学院学报，2010（6）：8-14.

[2] 王慧莉，邴文铎. 汉语关系从句使用频率与加工难度的非一致性：来自 ERP 的证据［J］. 外语研究，2013（3）：13-22.

[3] Bybee. Mechanisms of change in grammaticalization：the role of frequency［M］//Joseph Brian D，Richard D Janda. The Handbook of Historical Linguistics. Malden，MA：Blackwell，2003：602-603.

[4] Bybee，Joan L，Hopper Paul. Frequency and the Emergence of Language Structure［M］. Amsterdam：John Benjamins，2001.

[5] Balota D A，Chumbley J. Are lexical decisions a good measure of lexical access? The role of word frequency in the neglected decision stage［J］. Journal of Experimental Psychology：Human Perception and Performance，1984（10）：340-357.

[6] Rayner K，Duffy S A. Lexical complexity and fixation times in reading：effects of word frequency，verb complexity，and lexical ambiguity［J］. Memory & Cognition. 1986（14）：191-201.

[7] Bell A，Jurafsky D，Fosler-Lussier E，et al. Effects of disfluencies，predictability，and utterance position on word form variation in English conversation［J］. The Journal of the Acoustical Society of America，2003（113）：1001-1024.

[8] Sosa A V，MacFarlane J. Evidence for frequency-based constituents in the mental lexicon：Collocations involving the word of［J］. Brain and Language，2002（83）：227-236.

[9] Arnon L，Snider N. More than words：Frequency effects for multi-word phrases［J］. Journal of Memory and Language，2010（62）：67-82.

[10] Reali F，Christiansen M H. Processing of relative clauses is made easier by frequency of occurrence［J］. Journal of Memory and Language，2007（60）：161-170.

(Haiman,1994[1];Bybee & Scheibman,1999[2];Bybee,2002[3];彭睿,2011[4])等等。人们感知语法单位的次数越多,记忆越深刻,就越容易把它们作为语块来提取和加工。这些研究都支持一个结论:多词语符串的频率影响着其表征和加工。

(二) 构式中的频率效应

构式语法发展至今,已呈现出流派纷呈、多向发展的局面,但是无论哪个流派,都采用基于使用的语言模型(施春宏,2017[5])。虽然已有研究提及构式语法中强调使用频率,但是仍有很大的研究空间:1) 从构式语法的角度来把频率和图式模式联系在一起的汉语构式的实例并不多见;2) 除了使用频率以外,关注到图式性构式图式槽词汇项的类频率的较少;3) 构式内部构件组合性的共现频率几乎没有涉及和研究;4) 以往讨论频率和能产性的较多,但是频率同构式的自足性、语境依赖度的互动研究尚属空白。

已有研究表明,关于构式的内涵和外延的讨论有很大的分歧。Goldberg(1995[6],2006[7])认为凡是形式和意义的配对体就可以看作构式,从语素到复句均可以纳入构式的讨论范围中来。构式除了有句内构式之外,还有跨小句构式和语篇构式(Ostman,2005[8]),陆俭明(2011[9],2016[10])则认为构式的核心应该集中于研究句法,构式最主要应该研究"边缘性句式"。Goldberg曾在后来的论述中补充说到,如果高频使用,即使语义是透明的、可预测的,也应纳入构式。可见,语言学家们对典型构式以

---

[1] Haiman, John. Ritualization and the development of language [M] // William Pagliuca. Perspectives on grammaticalization. Amsterdam: John Benjamins, 1994.

[2] Bybee Joan L, Scheibman Joanne. The effect of usage on degree of constituency: the reduction of don't in American English [J]. Linguistics, 1999 (37): 575-596.

[3] Bybee Joan L. Sequentiality as the basis of constituent structure [M] //Givón T Bertram F Malle, et al. The Evolution of Language out of Pre-language. John Benjamins Amsterdam /Philadelphia, 2002.

[4] 彭睿. 临界频率和非临界频率:频率和语法化关系的重新审视 [J]. 中国语文,2011 (1):3-18.

[5] 施春宏. 构式语法的理论路径和应用空间 [J]. 汉语学报,2017 (1):2-13.

[6] Goldberg A E. Constructions: A Construction Grammar Approach to Argument Structure [M]. Chicago: Chicago University Press, 1995.

[7] Goldberg A E. Constructions at work: The nature of generalization in language [M]. Oxford, UK: Oxford University Press, 2006.

[8] Ostman J O. Construction discourse: a prolegomenon [M] // Ostman, Fried M. Construction Grammar (s): Cognitive Grounding and Theoretical Extensions. Amsterdam: Benjamin, 2005: 121-144.

[9] 陆俭明. 再论构式语块分析法 [J]. 语言研究,2011 (2):1-7.

[10] 陆俭明. 从语法构式到修辞构式再到语法构式 [J]. 当代修辞学,2016 (1):1-9.

及构式的研究对象众说不一。其实，频率对我们的判断有着直接影响，频率的显著差别直接影响到我们对一个结构是否可以纳入构式以及这个构式是不是"典型构式"的判断。这些讨论都说明，仅从构式义入手无法全面说明构式的内涵，频率在互动构式语法中效应显著，频率对构式的建构和构式特征的浮现均有重要影响。

本文试图从基于使用的语言观入手，考察在构式语法中频率与构式其他因素的互动，强调频率在构式的语境、图式性（schematicity）和固化[1]（entrenchment）中的显著效应，进而说明频率是影响我们认知识别构式的重要影响因素之一，可以将我们语感、认知中所认为的"典型构式"用量化的手段显现出来。我们选择了三个相互关联的构式作为案例分析，分别为："放着NP不V""放在（虚拟语气）""置NP于不V"。"放着NP不V"常常同后续的转折分句共现，具有一定的语境依赖度，但仍属句内构式；"放着（虚拟小句）"当且仅当同后续小句共现才可看作具有构式义的虚拟语气小句，是一种跨小句的构式；"置NP于不V"更加可以看成是一种高频搭配的句内构式，其语境依赖度低，语义透明度相较于其他两个来说最高。三个构式的固化程度不同，语境依赖度也不同，最重要的原因就是频率对三者的影响因素不同，我们将比较这三个相互联系的子构式中不同的频率效应所带来的不同影响。

二、构式—语块中的频率效应

（一）语境、固化和频率

构式需要在特定的语境下才能产生和固化。认知语言学家已经通过实证研究达成共识：听者/读者可以通过语境线索来预期即将出现的单词或结构[2]。一个构式高频出现在特定的语境中，这个构式就变得跟该语境相关，听者/读者便更容易从相关的语境中预测出它的构式义。最近的研究和一般的知觉认知理论、神经系统理论、加工理论都认为被语境启动的预期对于显著

---

[1] "固化"是认知语言学所用术语 entrenchment，见于 Langacker（1999，2008）和 Schmid（2010），在 Bybee 的术语中是词汇强度（lexical strength），均表达一个结构经过多次反复使用而整体化根植于人脑的记忆当中。

[2] Boston, Hale, Vasishth, & Kliegl, 2011; Demberg & Keller, 2008; Frank & Bod, 2011; Kamide, Altmann, & Haywood, 2003; McDonald &Shillcock, 2003; Staub & Clifton C, 2006 均从心理语言学实证角度做出论证，这就是所谓的语境预期（context expectation）。

效应的发生是至关重要的（Levy，2008[1]；Jaeger & Snider，2013[2]）。Schmid & Gunther（2016）[3]将语言现象中的频率跟认知系统中的显著（salience）和固化联系起来，认为一个词汇或表达具有认知上的显著主要有四种情况：1）语境自由的固化引起的显著：符合长期记忆中知识储备的预期。比如一些完全固化了的高频构式，其构式义能够脱离语境推导，且作为一种知识储备储存在我们的长期记忆中。2）依赖于语境的固化引起的显著：依据当前语境对即将出现的文本信息进行的一种预期。比如：高频共现的词汇搭配，可以由线性出现的搭配前项而自然推知后项；或者由特定的情境或社会事件激活的相关语境中预期文本，比如：婚礼誓词、毕业典礼发言等模式化了的语境。3）反预期引起的显著：在当前的语境中，不符合对即将出现的文本信息的预期。4）创新引起的显著：不符合长期记忆中存储的知识的预期。其中前两种正是对构式—语块的频率和语境关系的明确阐述：构式—语块的固化跟语境密切相关。使用频率越高，固化程度越高，该构式越独立于语境，最常见的就是一些高频习语的使用，并不依赖于语境也可以推知其构式义，从而作为一种知识储备进入长期记忆中。

固化程度还可以通过自足度（autonomy）来体现。一个构式或语块的自足度与语境依赖度成反比：自足度的大小可以通过考察其是词汇构式还是语法构式，构式发生在句子层面成立还是在句法层面来衡量——词汇构式大多比语法构式的自足度大；句法层面能够成立、可以脱离语境的构式自足度大；只能在句子层面上成立、必须依赖语境的构式自足度小；有些构式超越了小句层面，成为跨小句层面的构式，其自足度更小。

（二）类频率和例频率对构式的影响

1. 高例频率和类频率对图式构式的影响

基于使用的语言模式强调例频率和类频率对语言有构建作用。一个构式具有较高的类频率表现在其能够被很多不同的词汇项（lexeme）实例化（instantiation）。如果一个构式有较高的例频率，说明其被相同的词汇项实例化了多次。例频率和类频率也同固化密不可分：高频使用、类频率较高的

---

[1] Levy R. Expectation-based syntactic comprehension [J]. Cognition, 2008 (106): 1126-1177.

[2] Jaeger T F, Snider N. Alignment as a consequence of expectation adaptation: Syntactic priming is affected by the prime's prediction error given both prior and recent experience [J]. Cognition, 2013 (127): 57-83.

[3] Schmid, Hans-Jörg, Franziska Günther. Towards a unified socio-cognitive framework for salience in language [J]. Frontiers in Psychology, 2016 (7): 1110.

图式构式，可以认为它已经在说话人的记忆中被固化了；如果该图式构式的其中一个实例高频使用，那么仅仅只有这个实例在说话人的记忆中被固化。越抽象的图式构式越不容易固化。固化是高频使用的结果，要么是例频率，要么是类频率。如下例中，及物构式和不及物构式在类频率上的差异导致了两个图式构式固化的方式不同：

图1　两种构式的类频率显著不同

上图中的线越多，说明图式构式的类频率越高。及物动词的构式比不及物动词的构式的类频率要高，更有可能在说话人心理固化。构式的类频率非常高，高频使用达到质变，便可认为它已固化。如果仅是图式构式中的一个实例的使用频率非常高，即其例频率高，那么只能说这个实例已然固化，但该实例所代表的图式构式的固化却不得而知。固化可以是微构式，即构式的底层，构式实例；也可以是构式的图式层。例频率的增加带来的结果是微构式的固化；只有类频率的增加才能使得图式构式固化。如下图：

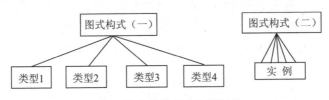

图2　构式的类频率和例频率

黑体加粗的框表示的是固化的结构。高类频率可以固化图式构式，而例频率高的则仅固化了该实例本身。

2. 高类频率和例频率对图式构式词汇项的影响

图式构式中的类频率指的是在一个构式的图式槽内出现的、可以被互相替代的词汇项的聚合性数量；该构式可以是词汇层面构式，也可以是体现词语间关系的语法构式。比如：规则的英语动词过去式的屈折词缀-ed 具有非常高的类频率，-ed 适用于数以千计的很多不同动词的过去式，然而类似于 swam 和 rang 这样通过改变元音来体现过去式的不规则动词的类频率明显偏低。但是，不规则动词的变化形式能够保存下来是因为这类不规则的动词过去式单个实例的使用例频率高，因而得以在使用者的记忆中固化。

类频率对图式构式的影响主要表现在下面几个方面：1）一个图式构式中的图式槽可以被越多的词汇项所填充，那么跟这个构式相联系的特定范畴的词汇项的可能性就越小，即如果这个图式槽中聚合关系的词汇项很多，就很难固定到特定范畴的词汇项去填充这个图式槽；2）如果这个范畴涵盖了越多的词汇项，它的标准特征就越一般化，那么它就更有可能扩展或类推到新的词汇项；3）高类频率意味着一个构式被使用的次数越多，被使用的范围越宽，其表征图式就得到加强，进一步使用新的词汇项的可及性越强；4）高类频率促使了固化和不规则形式的规约化、习语化。不规则的形式只有保持较高的例频率才会被规约而保留下来[1]。

（二）频率影响构式的部件和整体

1. 构式—语块的分析性和组合性

构式—语块内部结构的分析性（analysability）和组合性（compositionality）的丧失是一个渐变的过程。当一个构式—语块被频繁地使用，可以直接提取时，它们就会变得更加自足，它们的组成成分就会失去与它们在词源学上的联系，在语法化的研究中，这个过程也叫去范畴化（Hopper，1991[2]）。但是，一个多词表达被作为一个语块整体地存储和加工，却这并不意味着这个多词表达就没有内部结构了，也不意味着构成它的那些组成成分不能被分析成出现在其他认知表征中的词（Bybee，2003），构式的"不可预测性"也有很多学者做过再思考和补充研究（许艾明，2012[3]；施春宏，2013[4] 等）。分析性和组合性的丧失是一个渐变的过程，也是一个程度问题。

分析性指的是对每一个组成成分的识别和加工。分析性包括语言使用者对每一个个体单词的识别，也包括对形态句法结构的识别，从一个部分激活到相关的其他部分。比如：英语的习语 pull strings 不完全是组合性的在于它有隐喻的意义，但它是可以分析的，英语母语者可以识别它的组成部分以及它们之间的关系，进而可能激活到整个习语的解读。

---

[1] 这一点从儿童语言习得的研究中也可以得到证实，儿童最初学习语言时容易因为类推而导致泛化，比如用-ed 的形式错误类推到 * goed，但是随着年纪的增长这种过度类推消失了，正是因为这些错误的示例并没有因为反复多次使用的高频率而保留下来。

[2] Hopper P J. On some principles of grammaticization [M] // Traugott E C, Heine B. Approaches to Grammaticalization. Amsterdam：John Benjamins. 1991, 1：17-35.

[3] 许艾明. 构式定义中"不能严格预测"的再思考 [J]. 外语教学与研究，2012（6）：935-943.

[4] 施春宏. 句式分析中的构式观及相关理论问题 [J]. 汉语学报，2013（2）：23-38.

组合性指的是语义整体从各组合成分中的可预测度（Langacker，1987[1]）。比如派生词中的 hopeful，careful，watchful 等它们都是可以根据它们的词根 hope，care，watch 中预测出来；但是 awful，wonderful 是不太具有组合性的，因为它们的词义不能从词根中预测出来。虽然构式可以作为一个语块，整体性地储存和加工，以往我们对构式的"整体构式义"也强调的比较多，但是这并不意味构式—语块就没有内在的结构了。它的内在结构正是基于组成成分之间的关系以及这些组成部分能够产生出的更加一般性的构式。比如：lend a hand 属于 [V-NP] 图式构式的一个实例，lend a hand 是一个相对固定的结构，但它内在的组合性结构仍然是可以确定的，比如可以在中间加入修饰语 lend a helping hand 或者加上间接宾语变成 lend me a hand。构式—语块的组件之间的关系强度是可变的，如果组件常常在一起共现，达到一定的频率，在高频率的极端情况下，完全丧失了内在结构性的构式—语块就形成了。频率增加了构式—语块内部的组件相互依赖的关系。

2. 组成成分的共现能力

我们使用"搭配能力"或"搭配强度"来量化构式—语块内部组件结构的分析性和组合性。姚双云、胡金柱（2011）[2] 等提出了评估复句关联词搭配的三个重要参数为搭配距离、搭配强度 MI 值、搭配强度 Z 值。我们运用搭配理论，通过计算单现概率、共现概率与标准差来看图式构式中组成部分之间的关系。搭配强度可以通过 MI 值（mutual information value，互信息值）来量化。MI 值表示共现的两个词中，一个词对另一个词的影响程度，或者某一个词在语料库中出现频数所能提供的关于另一个词出现的概率信息。MI 的数值越大，表明共现词对其词汇环境的影响越大，它对共现词的吸引力就越强。MI 值可以用来描述词语间的搭配强度，其计算公式为[3]：

---

[1] Langacker, Ronald. Foundations of cognitive grammar, Vol. 1. Theoretical prerequisites [M]. Stanford：Stanford University Press，1987.

[2] 姚双云，胡金柱，肖升，等. 关联词搭配的自动发现 [J]. 计算机应用研究，2011（12）：4426-4428.

[3] 假设某个语料库总词容为 W，某主要动词 v 在语料库中出现频数为 $f(v)$，那么在该语料库中各位置的平均出现概率为：$p(v) = \dfrac{f(v)}{W}$。如果将构式的预部件之间的搭配距离设置为 L，在一定的跨距范围之内（根据上述统计，我们选择 12 个音节以内），前预部件为 v_1，后预部件为 v_2，（前预部件选择"放"和"置"，后预部件选择）构成句法搭配的两个预部件共现概率为：

$$p(v_1, v_2) = \frac{f(v_1)L}{W} \times \frac{f(v_2)}{W}$$

$$\mathrm{MI}(v_1, v_2) = \log_2 \frac{p(v_1, v_2)}{p(v_1)p(v_2)}$$

搭配强度反映其部件之间的联系强度,从而反映构式—语块的整体性。搭配强度也是频率问题,组成部分共现的频率越高,其搭配强度就越强,整体性越突出,也越容易被人们当作一个整体来识别。

三、个案研究

下文我们将依次从语境、图式性和内部组合性的因素来说明频率对构式的影响因素。本文选取了三个有意义联系的构式来说明该问题,分别是"放着 NP 不 V""置 NP(于)不 V"和"放在 NP(虚拟小句)"三个构式。这三个构式都包含放置义动词。由于使用频率不同,三个构式对语境的依赖度不同,固化程度也不同。

(一)语境依赖度、固化和频率

1. 三个放置义构式

1)"放着 NP 不 V"高频共现转折分句。

"放着 NP 不 V"是表示说话人的一种主观上的反预期,其后常接转折小句(宗守云、张素玲,2014[1])。例如:

(1)放着大把的钱不赚,非要去当村干部。
(2)放着舒舒服服的好日子不过,倒要去受苦。
(3)放着宽敞的大洋房不住,偏偏喜欢农舍。
(4)放着现成的草不去放牧,却要费力气去栽树。

"放着 NP 不 V"表达的是主观上的一种反预期,即违背了普世价值观的"大把的钱应该赚""好日子应该过""洋房应该住"。后续常常共现表示转折的分句,用"偏/偏偏""却""竟""非/非要"等引导,表示一种出乎意料的语气。转折分句提供另一种选择情况,与"放着 NP 不 V"的形成一种强烈的对比,表示客观事实与主观想法相反,整个结构可以看成一种选择关系的复句。"放着 NP 不 V"后续的转折小句高频出现,逐渐成为

---

[1] 宗守云,张素玲. 社会固有模式对构式的影响:以"放着 NP 不 VP"为例[J]. 汉语学报,2014(3):22-30.

了一种高频共现语境，影响着"放着 NP 不 V"构式义的推断。

2）"放在 NP"强制共现认识情态分句。

严格说来，"放在 NP"是一个非典型构式，它属于跨小句范围的构式，我们更倾向于将"放在 NP"跟后句一同看作表示非真实性虚拟语气的复句构式，如下：

(5) 这事要<u>放在普通女人身上</u>，一定会痛不欲生的。
(6) <u>放在非典时期</u>，任何一所小学都会如临大敌。
(7) <u>放在宋以来</u>，他这行为准是汉奸。

该构式语义的推断完全依赖于其所处的语境，"放在 NP"用于假设前项，表示假设的某情况"置换"到该分句所述的情况下，就会出现后句所叙述的结果。后句常常有认识情态标记，诸如上述例子中的"一定""准"等，表示说话人确定性的推测，前后分句共同构成了假设性虚拟语气的复句。后句逐渐成了"放在 NP"表示虚拟语气的必有语境。类似的还有下面两种构式变体：

(8) 搁在他身上，他也受不了。
(9) 搁谁，谁能受得了？

3）独立于语境的"置 NP（于）不 V"。

另一个"放置义"构式"置 NP（于）不 V"属于句内成分的构式，且不依赖语境我们也可以推知其义。例如：

(10) 一些厂商为牟取暴利，不择手段，<u>置消费者的利益于不顾</u>。
(11) 现下他一心羡慕表妹，或可一时<u>置旁人的讥笑于不理</u>。

2. 语境依赖度和固化程度

综上可见，三个构式对语境的依赖程度是不同的。"放着 NP 不 V"属于句内构式，但其高频共现转折分句，两个分句一起构成了选择关系的复句。"放在 NP（虚拟语气）"一定要接后续的认识情态分句才可以完句，才能产生假设性虚拟语气的构式义。"放在 NP"状语从句化了，将它定义为跨小句构式更为合适，"放在NP"对语境的要求是强制性的。相反，"置NP（于）不V"是句内构式，可以不依赖语境，构式义的产生较为独立，如表1所示：

表1　三个构式对语境的依赖程度

	依赖语境的程度	语法特征	构式发生的句法位置
［置NP于不V］	不依赖语境——独立	独立使用	句内构式
［放着NP不V］	依赖语境——高频共现	从句化	句内构式
［放在NP］	严重依赖语境——必有	状语化	跨小句构式

我们通过三个构式的主要动词的出现频率跟构成构式的频率相比较得出相对频率来说明该构式的固化程度（见表2）。

表2　构式的固化程度

	主要动词的频次	构式频次	相对频率	固化程度
［置NP于不V］	9457	893	0.094	高
［放着NP不V］[1]	5307	494	0.093	高
［放在NP（虚拟）］	34529	108	0.003	低

为了比较三个构式的固化程度，选取语料库中三个构式的主要动词在总语料库[2]的出现频次，再看整个构式在总语料库中的出现频次，比较构式频次在主要动词频次中所占比例，从而确定其固化程度的高低。可以看出，"放在NP"表示虚拟语气的构式固化程度最低，"放在"出现在语料库中有34529次，但是表示虚拟语气的该构式"放在NP"仅有108次，说明表示虚拟语气的"放在NP"的使用频次在总频次的比例很少，固化程度低，需要在语境中推导其构式义。

（二）例频率和类频率对构式—语块的影响

1. 单个实例"置之不理"的固化

我们上文已经提及，某个微构式的高例频率对图式构式的固化并没有

---

［1］"放着NP不V"的主要动词选择的是"放着"，"放在NP（虚拟）"选用的主要VP是"放在"。仅选用"放"不太有区别性，"放着NP不V"中的"放着"是静态意义，"放在NP"（虚拟）由放在+地点隐喻而来，因此选用"放在"。

［2］文章的句子出处和数据统计均来自CCL语料库。

显著效应,而仅仅是使其自身被固化、规约化。比如:通过对构式"置 NP(于)不 V"语料的统计发现,"置之不理"的出现频率遥遥领先于其他实例,"置之不理"的高频出现使"置之不理"本身得以固化,《汉语大词典》(第 1024 页)和《现代汉语词典》(第五版)(第 1682 页)在"置"的词条下都收录了"置之不理"。但是,"置之不理"的固化并不能说明图式构式"置 NP(于)不 V"也随之固化了。构式的能产性往往跟高类频率相关,一个构式的结构越开放,其实例化的词汇项越多,就意味它的能产性越高。然而,如果仅仅是某个微构式实例的例频率较高,则对图式构式的能产性没有影响。比如"置之不理"的高频出现并不能说明"置 NP(于)不 V"的能产性高。

2. 三个图式构式的词汇项

类频率指的是在一个构式中既定的图式槽内出现的、可以被互相替代的词汇项的数量。我们考察了"置 NP(于)不 V"中图式槽 NP 的词汇项分布来说明其类频率。我们可以使用一对因子来量化词汇项出现在图式构式中的频率。我们根据 Schmid(2010)[1] 使用"引力(attraction)"和"依赖度(reliance)"来简化且更直观地计算出词汇项和构式的关系。如下所示:

$$引力 = \frac{词汇项在图式构式的频率 \times 100}{构式的总频率}$$

$$依赖度 = \frac{词汇项在图式构式的频率 \times 100}{词汇项在语料库中的总频率}$$

引力测试的是图式构式中词汇项的聚合关系,即哪一个词汇项最容易在该图式构式中填充图式槽;而依赖度测试的是该词汇项同构式其他部分的组合关系的强弱。引力通过一个名词在一个结构中的频率与该结构总频率之比来计算;依赖度则等于一个名词在一个结构中的频率跟它在语料库中的总频率之比。"引力—依赖度"的方法,一方面可以表现名词性的构式图式槽被如何填充;另一方面不同的名词类型可以有一个量化的排序,同时兼顾了聚合关系和组合关系。比如,构式"置 NP(于)不 V"在 CCL 语料库中的总频率为 893,提取其中出现次数大于等于 15 次的 NP,统计如表3 所示。

---

[1] Schmid, Hans-Jörg. Does frequency in text really intantiate entrenchment in the cognitive system? [M] // Dylan Glynn, Kerstin Fischer. Quantitative method in cognitive semantics: Corpus-driven approaches, Berlin & New York: de Gruyter Mouton, 2010: 101-133.

表3 图式构式［置NP（于）不V］的中的NP

	Freq. in pattern	Freq. in corpus	Attraction	Reliance
法律	52	77486	5.82%	0.06%
安危	48	1363	5.37%	3.52%
生命	19	51633	2.12%	0.03%
利益	109	60042	12.20%	0.18%
大义	15	1353	1.67%	1.03%
规定	20	114215	2.23%	0.01%

由上图可见，"利益"是填充"置NP（于）不V"图式槽中词汇项频率最高的，但是从词语引力来看，"利益"也是最吸引该构式的；但是从词语依赖度来看，"安危"是最依赖于该构式的。"置NP（于）不V"中的可以替换NP的词汇项非常丰富，但是类型有限，NP仅为关乎"法律法规""利益""安危"等"应该顾及却没有顾及"的一些情况，是一种道义上的权威力量。而且，"置NP（于）不V"中的V的数量极其有限，仅限于"顾""管""理""问"等，其中"顾"出现的频率显著高于其他。

直观地说，可以用该公式统计出哪些词汇项同构式的联系特别强。一个名词在语料库中的总频率势必会对其在任何构式中出现的概率产生影响。纯粹从统计学上来讲，高频词汇项比低频词汇项要有更高的出现机会，一些使用频率极低的名词，也有可能是在既定的构式中却是专门化适用的。因而用于计算依赖度的公式需要考虑词汇项在语料库中的总频率。如果只需要单独看某个构式图式槽的词汇项出现的相对比例，统计其词汇项出现可能性的序列，则只需要总结出现的词汇项类别的出现频次即可，比如我们对108例"放在NP（虚拟）"的构式中NP的类别做出统计，如表4所示。

表4 填充图式构式［放在NP，虚拟小句］的词汇项类别

#	图式槽填充	出现次数	类别
1	过去、当初、以前、从前、前些年、前几年、五六十年代、唐朝、宋以前、十几年前、几百年前……	49	过去时间
2	现在、今天、目前、当代社会……	10	现在时间

续表

#	图式槽填充	出现次数	类别
3	"文革""文革"时期、改革开放前……	5	过去特殊时期
4	四十年后、很多年后、十年后、几年后……	14	将来时间
5	别人、其他人……	8	其他人群
6	普通人、一般人、普通女人……	9	一般人群
7	北京、上海、大城市、东北、苏南发达县……	7	特定地点
8	别处、别地儿……	4	其他地点
9	平时、正常情况……	2	一般情况

我们可以看出#1、#3均为过去时间,可以断定,"放在NP(虚拟语气)"的构式中,填充NP最多的应该是表示"过去时间"类的词汇项。可以看出,"过去时间"类是出现在"放在NP(虚拟语气)"中频率最高的一种实例,即这种构式实例的固化程度最高。

"放着NP不V"中的V则没有什么限制,N和V是共变的,相辅相成,具有多样性。NP和V的类频率都非常高,可替换的词汇项多。

可见,三个图式构式的类频率不同,"放在NP(虚拟语气)"的构式填充其NP的词汇项类频率较低;"置NP(于)不V",填充其NP的词汇项也有固定的语义类别;相比较而言,"放着NP不V"的类频率最高。

(三)构式—语块内部结构的频率效应

1. 频率和构式内部的组合性

就构式内部的分析性和组合性而言,"放着NP不V"和"置NP(于)不V"两类格式可以看作是一种特殊的联动结构,是"放着NP"+"不V";"置NP"+"(于)不V"的组合,是"肯定+否定"的结构。根据我们的语料显示,[肯定+否定]式结构的构式仍然有不稳定的、可拆分的情况,例如:

(12)置单船产量、置劳动生产率下降于不顾。
(13)置集体利益、置社会利益于不顾。

这里的"置NP于不V"中,"置NP"和"(于)不V"可以拆开使用。再比如"放着NP不V"的主语还常常出现在"放着NP"之后,例如:

(14) 放着三请四邀的宴席他不去。
(15) 放着好好的椅子她不坐。

主语可以插入"放着NP不V"的"放着NP"和"不V"之间，也说明它们的紧密度具有灵活性，是一种离合。可见，[肯定+否定]的结构之间的句法关系仍然存在。

吕冀平（1958）[1]、黄岳洲（1956）[2] 认为这种[肯定+否定]的格式[3]，是"前者规定后者，而后者则补充前者"；"这结构的作用是能使人们把意思表达得全面、周到、十分肯定，因为它是从正反两面来集中地说明问题"；比如"'对以前的事，他老是抵赖'和'对以前的事，他老是不承认'都只是一般的叙述，从一方面着眼。要是强调，就可以两个合并一起说成'对以前的事，他老是抵赖不承认'。"这种"肯定否定式"结构形成一个由前置成分和后置成分共同组成的框式结构。"放着NP不V""置NP（于）不V"这种[肯定+否定]结构很幸运地成了一个构式，但是一般的[肯定+否定]结构的"否定部分"，易词汇化，也易脱落。比如：在研究"不妨"的词汇化过程中，姚小鹏、姚双云（2009）[4] 提到如下例句：

(16) 原差道："此是经卷，又不是甚么财物。待我在转桶边击梆，禀一声，递进去不妨。"（《二刻拍案惊奇》卷一）
(17) 这妇人便道："客官休要取笑。再吃几碗了，去后面树下乘凉。要歇，便在我家安歇不妨。"（《水浒传》第二十七回）

"不妨"的词汇化过程就是出现在这种[肯定+否定]式的结构中。"不妨"出现在句末，相当于一个特殊的联动结构，"安歇"和"不妨"是并列的成分，且去掉"不妨"也不影响句义。类似的还有"不管"的词汇化过程，如下：

---

[1] 吕冀平. 复杂谓语 [M]. 北京：新知出版社，1958：289.
[2] 黄岳州. 试论一种复谓语 [J]. 语文知识，1956（12）：108-113.
[3] 类似的肯定否定还有"VP（着）O不放"，例如：抓着别人的错误不放，死抱着以前的投资理念不放。
[4] 姚小鹏，姚双云. "不妨"的演化历程与功能扩展 [J]. 世界汉语教学，2009（4）：487-494.

(18) 子路许了人，便与人去做这事。不似今人许了人，<u>掉放一壁不管</u>。(《朱子语类》卷第四十二)

(19) 若是有兵戈杀人之事，也只得<u>闭门不管</u>而已。(《朱子语类》卷第七十二)

其否定部分即"不管""不妨"脱落，单独词汇化，成了一个可以单独使用的高频词汇，而"放着NP不V""置NP不V"中的否定后项"不V"则没有脱离原结构，没有词汇化，而是跟前项的肯定成分一起构成了构式。这是由于"不妨""不管"等可以在"肯定+否定式"的结构中，也可以前置变成"否定+肯定"式的结构，其语序灵活，因而词汇化的可能性更大。

可见，一个连续的字符串越是常常在一起有序地固定使用，它们就越有可能变成一个单位整体，它们组合成分之间的联系就会越少，组合成分的关系的丢失就会导致自足度的增加。"放着NP不V"作为整体，其字符串在一起的使用频率高，因而可以结合成整体变成一个构式。但是，"不管""不妨"句法位置灵活，除了在［肯定+否定］结构中使用之外，还可以出现在句首，因而很难跟前面的组合部分构成一个固定的构式。我们可以根据上文中提及的 MI 值来统计语料库中两个构式内部结构［肯定+否定］的搭配强度，进而说明正是由于搭配强度偏高，构式化进程才得以完成，整个［肯定+否定］的结构才能成为整体，如表 5 所示。

表 5 构式内部组件的搭配强度

框式构式	前部件频次	后部件频次	共现频率	MI 值
［放着 NP］+［不 V］	13477	4661187	626	15.9
［置 NP］+［（于）不 V］	74469	4661187	893	12.1

2. 频率和搭配距离

搭配距离指的是具有搭配关系的两个关联词之间的长度，也即左关联词与右关联词的语境长度，通常用词长来计算。对于图式性构式来说可以通过考察填充图式的词汇项的词长来表现。

为了突出受事，"放着 NP 不 V"和"置 NP 不 V"中 NP 比较复杂，前面常常伴随修饰语。比如：

（20）放着又省心又来钱的好事不干，偏要光着脑袋朝刺棵里钻，图啥呢？

（21）放着市教育局副局长的官不当，却自荐来这儿当校长，这不是眼睁睁往火坑里跳吗！

但是，NP 的复杂性也是有限制的，图式槽的词汇词长越短，框式结构的构式前后连接得就越紧密，就越容易成为一个整体，也就越容易作为整体识别。也可以减轻记忆负担，避免记忆困难。填充词长较短的图式槽使用频率也比词长长的高。我们用填充图式槽 NP 的词长计算框式结构的构式的搭配距离。对于框式结构的构式来说，图式构式中图式槽的聚合关系的词汇也是具有词长倾向的。我们选取了"放着 NP 不 V"和"置 NP 于不 V"各 150 例，分析各自的 NP 的词长，得出如图 3 所示。

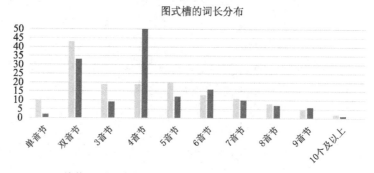

图 3　填充图式的词汇项词长分布

由上图可见，图式性构式"放着 NP 不 V"和"置 NP 不 V"中间的图式 NP 的跨距都在一定的范围之内（2—5 字符）[1]，过长的跨距出现的频率较低。跨距过长（7—10 个字符以上）则不利于构式的形成，因此出现的越来越少。跨距小的构式，紧密度强，比如"置 NP（于）不 V"中的 NP 常常由代词"之"充当的时候，例频率较高，诸如："置之不理""置之不顾"等。

---

[1] 这里为了简化处理并没有考察词频。可以根据王惠（2009）的结论：词频与词长呈反比：词频越高，词长越短。随着词频增加，词长逐渐减短，从低频词的平均 2.1 个音节降至高频词的 1.3 个音节。亦支持本文结论。见：王惠. 词义·词长·词频：《现代汉语词典》（第 5 版）多义词计量分析 [J]. 中国语文，2009（2）：120-130.

从上图可见 8 音节甚至 10 音节及以上的仍然占不少比例,在一定程度上意味着"放着 NP 不 V""置 NP(于)不 V"这类框式结构虽然是整体性,但仍然具有内部结构的分析性组合性,NP 的填充词长越长,越说明"放着 NP""置 NP"和"不 V"两者具有组合性。

五、结论

本文通过对三个图式构式的分析证明频率在构式的语境、固化、图式、分析性和组合性等方面都有着显著效应。"置 NP(于)不 V"的固化程度最高,对语境的依赖性最低,属于句内构式;"放着 NP 不 V"对语境有一定的依赖性,后面常常高频共现转折分句,共同表达说话人的反预期的构式义;"放在 NP(虚拟)"表达虚拟语气的构式义完全依赖于语境,该构式固化程度最低,属于跨小句的语篇构式。从分析性和组合性来看,"置 NP(于)不 V"和"放着 NP 不 V"都属于[肯定+否定]结构,"肯定部分"和"否定部分"的共现频率必须达到一定程度数量才能共同形成一个构式整体。填充这些图式构式的词汇项也具有类频率和例频率的区别,"置 NP(于)不 V"中,填充 NP 的词汇项类频率最高的为"利益"类;V 多为"顾""理""管"等有限的若干个动词;"放在 NP(虚拟)"中,填充 NP 的词汇项类频率最高的为"过去的时间"类;但是"放着 NP 不 V"中,填充 NP 和 V 的词汇项种类丰富多样,相对类频率最高。可见,频率对构式的影响表现在构式对语境的依赖度不同,固化程度也不同,构式内部结构的组合性也有差异。

我们用下列图示来说明三个构式的关系。"放置义"构式的原型应为"放置方所义",即动作者发出动作致使某种客体位移到何种位置。$V_{放}$ 具有多义性,"置""放"在"放着 NP 不 V"和"置 NP 于不 V"中均为"搁置不理"的义项,是"放置"义动词的多义性产生的构式,用 IP 标记;"放在 NP(虚拟语气)"中的 NP 由实体名词变成抽象名词,是一种隐喻扩展,用 IM 标记连接。IS 则表示该构式是上位构式的一个子类。频率在构式的语境、结构和固化上都有着显著效应,如图 4 所示。

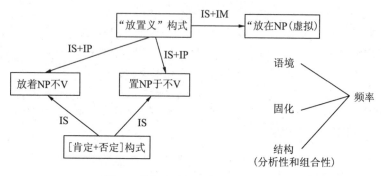

图 4 几个 "放置义" 构式的关系

（本文原载《语言教学与研究》2018 年第 4 期，总第 192 期）

以尖团分混考察影响方言变异的语言因素

曹晓燕

一、无锡及周边地区尖音发展的现状

北部吴语声母分尖团主要表现在细音前精组字声母读舌尖前音，见系字声母读舌面音。无锡周边的城市如苏州、常州、上海原本都是区分尖团的，但在20世纪50年代左右，"不约而同"纷纷出现了尖团合并的趋势，"上海话'二变'阶段中的尖团音合并，大约经历了二三十年，现在已在中年人语音中全部完成。"[1] 在苏州"即便是五十岁上下的人，很多已不能很有把握地正确区分尖团。"[2] 在常州，"分尖团已有'乡下人'之嫌，可见常州大约在20世纪50年代开始不分尖团。"[3]

而在无锡城区，到处都可以听到被上述城市的中青年视为"乡下音"的尖音。在普通话以前所未有的广度和深度影响人们工作和生活的今天，在周边大城市优势方言纷纷放弃尖团对立的今天，无锡方言能保持尖团对立，不能不说是一个奇迹。但仔细观察，其实还是有相当一部分字在悄悄往团音的阵营里跑。更有意思的是，部分见组字以很高的概率被读成尖音。以下是在40名15—30岁的青少年中调查的结果：

休［sei^{55}］息94%　倾［ts^hin^{55}］斜80%　派遣［ts^hi^{323}］78%
宝剑［$tsir^{34}$］100%　香［sia^{55}］蕉42%　幸［sin^{34}］运82%

从分尖团到不分尖团，是汉语方言发展演变的大趋势。这种混读现象，是否意味着无锡方言的尖团对立也将消失呢？在什么情况下会发生尖团合

---

[1] 钱乃荣. 北部吴语研究［M］. 上海：上海大学出版社. 2003：199
[2] 杨佶. 当代苏州方言语音演变初探［D］. 苏州：苏州大学硕士学位论文，2004.
[3] 汪平. 方言平议［M］. 武汉：华中科技大学出版社，2003：139.

流,哪一类字更容易发生变异?无锡方言尖团音似分又混的现象初露端倪,表明它正处在由分到混的初始阶段。它所体现出的参差不齐的语音现象,正是我们考察这一发展进程的活化石。

社会语言学认为变异不但不是自由的,而且是有规律的,是语言系统内部和系统外部共同作用的结果。"语言变化首先是由社会因素引发的,但是,这些社会因素利用了语言结构中已存在的裂痕和空隙。"[1]研究异质语言肯定不能舍弃语言内部的因素于不顾。因此我们先从语言内部结构的角度来考察影响方言变异的因素。

二、调查方法、调查对象和分析方法

(一)调查方法

主要使用传统的方言调查法,即寻找合适的发音人读调查字表,所不同的是,社会语言学没有"发音标准"这个概念。用同样的调查内容寻找不同的人来调查,这样才能反映出不同的社会人群不同的语言变体。

(二)调查对象

本文的主要发音人有三名,都是土生土长的无锡青年,年龄在21~25岁之间,普通话比较熟练,可作为当前无锡青年方言语音的代表。

同时,本调查需要从相对单纯的区域来选择发音人,以排除地区差异的影响,因此无锡市的中心城区梁溪区被确定为本次调查的样本区域,即原崇安区、南长区、北塘区,不包括新增的滨湖区、惠山区和新吴区。在语料收集过程中,考虑到男女老少都要有一定量的代表,从而使得样本具有社会特征分类的指标,为社会层化解释模型奠定基础,见表1。

表1 调查对象年龄和性别分布一览表

年龄/岁(年龄以整数计)	男性	女性	总计
10~19	12	8	20
20~29	9	11	20
30~39	8	13	21
40~49	7	8	15
50~59	12	11	23

---

[1] [英]简·爱切生.语言的变化:进步还是退化?[M].徐家祯,译.北京:语文出版社,1997:277.

（三）分析方法

本文采用社会语言学常用的变项规则分析法[1]来分析无锡方言目前这种尖团分混的现象。我们已经知道，一次尖音读成团音或团音读成尖音会受到多种因素的制约，有语言内部的，如语音、词汇等，也有语言外部的，包括年龄、性别、教育背景、地域来源等。根据变项规则分析法原理设计的统计软件 Goldvarb[2] 计算出的结果是一组环境的作用值，它表示某种条件下某个变式实现的概率，数值越大相关程度越高，说明它对被制约项的影响力越大。同时，一组作用值之间的差即变异范围还是比较各组因素影响力强弱的重要参照。

三、影响尖团混杂的语言因素

本文选取语言因素有 7 项，Goldvarb 筛除掉的是当前音节是否为入声字，其余六项对该变项的作用值见表 2。

说明：表 2 里面的数值代表环境变项影响尖音变异的作用值，说明两者之间的相关关系。变项规则分析统计出来的回归系数应该在 [0，1] 这个区间范围内波动，如果接近于 0 则说明因变量和自变量之间没有什么相关关系，如果接近于 1 则说明两者高度相关；而数值 0.5 是个分界线，大于 0.5 则自变量为有利条件，小于 0.5 则表明自变量对因变量为不利条件。

对照这个标准，我们来看各组语音环境对尖音的变异存在着怎样的约束力。

表 2 影响尖音字变异的语言因素

相邻音节声母	当前音节介音	当前音节声母	常用度	位置	语体
舌面音 0.680	齐齿呼 0.424	精母 0.433	常用 0.180	首字 0.584	口语 0.345
唇音 0.556		清母 0.667	比较常用 0.208		
舌根音 0.645		从母 0.254	一般 0.482	非首字 0.434	
舌尖音 0.439	撮口呼 0.734	心母 0.711	不太常用 0.630		书面语 0.516
零声母 0.566		邪母 0.055	几乎不用 0.892		
范围：0.251	范围：0.310	范围：0.665	范围：0.712	范围：0.150	范围：0.161

---

[1] 徐大明，陶红印，谢天蔚. 当代社会语言学 [M]. 北京：中国社会科学出版社，2004：102-103.

[2] 在此对提供 Goldvarb 软件及应用说明的南京大学徐大明教授表示由衷的感谢。

(一) 相邻音节的影响

相邻音节指的是和当前音节结合最紧密的那个音节，在切分语流时它们应分在一个层次上，比如"吉祥桥"，"祥"的音变受到"吉"的影响较大，而不太可能受到"桥"的影响，因此在转写时只记录和当前音节结合紧密的那个音节的情况。通过 Goldvarb 的统计，我们看到声母为唇音、舌面音、舌根音、零声母时的作用值都大于 0.5，说明利于尖音变读团音，尤其是相邻音节的声母为舌面音时；而前后音节的声母如果是舌尖音时，作用值只有 0.439，小于 0.5。可见舌尖声母不利于尖音变读团音，对尖音变异有抑制作用。换句话说，就是对当前音节保持尖音有积极影响，尤其是相邻音节也读尖音时，如"青椒、迹象、相信"在调查中出现变异的情况只占 4.9%，这说明在该项音变中异化的情况不多见。

有个有趣的现象。当尖音字相邻音节的声母为舌面音时，前后两字变异的情况非常活跃。大致分为两种情况：一是换位，即尖音字读成团音字，或团音字读成尖音字，如"经济 [$tɕin_{32}$ tsi_{23}]"读成 [$tsin_{32}$ $tɕi_{23}$]。二是同化，即两字都念成团音，如"积极 [$tsiəʔ_5 dziəʔ_5$]"读成 [$tɕiəʔ_5 dʑiəʔ_5$]；或两字都念成尖音，如"倾斜 [$tɕ^hin_{32}$ zia_{23}]"读成 [ts^hin_{32} zia_{23}]。这两种音变也是无锡方言中团音字变读尖音的原因之一。三是异化，发生异化的一般在前后两个都是尖音字的情况下，为了避免拗口，其中一个会变成团音，没有规律可循。"相同或相似的音在语流中接近时，发音容易拗口，于是产生了异化作用，使发音变得不相同或不相似。"（见表3）[1]

表3

举例	同化/%		换位/%	异化/%
状态	都读尖音	都读团音		—
后西溪	18	40	0	—
吉祥桥	32	0	0	—
积极	2	20	0	—
借鉴	18	4	2	—
经济	0	20	14	—
消遣	54	0	4	—

---

[1] 林焘，王理嘉. 语音学教程 [M]. 北京：北京大学出版社，2013：147.

续表

举例	同化/%		换位/%	异化/%
喜鹊	10	22	6	—
香蕉	2	14	6	—
倾斜	46	0	0	
迹象	—		—	10
青椒	—		—	4
相信				2

从表3可以看到，当相邻的两个字中一个是尖音字，一个是团音字时，两者同化的概率比换位高。

过去一般的看法把语音变异当作一种语流音变的现象，很可能是受到前后音节的影响所致，徐大明也认为"这显然是对自主音段音系学思想的一个支撑：鼻化作用的单位不仅超出一个音段，还可能超出一个音节。"[1] 表3证实了这个一般性的看法。换句话说，经常有成双成对的音节容易同时尖音化或团音化。至于同化为尖音还是团音，似乎也从另一个侧面反映出哪个字在这个字组中的势力更强，另一个字则趋附于它。

（二）介音的影响

从表一中可以看到撮口呼的字比齐齿呼的字容易变团音（撮口呼：0.734，齐齿呼：0.424）。如："趣"的变率达到51.6%，"需"的变率更是达到69.4%。一方面普通话念撮口呼的团音字与对应的无锡话的尖音字不仅声母不同，而且介音也不一样。另一方面，无锡话中本来就有撮口呼的韵母，精组字在变读团音后，可以在无锡话的声韵系统中找到对应的撮口呼韵母，如："趣"会读如"区"，"需"读如"虚"，"醛"读如"圈"。如果这个字在生活中不太常用，那么发音人受普通话的影响念成团音。

（三）清浊的影响

根据表一的统计结果，来源于古浊声母的字对变异有抑制作用，如从母字的作用值为0.254，邪母字为0.055，换句话说浊声母相对而言比较容易保持尖音特征。这不难理解。来自精、清、心三母的[ts]、[tsʰ]、[s]变成团音后为[tɕ]、[tɕʰ]、[ɕ]，与普通话中的读音一致。因此，精、

---

[1] 徐大明. 新加坡华语社会双语调查——变项规则分析法在宏观社会语言学中的应用[J]. 当代语言学，1999（3）：27.

清、心三母的团音化概率高；而从母字团音化后的［dʑ］不管是与普通话对应的［tɕ］还是［tɕʰ］，发音都相距甚远，不容易受普通话影响而变成团音。邪母字在苏州话中是团音化概率较大的一个声母，完全变成团音的邪母字占邪母字的62%[1]。因为在苏州话中邪母变团后发音为摩擦音［ʑ］，与普通话对应的［ɕ］仅清浊不同，摩擦辅音的清浊从发音方法上来说差别较小，故在普通话影响下向团音发展。而在无锡话中邪母却反而是最不利于变团的一个声母。这是因为无锡话中还没有出现浊擦音［ʑ］。如果邪母字不读尖音的话，一般读成零声母。如"吉祥桥"的"祥"，109个人中读［ɕ］的一个也没有，只有两个人念［ia²¹³］。而零声母与舌面声母不管是发音方法还是发音部位都相差太大，所以邪母字在无锡话中最不容易舌面化。

当然清浊对尖音团化的影响是在相同的条件下才能显示出差别，并不是绝对的。只是在同样的常用度情况下，浊声母字比较容易保留尖音特征，像"无锡"的"锡""线"等常用字在笔者调查中舌面化概率为零。这就涉及下面的常用度的问题。

（四）使用频率的影响

由于没有一个无锡话的字频统计表，我们只能暂凭印象来观察字词的常用度，所以我们的观察是不严密的、肤浅的。只能得到一些大概的印象。从表3中可以看到最常用的字是最不容易团化的，而不常用的字比较容易团化[2]。这并不难理解，口语中常用的词，大多通过口耳相传习得，多数在孩童时代就已经固定下来，说得多了，也就自然有了"正音"的标准，而这个标准就是方音。对于那些不常用的字，人们往往会照着字典上注的音来读，或者模仿广播电视等媒体的发音，于是就加快了这些字团化的进程。由于当今60岁以下的人接受的都是普通话教育，对这种变异不太敏感，甚至根本没有意识到这是变异，以为本来就是这样的。即使无锡话说得比较好的人，也对非常用字的变异持有更多的包容。

（五）构词方式的影响

由于汉语是单音节语素，所以音变在词汇中的扩散，就有两个层次，即需要考察某个音在字（语素）中未变还是已变，还要考察它在字组中是未变还是已变。在调查中发现，这两者往往呈现相异的现象。譬如"洗"

---

[1] 杨佶. 当代苏州方言语音演变初探 [D]. 苏州：苏州大学硕士学位论文, 2004.
[2] 其变异范围达到0.71。

单用时，舌面化概率较高，而在字组"洗衣机"中，基本读尖音。可见在字组中，语音成分的结合更加紧密，更容易保留原来的读音。

我们还发现同一个字在不同的字组中变异的速度也不一样。Goldvarb 的统计结果显示首字位置的作用值是 0.596，非首字位置是 0.423。这种差异说明一个字是否发生音变，是以它在字组中所处的位置为依据的。

对于这种现象的解释，杨佶（2004）[1]和陈建伟（2008）[2]都认为与说话人的关注度有关。一般来讲，说话人对单字和字组中首字的发音比较注意，便容易受到普通话正音等因素的干扰，而在字组的后字位置上时，心理关注度相对低些，更容易保留原始读音。

但是我们也发现变异范围并不大。从表4可看到，有的字在不同位置上变成团音的概率相差较大，如"积极"和"累积"，"剂量"和"药剂师"；而有的组合相差并不大，比如"椒盐"和"青椒"，这是由于这两个词常用度情况差不多，所以尽管"椒"的位置不同，但变异的概率都比较低。这也是导致位置不能成为尖音团化的显著相关因素的原因之一。

表 4

例字	积极	累积	剂量	药剂师	椒盐	青椒
变异百分率	38%	8%	36%	8%	6%	4%

（六）语体色彩的影响

从上文可以看到古精组所辖的一组字变化速度不完全相同，不仅体现在不同的字组内读音不同，而且使用场合不同读音也不同。此处用"口语词"和"非口语词"来区别。在一个言语社团里双语人的语言使用中，口语词要符合两个语言系统的口语表达，非口语词同样也要符合两个系统书面语的表达。但实际情况并非如此简单，见表5。

表 5

无锡话	普通话	例子	无锡话	普通话	例子
口语	口语	西	口语	非口语	俏
非口语	非口语	践	非口语	口语	洗

---

[1] 杨佶. 当代苏州方言语音演变初探 [D]. 苏州：苏州大学硕士学位论文，2004.
[2] 陈建伟. 临沂方言和普通话的接触研究 [D]. 苏州：苏州大学，2008.

而且口语词和非口语词的界限越来越模糊。按理口语词比书面语常用，但随着人们文化水平的提高，一些书面语也逐渐渗透到人们口中，使书面语和口语的界限开始模糊，并不完全与使用频率相对应。笔者在设计调查表选词的时候也觉得很难区分哪些是口语词，哪些是非口语词。同时有些原本口语中常用的词，随着社会的发展，使用频率变低，也有可能出现音变。

由于本文是考察方言的变异，为了便于统计，笔者判断口语词和非口语词以方言的语感为主，只要是方言口语中常用的就是口语词，反之是非口语词，即使在普通话中是口语词，只要方言中不常用，就定为非口语词。本来以为语体色彩会是影响语言变异很显著的一个因素，但从 Goldvarb 统计的结果来看，语体色彩的影响远不如常用度，其变异范围只有 0.1 左右。下面就举一些个案来详细分析。

1) 在无锡话和普通话中是非口语词，由于使用频率不同，变读的差异很大，以"践"和"沁"为例。

"实践"和"践踏"都是书面语，但是在实际生活中，"实践"使用得越来越多，学校和社会都很重视"实践经验"。而"践踏"依然很少用。两者读团音的概率为 6 :37。可见，同一个字在不同的字组中，变异的程度是不同的。

2) 在无锡话和普通话中都是口语常用词，变读的比例却也不同。大部分口语常用词目前保留尖音，但也有个别例外的情况，如"西"。

"西"是个方位词，方位词属于封闭类词，变化相对比较缓慢。但"后西溪"这个词中的"西"的变化很特别，见表6。

表6 "后西溪"中"西"在不同年龄段中念团音的比例

年龄段/岁	10~19	20~29	30~39	40~49	50~59
团音比例	75%	70%	52.3%	27%	21%

传统方言学和地名学都认为地名比较保守，不会受到影响变化，常保留了古音。而在这个词中，却有超过一半的人把"西"念成团音，甚至包括一些中年人。而同样有名的"西门""汽车西站"就几乎没人会说成团音。所以笔者认为"西"在这个地名中被念成团音，与构词方式也有关系。"西门""西站"的"西"是修饰成分，起限制词根的作用，在语义上很重要。"后西溪"所在地以前为行舟楫之便，有一南一北两条溪流流经此地，连通古运河：南称前西溪，北称后西溪。在新中国成立后的城市建设中，

前、后西溪被填埋,现在成了主城区里的两条次干道。在这个地名中,"前、后"是起主要的修饰作用的,"西"不是。词根是"溪",是该词的核心,无疑会对前字"西"产生干扰,而"溪"是见组词,在普通话中"西""溪"的读音又是一样的,听起来就是个叠音词,ABB 式的结构给人的印象更深刻。所以在笔者的调查中发现,能按古音念对的人只占 40%,剩下 40%的人把"西"念成团音,跟"溪"同音,20%的人把"溪"误念成尖音,跟"西"同音,属于矫枉过正。可见,同一个字在不同的字组中变异的情况是不一样的。

3) 在无锡话中是口语词,在普通话中却是非口语词。这类词在随机调查中变读比例也比较高。这里又可以分三种情况。

(1) 由于汉语形音差距比较大,已经开始出现字形和读音脱离的现象。调查问卷中有一句话"勿要笡转则身体坐"。"笡 [ts^{h}ia^{323}]",是"斜"的意思,在无锡话经常可以听到,但普通话中这个词很少见。很多发音人没有明白意思的时候多表示不知道怎么读,或者读成 [tɕ^{h}ia^{323}]。经提醒后很快就反应过来,并能举出"他就住勒我笡对过"之类的例子。

(2) 普通话中常见,但没有对应的义项。如调查问卷中有"触祭"这个词,在无锡话中是"吃"的另一个说法,在不满的情绪下常用。但写在纸上一般人感觉很陌生,多表示不知道怎么说,或按普通话发成团音。另一个字"趣",在"兴趣"中"趣"念团音的人不算多,但在带有方言特色的"趣道"中大多会发成团音,主要也是一下子没理解这个词的意思。

上述两个情况是由于出现的字形和读音的脱离。一些带地方色彩的方言词一旦落在纸上,给人感觉陌生,甚至不知所云。由于现在都是接受普通话教育,最先反映的是普通话,所以很少联想到方言里的这个词。这也是为什么在隐匿调查中保留尖音比随机问卷调查中要多的重要原因之一。

(3) 有些原本是无锡人口语中常用的词,随着社会的发展,使用频率变低,也有可能出现音变。如"俏""骚俏",原来形容特别爱打扮的人,带有贬义,由于历史原因,在中华人民共和国成立后很长的一段时间内,人们的审美观以朴素含蓄为美,所以对于特别注重穿戴的人带有歧视和偏见,多与"不正派"联系在一起。而如今,生活水平提高了,社会也越来越兼容并包,人们对生活品质的追求越来越高,对于爱美也更宽容。所以,认为爱美就是不正派不好的思想也淡出历史舞台了。因此尽管"骚俏"以前是口语词,但很多人,尤其是新生代们很少会用这样的词去评价别人,有的人甚至都没听过这样的说法,所以很多人把其中的"俏"念成团音,终其原因还是因为不常用。

（4）在普通话中是口语词，可在无锡话中不常用，这类词的变读比例也比较高。比如"洗"，无锡人很少单独使用这个词，一般用"汏"。因此"洗"的变读比例比较高。这说明方言中的非口语词若不常用，又多出现在普通话场合，其变化就非常快。

四、结论

无锡方言的尖音出现这些"例外"的现象充分表明其已经处于尖团混读的初始阶段，通过分析我们看到即使在同一条件下每个字的变化也是有先后的，甚至两个同音字在变化上也是有先后的；即使是同一个字，它在发生音变时，也不是所有场合中读变读，原读消失，它总是在某些组合中读变读，然后逐渐扩大变读的使用范围，这充分符合词汇扩散论的观点。在影响尖音变异的各种语言因素中，声母的古音来源尽管是和变异相关的一个重要因素，但两者相辅相成，也许等无锡话尖团合流的发展比较深入后，也会新生一个浊擦音 [z]。

影响最大的还是使用频率。之所以在语言变异的初始阶段，非常用字变得比常用字相对快一些，一方面是由于普通话的影响，对于非常用字人们常以普通话来正音，另一面是由于人们对常用字的变读通常比较敏感。所以影响语言变异与变化的一个重要的社会因素——认同感与使用频率存在密切的关系。认同无非就是对"自我"和"他者"进行界定，而在这一界定过程中，语言起着重要作用，人们据此来识别群体成员。人们对非常用词和外来事物、新生事物中尖音字的变读大多比较宽容，可见人们对尖团的区分已经不像以前那么严格了。这就呈现出普通话和无锡话竞争僵持的态势，两系统互相竞争，但暂时都没有压倒对方的强有力的优势。

（本文原载《苏州大学学报：哲学社会科学版》2011年第2期）

瞬间动作动词的确定和语义语法特征

何 薇 朱景松

与其他各类实词相比,现代汉语动词的研究历来最受关注,研究成果最为丰硕。作为一大词类,目前通行的语法论著(包括教科书)定义动词时,常用"动词是表示动作、行动、活动、变化、状态(具有'时''体''量'形式)、关系(句子平面上实词之间的)等的词类"等类似的表述[1],但这样的定义仍显得笼统,比如在句法现象分析中常提及的动作动词,它的范围该怎样明确划分,以及其他小类的动词又有哪些语法特点上的区别,这些内容都缺少足够的讨论。

迄今为止,只有赵元任详细明确地讨论了包括动作动词在内的9小类动词,提出了划分动词小类的12项特点。当然,根据赵先生所说动作动词的几项特点还不能应有尽有地列举动作动词,也不能据以完全排除非动作动词。被赵先生作为动作动词列举的,如"活着""醒着""出现""死""完"以及"下雨""湖南出米"中的"下""出"、"风浪平了"的"平",都不是真正的动作动词。[2] 这说明,确定动作动词的范围,深入研究动作动词的语义语法特点,有待继续努力。

我们注意到,动作动词是一个原型范畴。根据原型范畴理论,划分范畴的属性特征具有连续性,因此,归入这个范畴的不同成员作为动作动词的隶属度也存在差异。我们的初步研究表明,多数瞬间动作动词是单音节的,表示手部及其他肢体或全身直接进行的动作,或是手部借助某些最基本的工具进行的动作,瞬间动作动词在动作动词中比例很小(我们搜检到260多个),但动作性极强,是典型的动作动词。因此,本文主要讨论瞬间动作动词的确定、分类、动态特点及其与一般动作动词的关系,作为后续

---

[1] 李临定.现代汉语动词[M].北京:中国社会科学出版社,1990:1.
[2] 具体分析详见:赵元任.汉语口语语法[M].吕叔湘,译.北京:商务印书馆,1979:293-314.

整个动作动词研究的切入点，为今后以动作动词为中心的相关句法现象的研究提供基础。

一、瞬间动作动词的确定

瞬间动作动词值得关注的是时间表现（即动作短暂）。瞬间动作动词体现的动作量是动量，动量表示方法也就成了确定瞬间动作动词的手段。

（一）动作量与动量词

北京大学中文系现代汉语教研室认为，与动作量有关的量词分动量词、时量词两小类：

> 动量词表示行为动作的计量单位，也有专用和借用两类。专用动量词如"次（去一次）、下（等一下、敲三下）、遍（再做一遍）、回（见过一回）"等。借用的动量词有以下几类：
> （1）身体某部分的名称：看一眼、喝一口、踢一脚
> （2）动作所凭借的工具：放一枪、砍一刀、打一鞭子
> （3）重复原来的动词：说一说、想一想、歇一歇、换一换
> 时量词表示时间的计量单位。例如"年（学了三年）、天（走了五天）、秒（跑了十一秒）"和"会儿（等一会儿）"等。[1]

上面说到的与动作有关的量词的分类有新意，但是，只说到时量词表现为延续时间长短，动量词表示动作次数多少，还显笼统。动量词是计次的，但不同动量词计量的不同内容的一次性动作仍然有延续时间长短的分别。

吕叔湘收录专用动量词12个：

"遍"指动作从开始到结束的整个过程；"场（cháng）"事情经过一次为"一场"；"场（chǎng）"戏剧演出、体育活动等完整地进行一次为"一场"；"次"用于可以重复出现的事物｜用于可以重复的动作、道次，用于某些分程序的动作、顿次，用于斥责、打骂、劝说等动作；"番"用于心思、言语、过程等；"遍"用于费时较多、用力较大或过程较长的动作；

---

[1] 北京大学中文系现代汉语教研室. 现代汉语 [M]. 增订本. 北京：商务印书馆，2012：283.

"回次""趟"用于一往一来的动作;"通(tòng)""遍"用于演奏某些乐器的动作;"番"多用于贬义,言语行为;"下"用于动作次数("动+数+下""动+一下"表示一次短促的动作,"数+下+动"表示快速);"阵"用于延续一段时间的动作。[1]

根据释义,"遍、场(cháng)、场(chǎng)、道、番、趟、通(tòng)、阵"所表示的量都包含着过程的特点,不具有严格的短暂意义。"次、顿、回、下"是计次的,而且就用"次"给"顿、回、下"释义。但细细琢磨,"顿、回"计量的动作都在时间向度展开,"次"表示的量是有弹性的,唯有"下"的释义有"一次短促的动作""表示快速"的内容。比较起来,"下"表示短时的特点最明显也最稳定。

(二)动量词"下"的分析

目前所见,讨论动量词"下",逐步用清晰的语言指明"下"有两种功能的论文论著已有数种。[2] 但是较早的、划分清晰的是朱德熙。朱先生指出:

> 所谓动作的量可以从动作延续的时间长短来看,也可以从动作反复次数的多少来看。前者叫作时量,后者叫作动量。例如"一会儿""一天"表示时量,"一次""一遍"表示动量。"一下儿"则既表示时量(等一下=等一会儿),又表示动量(敲一下、敲两下)。[3]

多数动作动词表现的动作量是时量。比如,"等"可以保持原有状态一直进行下去,作为过程延续,沿着时间的流推进。瞬间动作动词显示的动作量则是动量。如"敲"是瞬息之间的动作,并不延续;若要持续,必须一下一下重复。所以,"敲"等动作是瞬间动作,"敲"等动作动词是瞬间动作动词。

---

[1] 此处动量词及释义见:吕叔湘. 现代汉语八百词[M]. 增订本. 北京:商务印书馆,1999.

[2] 按初版时间顺序列举主要有:吕叔湘. 现代汉语八百词[M]. 北京:商务印书馆,1980;朱德熙. 语法讲义[M]. 北京:商务印书馆,1982;[日]相原茂. 数量补语"一下"[J]. 沙野,译. 汉语学习,1984(4);邵敬敏. 动量词的语义分析及其与动词的选择关系[J]. 中国语文,1996(2).

[3] 朱德熙. 语法讲义[M]. 北京:商务印书馆,1982:66-67.

朱先生的分析告诉我们,"下"可以表示动量(记为下$_1$),也可以表示时量(记为下$_2$)。确定瞬间动作动词的主要手段是动量词"下$_1$",以及下面讨论的几个借用的动量词。

(三)借用动量词表示的动作量

借用表示肢体或工具的名词作为动量词,与数词组合后可以与瞬间动作动词组合。例如:

(1)老头子从眼镜后面露出眼睛瞪了观一眼:"我刚坐下来你就让我安静会儿。"(王朔《顽主》)

(2)最后还在钢轮条上踢了两脚:"听听声儿吧,铃铛似的!"(老舍《骆驼祥子》)

(3)虽然没打这个老家伙一拳,没踹他一脚,可是老头子失去唯一的亲人,而祥子反倒逍遥自在;谁说这不是报应呢!(老舍《骆驼祥子》)

(4)日本人若在别处打了败仗,北平与它的四围也还要遭殃,因为驻遣军司令要向已拴住了的狗再砍几刀,好遮遮前线失利的丑。(老舍《四世同堂》)

(5)景琦忽然掏出毛瑟枪"砰"地冲地上放了一枪。(郭宝昌《大宅门》)

以上这些与"一、两、几"组合的"眼、脚、拳、刀、枪"可以用"下$_1$"替换。不过,借用动量词表示的动作量比较具体,"下$_1$"表示的动作量则比较概括。

(四)"下$_1$"对于瞬间动作动词的鉴别作用

瞬间动作动词的鉴别手段是"下$_1$",可以组合成下面的形式:"V一下/两下……n下""一下一下地V""每V一下""一下又一下地V""V一下又一下"。下面是一些用例:

(6)你在幼儿园里可不能吃亏,别人打你一下,你就打他两下。(1994年《报刊精选》)

(7)他不是把脸埋在盆子里一下一下地舔,而是捧着盆子盖在脸上,伸出舌头,两手非常灵巧地转动着盆子。(张贤亮《绿化树》)

(8)那两个小孩轮流用手拍打老人的脑袋,像拍打一个会发

出奇特声响的玩具那样——每拍一下,老人就"呜喔"叫一声。(张大春《聆听父亲》)

(9) 周正不敢违拗,只好接过钢钎,一下又一下往煤壁上戳。(彭荆风《绿月亮》)

(10) 杨沫去世时,是马波替母亲穿的衣服,抱着她不再有体温的身体、深情地在母亲脸上吻了一下又一下……马波近日在说到当时的情景不由得潸然泪下。(小丁《杨沫谢世解开"母子争执"之谜》)

用"下₁"确定的动作动词,都是瞬间动作动词。

我们在北京大学汉语语言学研究中心语料库检索系统中搜检了与"一下""一下一下(地)""一下又一下""每……一下"以及表示数量不多的概数的"几下/两下"组合的动词,这些动词都表示极为短暂的动作,或是由短暂动作多次重复而成的复合动作。具体如下:

按、按摩、按压、拜、蹦、比划、煸炒、拨(电话)、拨打、擦、擦拭、踩、炒、扯动、撑(滑雪杖)、抽、吹、捶、捶拍、戳、打、荡、捣、蹬、点(头)、翻炒、抚摸、鼓(掌)、刮(去那些涂在上面的泡沫)、划动、画、挥、击、剪、嚼、揪扯、砍、啃、抠、叩(门)、拉(风箱)、拉(绳子)、描、抿(嘴唇)、摸、抹、拧、爬、拍、喷、瞟、敲、敲打、切、亲、揉搓、扫、扇、煽、上(上色)、梳、伸(舌头)、刷、涮、撕、踢、舔、推、挖、吻、吸(烟斗)、砸、凿(洞)、扎、眨、眨巴、挣扎、撞、撞击、揍。

二、瞬间动作动词分析

我们搜索了《现代汉语词典》(第6版)中的动作动词,从中抽取瞬间动作动词。抽取的依据是"V一下₁",不易确定时用"V两下₁/三下₁……",或将"下₁"和"下₁"前的数词重读进行判断。据此,我们共搜索到瞬间动作动词260多个。下面从两个角度讨论。[1]

---

[1] 以下列举瞬间动作动词及释义,根据中国社会科学院语言研究所词典编辑室编《现代汉语词典》(第6版)。限于篇幅,文中没有穷尽式列举。动词用5号字表示,右上方有阿拉伯数字上标的,是词典原来标注的同音词序号;同音词的表示动作义的释义保留,其他释义略去。

（一）瞬间动作动词的计次特征与效用

瞬间动作动词表示的短暂动作，有的一次就能产生实际效用。比如：

（11）我问你话时，你敲一下表示是，敲两下表示不是，你能那样做吗？（王以澜、张厥伟《电话中的密码》）

"敲一下、敲两下"，一次性动作就能产生效用。可是有的瞬间动作需要重复进行多次累加才能产生实际效用。比如，"簸"是瞬间动作，可以只进行一次，但只簸一下通常是不够的，连续地簸才能达到"扬去糠秕等杂物"的目的。这样，从分次及效用角度观察，瞬间动作动词内部是不一致的。我们把所搜集到的瞬间动作动词分4类（A、B、C、D）来讨论。

A类，一次动作可以达到目的。

从动作目的说，一次动作便能够发生效用。这类动作当然也可以重复进行。这是最典型的瞬间动作动词。例如：

扒、拔、掰、扳、捶、戳、刺、捣、剁、跺、剪、嚼、揩、砍[1]（用刀斧等猛力切入物体或将物体断开）、叩、掐、捏、碰、瞥、泼[1]（用力把液体向外倒或向外洒，使散开）、敲、撬、扇、涮、踢、舔、掭、跳、推、擤、眨、斩、撞。

B类，一次动作造成特定状态。

这一类动词表示的动作也是只做一次即有效用，但这一类动词表示的动作一经施行就造成一种状态，只要动作姿态不变，形成的状态也不会改变，是肢体摆出的姿态，类似动作的造型。例如：

按[1]（用手或指头压）、按压、比[1]（比画）、摁、噘、揩、捺、剎、抬、托[1]［手掌或其他东西向上承受（物体）］、握、捂、衔[1]（用嘴含）、挟（用胳膊夹住）、压、仰、咬、指。

C类，通常要多次重复达到目的。

上文举到的"簸"属于这一类。这一类瞬间动作动词构成的"V一下[1]"是可以说的，但仅仅一次动作往往达不到目的，需要重复进行。这类动词如：

摆[1]（摇动）；摇摆、剥、刨、簸、擦、撑、锄、吹、掸、擀、钩、刮[1]（用刀等贴着物体的表面移动，把物体表面上的某些东西去掉或取下来）、掼、和（huò）、搅、搅拌、锯、掘、磕打、刻、抠、拉[1]（lā）（牵引乐器的某一部分使乐器发出声音）、摩挲、捻、拧（níng）、片、揉、筛[1]（把东西放在罗或筛子里,来回摇动,使细碎的漏下去,粗的留在上头)、扇、凿[1](打孔;挖掘)、招[1](举手上下挥动)、奏。

这类瞬间动作动词的释义中常出现"上下、来回、一下一下"等描写动作状态的词语或类似的意义,表明此类动作是反复进行的。比如"簸"是"把粮食等放在簸箕里上下颠动,扬去糠秕等杂物";"擦"是"把瓜果等放在礤床儿上来回摩擦,使成细丝儿";"摩挲"是"用手轻轻按着并一下一下地移动";"搅拌"是"用棍子等在混合物中转动、和弄,使均匀";"扇"是"摇动扇子或其他薄片,加速空气流动"。

D类,从连续进行的动作中分离的一次性动作。

D类表示的是不断进行的多次动作,多次动作构成整体,仿佛是一系列连续动作形成的过程。例如:

蹦跶、蹦跳、拨弄、炒、搓、荡[1](摇动);摆动、呼唤、咳、咳嗽、泥 nì、跑、踢蹬、涂[1](乱写或乱画;随意地写字或画画儿)。

这一类仍然是瞬间动作动词,因为可以从中分离出一次性瞬间动作。当然,与整体动作相比,这些一次性的瞬间动作相对单纯,不一定具备整体动作的完整特征。以"炒"为例,"炒"是"烹调方法,把食物放在锅里加热并随时翻动使热,炒菜时要先放些油",在具体使用中,"炒几下,可以加水了""翻炒几下""略炒几下"的"炒"都表示简单的翻动动作,不具备作为烹调方式的"炒"的全部特征。

与A、C、D三类瞬间动作动词相比,B类尤其值得注意。B类的一次动作即可造成持续的状态,其他三类须重复进行才能形成持续状态。这在本文第三部分还要讨论。

瞬间动作动词内部情况各异,作为一次性动作的特点有的较明显,有的显得模糊,但是,很容易分析出一次动作的占多数。四类瞬间动作动词所占比例统计如表1。

表1 瞬间动作计次特征比较

一次动作的离析	一次动作有效用	一次动作造成状态	必须重复	动作连续很难分次	合计
词 数	110	33	95	24	262
百分率/%	41.985	12.595	36.260	9.160	100

瞬间动作动词的最基本特征就在于是分次或可以分次进行的,每一次经历的时间是短暂的。

（二）瞬间动作的施行部位和采用的工具

按动作施行部位说，瞬间动作动词表示的几乎都是肢体动作，主要是手部动作。有的动作须使用工具，所采用的工具几乎也都由手部去操作。瞬间动作动词表示的动作的施行部位，以及支配工具的部位，凸显了瞬间动作乃至所有动作的基本特征。

下面以四肢、头部和全身三部分来观察瞬间动作动词。

1. 四肢：手部

第一，直接用手、手臂操作，不使用其他工具。

大量的瞬间动作动词是直接由手（包括手的各部分以及胳膊等）发出的。例如：

按¹（用手或指头压）、按压、扒、掰、抱、扯、搓、掂、扶、举、磕、捋（lǚ）、捋（luō）、摸、抹、捺、挠、拈、捻、捏、掐、掐算、卡、搔、扇、撕、耸、弹（tán）、托¹〔手掌或其他东西向上承受（物体）〕、握、挟、攥、扬¹（高举）、摇、招¹（举手上下挥动）。

以上各词的释义多数直接指明动作部位是手、手指、指甲、手掌、虎口、手臂、胳膊等。有的没有明说部位，但作为手部动作的特点很明显，比如"举"是手臂动作，"耸"是肩部动作。直接调动手部施行，不使用其他工具，这在瞬间动作动词中占相当大比重，是瞬间动作动词乃至全部动作动词最基本的部分。

第二，必须使用工具。

这是手部动作的推进，采用工具来增强动作效果。这是动作的发展，也是人类作用于外部世界能力增强的结果。例如：

刨（bào）、篦、擦、铲、撑（用篙抵住河底使船行进）、抽²〔打（多指用条状物）〕、抽²〔用球拍猛力击打（球）〕、锤、锤打、点¹（用笔加上点子）、钉（dìng）、割、勾¹（用笔画出钩形符号，表示删除或截取）、刮¹（用刀等贴着物体的表面移动，把物体表面上的某些东西去掉或取下来）、夯、划³（huá）（用尖锐的东西把别的东西分开或在表面上刻过去）、剪、锯、拉 lá、抿¹〔用小刷子蘸水或油抹（头发等）〕、抹、磨、攮、刨（páo）、劈（pī）、片、切、扫、扇、刷¹（用刷子清除或涂抹）、剔、挑（tiāo）、通、削、砸、铡、锥、奏。

以上各词释义指明了进行瞬间动作使用的工具。比如使用生产工具：刨床或刨子〔刨（bào）〕、锹或铲〔铲〕、镐〔刨（páo）〕、锄头〔刨（páo）〕、锤子（锤、锤打）、钉子（钉）、篙（撑）、夯（夯）、铡刀

（锏）、锯子（锯）、磨料（磨）、锥子或锥子形的工具（锥）等。使用日常生活用具：笔（点¹、勾¹）、箅子（箅）、簸箕（扫）、布或手巾（抹）、礤床儿（擦）、刀（割、刮¹、削、拉、攮、劈、片、切、削）、剪刀（剪）、球拍（抽²）、笤帚或扫帚（扫）、扇子（扇）、刷子（抿¹、刷¹）、竹竿［挑（tiǎo）］等。有些工具是含糊地说明的：沉重的东西（砸）、薄片物（扇）、尖的东西（划³、剔）、细长的东西（抽²）等。也有不明说但工具是不言自明的，如"通"（使不堵塞）必然要用某种工具，"奏"（演奏）当然必须操作乐器。

第三，用手、手臂或工具。

手部动作，有的是可以直接动手，也可以采用某种工具的。例如：

拨、拨弄、捶、捶打、打、抠、搂（lōu）、扒、拍、掏。

这些动词的释义中指出了进行动作的手段，如"拨、拨弄"既可以用手脚也可以用棍棒，"捶、捶打"是用拳头、棒槌或者器物，"打、掏"是用手或器具，"抠"要用手指或细小的东西，"搂（lōu）、扒"是用手或工具、手或耙子一类的工具把东西聚拢或散开，"拍"用的是手掌或片状物。这些释义说明进行这些动作时或手和工具并用，或单用手，或单用工具。

以上分析表明，瞬间动作动词的主体是手部动作，直接用手进行的是更基本的动作，采用某种工具相对而言是动作的发展，某些动作可以借助工具来进行，但同样可以用手来做。手部动作是瞬间动作的主体、基础。

2. 四肢：腿脚

肢体包括腿脚，但通过腿脚进行的动作不多，而且一般不能支配工具，直接用腿脚进行。例如：

蹦、蹦跶、蹦跳、踩、蹅、蹬、跺、迈¹（提脚向前走；跨）、跑、踢、踢蹬、跳。

3. 头部

头部动作包括头和头部相关器官的动作。表示头部瞬间动作的动词相对较少。头部及相关部位的瞬间动作动词全部列举如下。

第一，头。

点¹（头）（向下稍微动一动立刻恢复原位）、顶（用头或角撞击）、仰（脸向上）。

第二，口。

口部动作包括口、双唇、牙齿、舌头的动作。有些动作是身体其他部位发动，但通过口部表现出来，也列在口部动作。比如：

吹（合拢嘴唇用力出气）、吹（吹气演奏）、哼唧、呼[1]（生物体把体内的气体排出体外）、呼喊、呼唤、呼叫、嚼、叫喊、叫唤、噘、咳、咳嗽、嗑、啃、抿[2]［（嘴、耳朵、翅膀等）稍稍合拢；收拢｜嘴唇轻轻地沾一下碗或杯子，略微喝一点儿］、亲、舔、吐（tǔ）、吻、吸、衔[1]（用嘴含）、咬、咂、嘬。

表示吹气演奏的"吹"是通过乐器发挥作用的，从这个意义上说，某些口部动作也用工具。但是，此类动词极少。一般手部动作与工具结合成一体，工具是手的延长，但这里吹气演奏的"吹"与乐器可以分离。这与手部动作使用工具还有些不同。

第三，眼。

比如：闭、瞪、瞥、扫、眨。

第四，鼻子。

比如：哼、闻、嗅。

4. 全身

拜、动、拱[2]（用身体撞动别的东西或拨开土等物体）、扭、撞。

表示全身运作的瞬间动作动词不多。有的动词可以表示全身动作，也可以表示手部动作，列举在了手部动作动词。更重要的是，全身运作比起手部来，灵活性要差一些，所以表示全身动作的动词不及表示身体其他部位动作，特别是手部动作的动词多。

瞬间动作动词依据施行部位和采用工具进行分类统计结果如表2。

表 2 瞬间动作施行部位及使用工具情况

动作部位	四肢			头部				全身	合计
	手		腿脚	头	口	眼睛	鼻		
是否使用工具	必用	两可	不使用工具，直接使用肢体或身体某部位						
词数	98	20	92	12	3	25	5	3	4	262
百分率/%	37.405	7.634	35.115	4.580	1.145	9.541	1.908	1.145	1.527	100
	80.154									

三、瞬间动作动词的动态表现

瞬间动作动词表现出来的动态，很大程度上是动作短暂造成的。

(一) 瞬间动作的时长

瞬间动作动词表示此时此刻发生的动作，说白一点就是"现在"极短时间内的动作。瞬间动作的时长，就是"现在"施行这个动作经历的时间。

按心理学家的理解，"现在"是极为短暂的时间。具体地说，"现在"有没有长度？有多长？在心理学上存在争议。德国心理学家恩斯特·波佩尔进行了研究。他转述圣·奥古斯汀《忏悔录》关于"现在"意义的描述：

> 时间有三要素：过去、现在和将来。或者确切地说：一个过去的现在，一个现在的现在，一个将来的现在。它们三位一体存在于意识中，而不是在别的什么地方。所谓过去的现在，就是回忆；所谓现在的现在，就是眼下；所谓将来的现在，就是期待。[1]

恩斯特·波佩尔关于"现在"或"眼下"的研究，值得注意的是两点：

第一，"现在"作为一种存在，不仅是过去与将来的分隔，而且是有长度的。

恩斯特·波佩尔认为，"现在"是我们关于时间的主观经验，在主观经验中，"现在"大致是3秒：

> 人脑配备有一个整合机制，它将系列事件组成一个个单元，每个整合单元的时间上限为3秒钟。每个整合单元就是一个意识内容，每次只能出现一个，这就是我们所感觉的"现在"。这个整合过程在客观上是有着时间长度的，从而是我们关于"现在"的经验的基础，其最大时限为3秒钟。[2]

自然语言反映的动作重要特征是时间意义。此时此刻正在进行的动作，存在于作为眼下的"现在"之中；既往的、作为回忆的动作，已经是过去。未来的、作为期待的动作则是将来。

第二，"现在"具有主动性特征。

对于时间的流逝，我们只能被动地感知。但是，一到"现在"这个阶

---

[1] [德] 恩斯特·波佩尔. 意识的限度：关于时间与意识的新见解 [M]. 李百涵，韩力，译. 北京：北京大学出版社，2000：44.
[2] [德] 恩斯特·波佩尔. 意识的限度：关于时间与意识的新见解 [M]. 李百涵，韩力，译. 北京：北京大学出版社，2000：53.

段，就有了对时间整合的主观支配的知觉过程。"主动整形不仅仅见于知觉过程，也见于其他方面，尤其是思考和解决问题的时候。"[1]

恩斯特·波佩尔给予我们的启示之一是，所谓动作是"现在"进行的。过去的留下了回忆，是既成事实，已经无法改变，不能再施加影响。对未来是一种期待，可以做好动作的准备。但真正表现为强烈意义动作的，是与"现在"联系着的行动、举动。

当然，自然语言所理解的"现在"的时长并没有心理学家严格，可以极为短暂，也可以延续较长的时间。

《现代汉语词典》（第6版）关于"现在"的释义是：

[现在] 名 时间词。这个时候，指说话的时候，有时包括说话前后或长或短的一段时间（区别于"过去、将来"）。[2]

联系自然语言解释"现在"，时长是有弹性的。请看下面的例子：

（12）现在，我，殷大奎，代表卫生部宣布：1994年10月10日为中华人民共和国"世界精神卫生日"，并将予以全力支持，以达到上述目标。（1994年《报刊精选》）

（13）现在，我坐在府南河畔读《成都通览》。（1998年《人民日报》）

（14）现在，我们的国家正处在一个非常重要的历史时期。（1993年《人民日报》）

（15）现在，我军已经在相对和平的环境中生活了几十年。（1993年《人民日报》）

上面的四个例子中，把从宣布"世界精神卫生日"到"在和平环境中生活了几十年"，都说成"现在"，其时间长度是不等的。具体地说，例（12）中"现在我宣布"时长最短，话音一落，说话的动作已成过去，而例（15）中"现在"是"几十年"。以上四例所说的"现在"都不是恩斯特·波佩尔说的3秒钟。不过，瞬间动作的时长恰恰更接近恩斯特·波佩尔所说

---

[1] [德] 恩斯特·波佩尔. 意识的限度：关于时间与意识的新见解 [M]. 李百涵，韩力，译. 北京：北京大学出版社，2000：58.

[2] 中国社会科学院语言研究所词典编辑室. 现代汉语词典 [M]. 第6版. 北京：商务印书馆，2012：1416.

的3秒,这不能简单地用自然语言的"现在"来比附,要通过严格的尺度来确认。

恩斯特·波佩尔对我们的启示还在于,施行动作的"现在"是人表现出主动性的时刻。动作是受特定动机驱使的。真正带有主动性,能显示动机驱动作用的是"现在",或长或短的"现在"。从时长说,"现在"与动量密切相关。邵敬敏已经说到,"'动量'是一个十分重要的语义范畴,它是动词的动作性的一种具体表现。动作越具体,动作性越强"[1]。现在我们进一步说,动作经历的时间越短暂,动作也就越具体、越基本,动作性也就越强。瞬间动作动词表示的动作,其动作性是最强的。瞬间动作具有动作性的最基本特点。

(二) 瞬间动作动词与"在、正、正在"及"着"的结合

1. 表示持续状态的副词和助词

副词"在、正、正在"和助词"着"是显现动作进行状态的语法手段。《现代汉语词典》(第6版)对这几个词的释义是:

[在] ⑧副 正在:风~刮,雨~下 | 姐姐~做功课。[2]

[正] ⑱副 表示动作的进行、状态的持续:~下着雨呢。[3]

[正在] 副 表示动作在进行或状态在持续中:~开会 | 温度~慢慢上升。[4]

[着] 助①表示动作的持续:他打~红旗在前面走 | 他们正谈~话呢。②表示状态的持续:大门敞~ | 茶几上放~一瓶花。[5]

值得注意的是,《现代汉语词典》对4个词的释义,都特别指明动作或状态在持续。[6] 这样解释是十分精细、准确的。

---

[1] 邵敬敏. 动量词的语义分析及其与动词的选择关系 [J]. 中国语文, 1996 (2): 100-109.
[2] 中国社会科学院语言研究所词典编辑室. 现代汉语词典 [M]. 第6版. 北京: 商务印书馆, 2012: 1619.
[3] 中国社会科学院语言研究所词典编辑室. 现代汉语词典 [M]. 第6版. 北京: 商务印书馆, 2012: 1660.
[4] 中国社会科学院语言研究所词典编辑室. 现代汉语词典 [M]. 第6版. 北京: 商务印书馆, 2012: 1663.
[5] 中国社会科学院语言研究所词典编辑室. 现代汉语词典 [M]. 第6版. 北京: 商务印书馆, 2012: 1651.
[6] 《现代汉语词典》从试用本到第6版,对"在、正、正在""着"释义都保持着"持续"的意义。

2. "在、正、正在"与瞬间动作动词的组合

"在、正、正在"都含有"持续"的语义因素。本文第二部分讨论的A、C、D三类瞬间动作动词表示的瞬间动作与"在、正、正在"表达的意义正好相悖,是不持续的。语言事实正是这样。当它们组合的时候,不是这三类瞬间动作动词本身一次动作的持续,而是这个动作重复多次形成的持续。单独一次性的瞬间动作是不能持续的。下面看这三类瞬间动作动词与"在、正、正在"组合的用例:

(16) 韶华用右手在戳自己左边肩下的手臂,身体摇晃,前后摇晃——摇晃——(三毛《滚滚红尘》)

(17) 胡同里,每家都在剁饺子馅儿,响成一片。(老舍《正红旗下》)

(18) 河南妈从后园子里割了韭菜回来,见媳妇正剁肉,忙夺过刀来说……(浩然《新媳妇》)

(19) 两腮一凸一凹的大概是正嚼着东西。(老舍《二马》)

(20) 屏幕上,一群手执红旗的舞蹈者正在蹦来蹦去。(礼平《晚霞消失的时候》)

(21) 一位正在捻羊毛的大约60岁的老人见了穿军装的我,嘴里不住地发出"金珠玛米"之声,惊喜非常,给我敬青稞酒。(曾有情《无人区的神秘"烈士"》)

"在戳""在剁""正剁""正嚼""正在蹦来蹦去""正在捻"表示的都是连续动作,是瞬间动作的重复。

3. 瞬间动作动词与"着"的结合

瞬间动作动词与"着"的结合当分两类情况:

第一类,A、C、D三类瞬间动作动词形成的"V着"表示动作重复,不是一次性动作。例如:

(22) 他一路吹着口哨,吹的是四季相思调。(陆文夫《人之窝》)

(23) 仿佛胸际有些疼痛、窒塞,她轻轻地捶着胸,从桌上拿起那本《日出》,在沙发上睡下。(曹禺《日出》)

(24) 祁老人用颤抖的手指戳着自己的胸口。(老舍《四世同

堂》）

（25）她不笑了，话也不甜了，像菜刀剁着砧板似的笃笃响着说："不管你什么时候来，横竖到今午十二点为止，都收一天钱。"（高晓声《陈奂生上城》）

（26）王金娣得意洋洋地啃着苹果。（张克辉《云水谣》）

"吹着""捶着""戳着""剁着""啃着"都不是瞬间即停的动作，而是动作的持续进行。换句话说，如果 A、C、D 三类真正表示一次性的瞬间动作，就不能形成"V 着"。

第二类，B 类瞬间动作动词形成的"V 着"是另一种情形。必须重申，这些确实是瞬间动作动词，可以经受"下$_1$"的检验：

（27）……再用手指按压几下……（郑悠然《It Girl 身体保养 100 分》）

（28）……仅仅比划几下，就轻而易举地把最令大家看中的第一块金牌装进了自己的口袋。（1994 年《报刊精选》）

（29）……，并迅速用双手向其腹腔猛压：一下，两下，三下——"卟"的一声，那块软骨终于从菲尔德嘴里喷了出来。（刘小狄《海姆里西救生术》）

（30）……，才用手往里面一间房间指了两下。（白先勇《孽子》）

与 A、C、D 三类瞬间动作动词不同，这一类瞬间动作动词形成的"V 着"不表示动作重复，而表示一次动作状态的延续：

（31）……，否则就按着心口窝说胃不舒服。（权延赤《红墙内外》）

（32）他来了，胳臂底下夹着一本书。（吕叔湘《语言作为一种社会现象》）

（33）对方举着枪，瞪红了眼睛。（冷夏《澳门首富何鸿燊》）

（34）一句话说得叶民主和小邬都捂着嘴笑了，……（方方《埋伏》）

(35) 张店风一听，咬牙切齿地指着张家玉说……（陈桂棣、春桃《中国农民调查》）

"按着""夹着""举着""捂着""指着"都是一次动作形成的状态，是动作的姿态。

B类瞬间动作动词表示的动作造成特定状态的，不仅可以与"着"组合形成"V着"，也可以同时使用"正"形成"正V着"。例如：

(36) 舒云正扶着于青跨过一断倒下的木头，……（白帆《寂寞的太太们》）

(37) 梁大牙正举着驳壳枪朝枪口上哈气。（徐贵祥《历史的天空》）

(38) 几个士兵正握着话筒，用不熟练的汉语喊话。（党自强《中越"梁祝"生死情》）

(39) 她停了下来，见四周同学正捂着嘴笑。（铁凝《大浴女》）

(40) 工匠打扮的丈夫刚刚进门，正指着老婆在发难。（黄梅《女人与小说》）

"正扶着""正举着""正握着""正捂着""正指着"都是一次性的瞬间动作动词表示的动作，一旦开始便可以用特定姿态持续，不改变状态，成了一种定型。换句话说，B类瞬间动作动词形成的"V着"或"正V着"表示的是一次性瞬间动作形成的状态的持续，不是动作的重复进行。

按照一般语感，带"着"的动词，与"在""正""正在"组合的动词表示的是动作此时此刻在进行。以上分析表明，瞬间动作才是严格意义上此时此刻的动作，是动作性最强的动作。一旦推进到与"在""正""正在"组合的语境，推进到带"着"的语境，都在不同程度上把"现在"从严格心理学意义上的时长拉向一般自然语言意义上来理解。其动作意义（强度）是逐步稀释的。

四、瞬间动作动词与一般动作动词

瞬间动作动词属于动作动词范畴，但是如上所说，与一般动作动词有很多差异，是很有特色的动作动词。

（一）瞬间动作动词表示基本动作

瞬间动作作为动作基本要素，是构成其他动作动词（或动作义项）的基础。瞬间动作动词主要是肢体或全身动作，特别是手部，直接动手或借助手部操作的简单工具施行。可见，瞬间动作单一、具体而短暂，是应对外部世界的初始动作，常常作为动作元素构成愈益复杂的动作，是构成一般动作动词的基础。如果说瞬间动作动词表示基本动作，则在此基础上出现的动作动词（义项）逐步远离具体动作。

如下面"敲、按、扫、跑"（第一义项）分属上文所述的四小类瞬间动作动词，继后的其他义项是第一义项引申或比喻而来，则没有瞬间动作的特点。这四个单音节形式作为构词成分形成的双音节动作动词，有的一定程度上保留着瞬间动作意义，但多数不再简单地表示瞬间动作。

A类：敲（击打物体，使发出声音｜敲竹杠；敲诈）。

例如：敲打、敲击、敲诈。

B类：按（用手或指头压｜压住；搁下｜抑制）

例如：按摩、按捺、按压。

C类：扫（用笤帚、扫帚除去尘土、垃圾等｜除去；消灭｜很快地左右移动｜归拢在一起）

例如：扫除、扫荡、扫地、扫黄、扫货、扫雷、扫描、扫墓、扫平、扫射、扫视、扫榻。

D类：跑（两只脚或四条腿迅速前进（脚可以同时腾空）｜逃走｜走｜为某种事物而奔走｜物体离开了应该在的位置）

例如：跑步、跑偏、跑腿、跑外。

（二）不稳定特点影响瞬间动作动词的确定

从认知角度说，瞬间动作不那么稳定。这可以从两个侧面来观察。

第一，对瞬间动作动词进行分析，提取出一次短暂动作，这是观察这类动作动词的需要。但是在日常语言生活中，瞬间动作可以或必须重复进行。上文对瞬间动作动词的分类，C、D两小类通常是以重复的形态出现的，单独一次动作缺少实用意义。A、B两类的单次动作可以产生动作效应，但常常可以重复进行。确定瞬间动作动词，必须精心锁定在"一下$_1$"这种典型语境。

第二，瞬间动作的不稳定特点还表现在对"V一下"的理解。前人研究已经表明，"V一下$_1$"表示动量"一次"，"V一下$_2$"表示时量，动作延续时间很短。但在具体的语料中，人们常不经意间把"V一下$_1$"理解为"V一下$_2$"。

一般说来，遇到动作动词人们很自然地会从过程、从时间延续的意义去理解。美国语言哲学家泽诺·万德勒依据动词和时间的关系把动词分为过程动词和非过程动词，其中，过程动词又分为活动动词和目标动词，非过程动词又分为到达动词和状态动词。万德勒所说的过程动词就是动作动词。具体谈及过程动词的两个小类，活动动词是"在时间中以一种同质的方式进行，活动过程中的每一部分都与整体活动性质相同"[1]，而目标动词"也在时间中进行，但它们是朝向一个终点进行的，而在逻辑上必须有这个终点，它们才是它们实际所是的那些活动"[2]。如果相关动作在到达终点前就停止，则这个动词表示的动作不为真。因此，"V一下$_2$"应视作是在持续的短时间内达到逻辑终点的动作，"V一下$_1$"则与时间的持续无关。

瞬间动作动词经历的时间极为短暂，与心理学理解的"现在"趋于吻合。因此"V瞬间动作动词+一下"到底是强调动作的次数，还是表示持续时间很短就达到逻辑终点的动作，很容易混淆，即很容易把瞬间动作与延续动作混同，使瞬间动作淹没在持续动作的流中。下面举几个例子：

(41) 戳

(41a) 每蹦出一个字，他的右手大指便在自己的胸上戳一下。（老舍《四世同堂》）

(41b) 安娜就烦了，忍不住冲王贵喊："就那么点乡下故事，老讲！土包子一个。"然后在王贵脑门上戳一下。（六六《王贵与安娜》）

(41c) 洋法子未必奏效，还得弄帖土药秘方来治一治，像打金针，乱戳一下，作兴还戳中了机关。（白先勇《冬夜》）

(42) 拉

(42a) 八路军趴在沟里左手开枪，打一枪拉一下枪栓。（王朔《看上去很美》）

(42b) 范博文看见林佩珊还是站在那里发怔，就走去拉一下

---

[1] [美]泽诺·万德勒. 哲学中的语言学 [M]. 陈嘉映，译. 北京：华夏出版社，2002：173.

[2] [美]泽诺·万德勒. 哲学中的语言学 [M]. 陈嘉映，译. 北京：华夏出版社，2002：173.

她的手。(茅盾《子夜》)

(42c) 第一节课,我只教你拉空弦。你试试随便拉一下。(张小娴《面包树上的女人》)

(43) 敲

(43a) 左手拿着一面锣,右手拿着一个锣捶,走一下,就要敲一下,自己大声喊:"我是破鞋!大家都来批斗我!"(艾米《山楂树之恋》)

(43b) 我自编了一个程序,只需敲一下,数据就出来了。(1994年《人民日报》)

(43c) 田卫明恼怒地:"敲门,为什么不敲一下门?你他妈的是条狗?"(陆天明《苍天在上》)

"戳""拉""敲",在各句a例中明显是一次性瞬间动作,"一下"作为"一下$_1$"从上下文可以很明确地作出判断;各句c例中的动词表示的是瞬间动作的重复,"一下"一般理解成"一下$_2$",表示瞬间动作动词在极短的时间内持续并完成,以达到某种目标;各句b例中的动词实际上是一次动作,经认真推敲,"一下"确实是"一下$_1$",但是很容易理解成"一下$_2$"。"V一下"被笼统理解成"V一下$_2$"的概率很高。从不断流动的过程中离析出"V一下$_1$"有时颇费思索,因此确定一个动词是不是瞬间动作动词有时难免会举棋不定。

(本文原载《苏州大学学报:哲学社会科学版》2015年第6期)

下编

关于汉语隐语的几个问题
——对 20 世纪汉语词义学领域一些理论分歧的新审视

曹 炜

隐语，各种语言中都有，英语中称为"cant"，法语中称为"argot"，但汉语中的隐语产生时间之早、数量之多、构造方式之丰富是世界各国语言中的"cant"所无法企及的。有人说，了解了汉语的隐语，也便了解了天下的隐语，此话并非盲人说象。

问题是，对汉语中的隐语我们又知道多少呢？关于隐语的研究不可谓少，然而目前有关隐语的学术成果的低层次重复比较严重，一些涉及隐语的历史、文化以及发生、形成的文字表述被一再复述，或者恶意注水，一些诸如隐语的内涵、范围以及与方言词、行业语词等词汇现象的区别等问题则似是而非、语焉不详，尤其是一些诸如隐语的语音形式的选择、词义架构的布局以及内部结构形式的特点等涉及隐语本体研究的基本问题则无人问津。笔者忝为人师，不敢误人子弟，便对上述一些富有争议或似是而非、语焉不详或至今尚无人问津者作一考察，今将所得压缩整理成篇，以为芹献。

一

什么是隐语？什么是黑话？隐语同黑话是一种什么关系？各家的说法很不一致，主要有以下两种意见：

(1) 隐语就是黑话，两者是异名同指，指的是某些社会集团使用的一种不为外人所知的特殊词语。这是一种由来已久、目前依然比较流行的看法。[1]

（2）隐语、黑话各有所指，含义不同，黑话是隐语的一种，隐语包括黑话。诚如曹聪孙所指出的："隐语是一种具有明显的封闭性质的词的秘密语。其中为一定的社会集团，例如帮会、黑社会、罪犯、吸毒者、色情行业等内部使用的话，可称为'黑话'。"也有不少学者赞同这种看法。[2]

就隐语与黑话的关系而言，我们赞同第二种意见：隐语与黑话不是一码事，黑话只是隐语的一种，当然是极为重要的一种，但不是隐语的全部，有些隐语并不属黑话。

但是，对"隐语""黑话"这两个术语的诠释，我们迄今为止没有看到一家的说法是令人满意的。

我们对学术界"隐语"的定义表述的不满意主要有以下两点：

（1）现存的这些定义中一般都采用"社会集团"这个词语来表述"隐语"的使用主体，我们以为是言重了。"集团"一词赋予了"隐语"较多的政治色彩，《现代汉语词典》对"集团"一词的解释是："为了一定的目的组织起来共同行动的团体"；而且"集团"一词还会给人一种组织周密、人员众多的联想。其实，"隐语"在使用主体上面应该是无所限制的，可以是由十万、几十万人所组成的组织严密的大团体，也可以是仅由几个、十几个或几十个人员构成的松散的小群体，不像"黑话"的使用主体是有明确限制的。这既是"隐语"同"黑话"的主要区别，也是"隐语"的主要特征之一。因此，我们觉得，应该将"社会集团"改为"社会群体"比较稳妥。

（2）现存定义往往更多地强调了"隐语"的客观效果："不为外人所知的""只有内部人懂得的"云云是常见的表述用语，问题是，"不为外人所知的"或"只有内部人懂得的"都是隐语吗？答案是否定的。不然的话，"陪音、阳声韵、十六摄、读若、转注、义素、语义场、孤立语、内部屈折"等语言学专业术语就都成了语言学界的"隐语"了。因此，我们认为，

---

[1] 最早将"隐语""黑话"视作异名同指的是孙常叙，不过他没有用"隐语"这个术语，而是用了"秘密语"这个名称。详见：孙常叙. 汉语词汇［M］. 长春：吉林人民出版社，1956：279. 《辞海》《语言学百科词典》《汉语大词典》《现代汉语词典》以及曲彦斌主编的《中国民俗语言学》和《俚语隐语行话词典》、张永言的《词汇学简论》、王希杰的《黑话说略》、潘家懿的《山西晋南的秘密语——"言话"》等均持这样的观点。

[2] 明确持此观点的有：钟敬文的《语海·秘密语分册·总序》；刘中富的《秘密语》；郭熙的《中国社会语言学》；郝志伦的《汉语隐语论纲》等。

应该在定义中突出"隐语"这种不为群体外部人员所知晓的结果正是使用群体所刻意追求的——即隐语效果的主观性这一点,从而更进一步揭示隐语的特征。

此外,民间关于"隐语"的称谓颇多,使用上很是混乱。汉语学界通行的称谓有两个:一曰隐语,二曰秘密语,使用者参半,有人还专门行文力主采用后者[1]。在给"隐语"定义时最好也能考虑"正名"的问题。

我们对学术界"黑话"的定义表述的不满意主要是:

(1)现存的这些定义中对"黑话"的使用主体表述不明。有些说法指称范围过大,如上面提到的曹聪孙用"一定的社会集团"来表述"黑话"的使用主体,其中的"一定"是个非常模糊的概念,颇难掌握;有些说法指称范围又过小,如以"带有黑社会性质的团体"来表述"黑话"的使用主体,这样一来,就把赌博人员、吸毒人员、卖淫嫖娼人员以及偷盗抢劫罪犯等所有不具有黑社会性质的群体所使用的秘密词语均划到了"黑话"的外面去了,而这又是很难让人接受的。

(2)该术语本身包含人们对其所指称内容的否定性评价,在表述时应有所体现。而现存定义中则或多或少地缺乏这种否定性评价。

因此,我们以为,对"隐语""黑话"这两个术语的比较科学、准确的表述应该是:

隐语,也叫秘密语,是某些社会群体所使用的故意不让外人所知晓的秘密词语,是常见的社会方言之一。黑话是某些不良甚至黑恶社会群体所使用的一种有意不让外人所知晓的秘密词语,是隐语最重要的分支之一。

二

既然黑话只是隐语的一个重要类别,那么,隐语除了黑话之外,还应该有其他类别。关于这个问题,一些学者已经作了一些初步的探讨。

潘家懿从"秘密语的使用对象和所起的作用"角度将隐语分为"那些专门以危害公众利益、制造社会动乱为目的的黑社会集团所创造的和使用的"隐语与"某些行业集团或社会团体为谋求自身的某种特殊的需要而创造出来的"隐语两大类;曹聪孙将隐语分为"词的秘密语"和"音的秘密语"两大类;钟敬文等将"隐语"分为三类:"(1)帮派结社、秘密团体

---

[1] 刘中富. 秘密语 [M]. 北京: 新华出版社, 1998: 17-19。

和犯罪集团内部所通行的黑话。（2）各行业（包括江湖行业）内部所使用的带有隐秘性的行话。（3）各地方言中具有特殊含义，在特定场合中使用，带有特定功能（如禁忌、避讳等）的一部分语词。"刘中富则将隐语分作六大类：（1）黑话。（2）行业性秘密语。（3）青少年群体、老年人群体使用的"亚秘密语"。（4）某一群体针对另一群体使用的秘密语。（5）市井秘语。（6）类秘密语。郝志伦在其《汉语隐语论纲》中列专章讨论了隐语的类型：一曰形态学分类，即将隐语先分为言语类和非言语类两种基本类型。二曰发生学分类，即将隐语分为保密类、禁忌类和游戏类等三种类型隐语。三曰"应用领域分类法"，未做具体分类。

上述一些学者讨论的隐语类别中，有一些并不是现代汉语普通话层面上的隐语。如钟敬文等所说的"各地方言中具有特殊含义，在特定场合中使用，带有特定功能（如禁忌、避讳等）的一部分语词"，这一类隐语中的那些不是用现代汉语普通话词汇的构词材料构成的，而是用一些地域方言的构词材料构成的隐语就不能算是现代汉语普通话层面的社会变体——隐语。笔者手头有一本《上海俗语切口》，其中收集的一些隐语便是用吴语构词材料构成的，如"刮汕（隐情暴露）、豁（掼）领子（暗示、指点）、三三（不务正业浪迹于社会的女青年）、木良（与"三三"厮混的男青年）"等。又如刘中富在讨论中所谈到的"类秘密语"以及郝志伦所说的"非言语类隐语"指的均是由各种有声暗号、人的形体动作、图画符号、实物形态和记号等构成的传递信息的秘密手段，也不属语言符号层面上的隐语，当然也就更不是现代汉语普通话层面上的隐语。

此外，有些学者在隐语类别的讨论中没有遵循同一性原则，即将从不同角度、按不同标准切分所得到的类型放在一块来谈，这样他们所分的类别相互之间就存在交叉的现象。如刘中富所说的"市井秘语"同"黑话""行业语"等就存在交叉现象。

还有些学者所分的类别含糊不清，如郝志伦的所谓形态学分类，且不说这个说法本身的不妥——语言学中的"形态学"专有所指，最好不要随意用来他指，这样只会带来表述上的混乱——就是这种分类本身也是很难贯彻到底的：因为在没有具体语境的情况下，什么是词语，什么是语句，在汉语中有时是颇难分清的，作者所列举的"语句形态隐语行话"中不少恰恰是"语词形态隐语行话"。

综合各家的分类情况，我们认为，隐语大致可以分为以下三大类：
（1）黑话。黑话是某些不良甚至黑恶社会群体所使用的一种有意不让外人所知晓的秘密词语,是隐语最重要的分支之一。如:上丽事(玩弄女性)、下皮子(盗窃)、飞老夹(扒窃钱包)、牛郎(男妓)、分水(分赃)、公共汽车(妓女)、斗蟑螂(引诱、敲诈妇女)、尺寸(赌资)、办他一档子(撬锁盗窃)、扒灰沟(抢劫不成功)等。[1] 黑话的特点是:不少词汇与一些丑陋的行为、事物有关,透露着一股邪气,让人联想到罪恶。

(2)行业隐语。行业隐语是某些行业所使用的一种有意不让外人所知晓的秘密词语,是隐语的一个最重要的分支。如:包口(做生意说的话)、闪子(药粉)、老人(五)、羊角(六)、问问(过秤)、托杵(艺人向观众要钱)、呕风(讨银钱)、呕吐(泄露内部机密)、丢飞包(店员遇亲友来购货时,售货而不收钱)、半空不撮点(对江湖事似懂非懂之人)。行业隐语的特点是:词汇大多与货物及商业利润有关,透露着商人的一种精明、狡黠。

这里需要说明的是,行业隐语同我们平常所说的行业语不是一回事,两者有着本质的区别。行业语是各行各业的人们在表述本行业的事物时所使用的专门的只有本行业人才懂的词语。虽然行业语同行业隐语在不为外人所知这一点上似乎存在着共同点,但这仅仅是表象。行业语的不为人所知具有客观性,行内人并不是想要别人不懂才使用行业语的,他们用行业语是为了便捷地传递信息表达意思,交流想法,虽然行业以外的人因对该行业的专门业务知识一无所知,所以不了解表述这些业务知识的行业语的真正意义,但是行业语的使用者是无辜的——他们没有隐瞒的动机。而行业隐语的不为人所知则具有主观性,即行内人是故意要让别人听不懂才用行业隐语的,他们用行业隐语就是为了隐秘地传递信息、表达意思、交流想法,而且,行业隐语所涉及的往往不是某行业的专门业务知识,如明明可以说"一、二、三、四、五、六、七、八、九、十"的,而以前的服装业却偏偏用"口、月、太、土、白、田、秋、三、鱼、无"来表述,明明可以说"过秤",却偏偏说"问问"——行内人往往在无须使用专门用语的时候而故意使用了行内创制的专门用语,在行业以外的人不了解其表述的真正意义这一点上,他们不是无辜的。

(3)松散社会群体隐语。这是某些社会群体所使用的有意不让他人所知晓的秘密词语,是隐语的重要类别。这类隐语最能产的人群是青少年群

---

[1] 在隐语与黑话的讨论中,我们所举的例词若非特别注出,均选自曲彦斌主编的《俚语隐语行话词典》。

体，大到一个学校、一座城市，小到一个班级、一个寝室，内容往往是指称一类人或一种现象。隐语的产生和传播往往经历这么一个过程：起先往往是几个富有命名创意的语言"精英"，某一天突发灵感，用一种别致的名称去指称一种事物或现象，渐渐地他们周围的哥们儿、姐们儿也用上了，于是就在一个寝室或一个班级的范围里流通，成为"某某寝室隐语"或"某某班级隐语"；设若运气好，可以在一个年级或一个学校的范围里流通，成为"某某年级隐语"或"某某学校隐语"；设若运气再好一点，就会越出校门，在一座城市的特定群体或者更大地域的特定群体中流通，成为"某某群体隐语"。像"呕象（呕吐的对象）、蛋白质（白痴）、老板（导师）、青蛙（丑男）、恐龙（丑女）、菜鸟（新手）、分特（晕）、美眉（漂亮女孩）"等隐语，都是这样形成的——属于运气极佳的，以致在全国的高校中流通——成了"大学生隐语"。松散社会群体隐语的特点是：词汇大多与一些普通的常见的事物有关，往往透露着普通百姓的一点机智、谐谑。

三

关于隐语的造词方式，比较一致的意见是：隐语几乎动用了汉语所能提供的所有的造词手段来创造隐语词汇，采用了语音学造词法、文字学造词法、词法学造词法、句法学造词法、修辞学造词法、综合式造词法等。但是对于隐语的语音形式、词义架构、词语的内部结构等方面的特点则关注甚少；即使个别学者有所涉及，也是泛泛而谈，举上一二用例，遥指一下，让人不甚了了。为了弄清上述问题，我们决定选择一部较有代表性的隐语词典，做一番穷尽式的考察、统计，看看隐语在语音形式、词义架构、词语的内部结构等方面究竟具有什么样的一些特征。经过对孙一冰主编的《隐语行话黑话秘笈释义》（收词最少）、钟敬文主编的《语海·秘密语分册》（收词最多）以及曲彦斌主编的《俚语隐语行话词典》（收词介于前两者之间）等三部辞书的比较、选择，最后我们选择了较有影响的《俚语隐语行话词典》（下简称《词典》）作为我们考察、统计的对象。

《词典》共收录隐语词语 11262 条。在对这 11262 条隐语词语的语音形式、词义架构、词语内部结构等方面的状况逐个分析、考察、综合、归纳

关于汉语隐语的几个问题
——对20世纪汉语词义学领域一些理论分歧的新审视

之后,我们对隐语的一些基本特征有了一些初步的了解[1]。

在语音形式上,《词典》中的隐语以双音节形式最为常见,共有6516个,占了一半多;三音节的次之,共有3271个,占了将近1/3,双音节、三音节加起来共有9787个,占了总数的87%。剩余的其他语音形式只占13%,其中单音节的,有813个,占了剩余的一半多;四音节的,有573个,占了剩余的近2/5;其他音节形式总共只占不到1/10(详见表1)。这样,我们对隐语的语音形式的初步结论是:二、三音节处于第一层次,是隐语词汇基本的语音形式。一、四音节处于第二层次,是隐语词汇较少选用的语音形式,《词典》100个词语中分别仅有7个和5个是选用了这种形式的。五、六、七、八音节处于第三层次,是隐语极少选用的语音形式;尤其是六音节形式比较罕见,《词典》1000个词语中不到1个选用这种形式;七、八音节更是极其罕见,《词典》11262个词语中,7音节的仅2个,8音节的仅1例。

表1

	单音节	双音节	三音节	四音节	五音节	六音节	其他音节
数量	813	6516	3271	573	75	11	3
百分率/%	7.22	57.86	29.04	5.09	0.67	0.09	0.03
例词	八、西、代、仙、白、瓜、令、甩、印、外	一干、小弟、长脖、打井、立压	丁人式、不勾念、沾天空心果	长线娘、红机灵、空子、死期孩子、找老丈人	动外科手术、外国糖莲子、老干挂帐子	里码的一模子、开色唐轮子的	半天空中一座门,"木边之目,田下之心"

在词义架构上,《词典》中的隐语一如我们原先估计的:词义架构简单、清晰,单义词语占绝对优势,多达90%以上,多义词语很少,而且一般也是双义词语,词义派生脉络应该很明了。但出乎我们意料的是,竟然还存在为数尚可观的三义词语以及一部分四义词语、五义词语乃至六义词、七义词、八义词;在14个八义以上的词中,除了4个九义词之外,还有5个十义词,2个十一义词,1个十三义词,1个十四义词,1个十五义词

---

[1] 表格中所使用的数据由笔者的研究生柏丽洁同学提供,笔者在使用时进行了核对,特此说明,并表谢忱。

（详见表2）。而且，绝大部分多义词语的意义之间并不存在派生、源流关系，但它们同我们平常讲的同形同音词，如"风化1——风化2"、"生气1——生气2"等，又不太一样，因为同形同音词之间毫无联系，而这些词语之间多多少少总有那么一点说不清、道不明、剪不断、理还乱的联系，这恐怕也就是《词典》编者将它们处理为多义词语的原因吧。

之所以会出现上述状况，个中缘由，我们发现，主要是由以下几种情况造成的：

（1）不同行业或群体用同一个词语指称不同的事物。这种情形最为常见。如"边"有3个表数目的义项：蚕茧行以"烟、足、南、常、马、青、尺、边、脚、台"表"一"到"十"，"边"表"八"；棉花行以"了、败、川、晓、丸、龙、汤、千、边、欠"表"一"到"十"，"边"表"九"；粮食行则以"只、祥、撑、边、母、既、许、烘、欠、阿"表"一"到"十"，"边"表"四"。又如"半月"，卖膏药业喻指"弹弓"，玉器行喻指"玉耳环"，海鱼行喻指"青蟹"。

（2）不同地区的同一个行业或群体用同一个词语指称不同的事物。如"光子"，华北地区犯罪团伙用来指称"眼睛"或"眼镜"，东北地区犯罪团伙则用来指称"玻璃"。又如"里怀"，北京盗窃团伙用来指称"内衣的上兜"，东北盗窃团伙则用来指称"内衣的下兜"。

（3）不同时期的同一个行业或群体用同一个词语指称不同的事物。这种情形虽有，但比较少见，因为同一个行业或群体所使用的隐语往往有着极强的继承性，一般不会随着时间的流逝而发生变化。如"白扇"，旧时北方的盗窃团伙用来指"盗匪中的参谋"，现在东北盗窃团伙则用来指"白天入室盗窃"。又如"吃尿泡饭"，旧时四川黑道用来指"警察敲诈妓女、嫖客的钱财"，现在四川黑道则用来指"将内地女子拐卖到沿海地区卖淫"。

（4）同一个地区的同一个行业或群体用同一个词语指称不同的事物。如"吃二馍"，旧时河南戏曲界既用来指"戏班分账以后，将剩余的钱给照顾对象"，也用来指"配角演员之所得"。又如"叉抹"，黑龙江犯罪团伙既用来指"吸鸦片"，也用来指"扎吗啡"。

当然也存在几个义项之间存在密切联系的现象。如"白钱"，旧时北京江湖诸行用来指"贼"，现在北京犯罪团伙用来指"扒窃"。又如"尖嘴子"，旧时东北地区江湖卖艺行用来指称"鸡"，现在东北犯罪团伙指称"妓女"。再如"污兰"，旧时东北土匪用来指"对同伙撒谎"，现在东北犯罪团伙则用来指"同伙私下隐瞒盗窃的钱财"。

凡此种种，均造成了隐语中出人意料地居然有那么可观的三义及三义以上的词语。

表 2

	单义词	双义词	三义词	四义词	五义词	六义词	七义词	八义词	八义以上词
数量	10221	731	162	59	38	14	11	12	14
百分率/%	99.74	6.5	1.44	0.52	0.34	0.12	0.1	0.1	0.12
例词	小妹、打虎、虎穴、明闯	轮子、二哥、三尺、打店	爬山、利市、沙子、青儿	青龙、披子、盘子、清水	招风、光子、球子、硬货	利、黄、圈子、溜	敲、龙、溜子、龙头、柴	条、张、码子、土、马	青、大、才、寸、王、中、长、月、水、汪、条子

从词语的内部结构来看，隐语的内部结构有以下四种情形：（1）由两个或两个以上语素合成而构成的词语，这类词语最多，占了将近92％。（2）由一个语素构成的单纯词，这类词相对较少，只占不到8％，其中尤以单音节单纯词为主体，竟占了该类词的99％；其他单纯词则极少，我们只发现了9个叠音词，[1] 5个连绵词，1个音译外来词，1个拟声词。（3）由一个或几个词与动态助词"了"构成的"了"字结构。这类词语很少，每1000个隐语词语中只有5个，对隐语的基本结构特征的归纳起不到什么作用。（4）由几个词与结构助词"的"构成的"的"字结构。这类词语极少，每1000个隐语词语中才只有两个半，对隐语的基本结构特征的归纳也同样不起什么作用（详见表3）。此外，还有2个带"着"的结构（砍着、漂着）和2个带"啦"的结构（叠啦、查啦）。

---

[1] 隐语中的叠音词同重叠式合成词有时颇难分辨，因为隐语本身表义隐晦，有时从字面很难断定某个构成成分是具备义的语素还是只具备音而不表义的非语素。我们只能以整个隐语词汇作为确认的参考：如果重叠成分中单个的字直接同整个词义相关，或者在意义基本不变的情况下，可单用，可构词，那就处理为重叠式合成词；如果重叠成分中单个的字同整个词义无关，而且不可单用或构词，或者单用、构词时意义完全改变了，那就处理为叠音词。试举两例，表"亲属"的"区区"和表"公章"的"托托"，按上述办法我们处理为叠音词；表"面孔"的"盘盘"和"手表"的"砣砣"，我们按上述办法处理为重叠式合成词。当然，这种处理方式是否合理还可以进一步讨论，好在这类词总共才43个（按："哼哼"一词重复收了，见《词典》第324页和第359页），不管怎么处理均不会影响整体结论。

表3

	单纯词	合成词语	"了"字结构	"的"字结构
数量	829	10347	56	29
百分率/%	7.63	91.88	0.5	0.26
例词	工、井、利、蛤蟆、葡萄、鸳鸯、咔嚓、山山、宛宛	扫雷、响点、盼公、点背、波斯猫、泡菜坛子、老干、阿条	处了、包了、肘了、明了、过火了、翅儿了、杀醒了、找出来了、坐死了、挣着了	外口来的、卖大力丸的、逼柳琴的、喊声儿的、跑道边的、新起来的、敲托的

在由几个语素构成的合成词语中,通过词根复合形式构成的词语是最多的,约占所有合成词语的将近90%;其次是通过词根和词缀"老、子、儿、头"等组合而成的附加式合成词,约占所有合成词语的10%;最少的是重叠式合成词,每1000个隐语中只有3个是采用这种方式构词的(详见表4)。

表4

	复合形式	重叠式	附加式
数量	9279	31	1037
百分率/%	89.68	0.3	10.02
例词	人式旺、人根、土线、下地狱、大圣、罪不非、大透明、上道蜜、开档、天鹅下蛋、元宝	马马、匹匹、划划、会会、问问、好好、苍苍、串串、条条、快快、拍拍、盲盲、洗洗、哼哼	老方、老孔、夷子、咯光子、蚂蚱子、水梳子、点儿、累累儿、滚滚儿、咯咯儿、托数儿、判头

下面,让我们关注这9279个通过词根复合形式构成的词语的内部结构状况。

在通过词根复合形式构成的词语中,内部结构为偏正关系的词语最为常见,占了总数的一半多;其次为动宾关系的词语,又占了总数的1/3;两项加起来,竟占了总数的将近90%(详见表5)。

我们在讨论现代汉语口语词与书面语词的差异时,对口语词与书面语词的内部结构也做过一个类似的统计,结果是口语词中以偏正式和动宾式最为常见,前者占了45%,后者占了21%,而书面语词中则以联合式和偏正式最为常见,前者占了47%,后者占了32%。[1]我们还对方言词的内部结构做过一个类似的统计,结果也是以偏正式和动宾式最为常见,前者占了52%,后者占了28%。[2]可见,隐语词,从内部结构情况来看,较接近于口语词,而且与口语色彩明显的方言词的情况极其类似。个中缘由,不说也很清楚:隐语的创造和使用者均是文化水平极低的一拨人,不少还是文盲;而且,隐语主要是应用于口头交际领域。

当然也还是存在差异:方言词中,联合式居第三位,补充式、主谓式极少,分别只占1%;口语词中情形相似,补充式、主谓式最少,分别占1%;而隐语中,居第三位的是主谓关系的词语,补充关系、联合关系极少,分别只占2%和1.5%。为什么会产生这样的差异呢?我们以为,主要是词和语的差异在内部结构上的反映:口语词、方言词均为词,词以双音节为主,主谓式很难有所作为,联合式倒是可以一展身手;而隐语有相当一部分是三音节或三音节以上的固定短语,主谓结构可以一展身手,而联合结构则由于其结构的松散性倒是很难有所作为。

表5

	联合关系	偏正关系	动宾关系	补充关系	主谓关系
数量	132	4708	3591	214	634
百分率/%	1.42	50.74	38.7	2.31	6.83
例词	失欠、丘八、白灰、耳目、划擦、半春半柳	丽马、浪飞、兰海、坐虎、地里怀运动	找窑、抄海、抓皮、抛点、兰围圈、纳细	甩起、翻倒、托约、放倒、扯出来、丢开、抓不住	兰干、皮厚、穴荒、仙人跳、白七通、半边俏、尖嘴子放气

在调查中,我们还发现,隐语中异名同指的现象极为普遍,如指称"行骗时的助手"的至少有"漂点的""敲托的""敲买卖的"等,指称"小流氓"的至少有"小泡儿""小晃儿"等,指称"小扒手"的至少有"小弟""小鬼""小佛爷""小皮子"等,指称"白天入室盗窃"的至少有"闯子钱""白扇"等,指称"女人乳房"的至少有"尖山""吞子""球子""气老儿"等,指称"用色相引诱他人,从而敲诈钱财"的至少有

---

[1] 曹炜.现代汉语口语词和书面语词的差异初探[J].语言教学与研究,2003(6):39-44.
[2] 曹炜.现代汉语方言词的基本特征初探[J].语文建设通讯,2003(75).

"扭发条""仙人跳"等,指称"乞丐"的至少有"靠扇""靠死扇的""逼柳琴的"等。最多的是指称"女流氓""玩弄女性""发生两性关系"的异名同指隐语,举不胜举,如以指称"女流氓"的为例,至少有"小妹""小偏""小扔""画儿""马儿""花儿""马子""马马""皮蛋""肉包""老梭""老蜜""梭叶子""雀子""野妓""圈子""女飞飞""女晃儿""嘲嘲"等,这还远不是《词典》中的全部。造成这种现象的主要原因是目前我们所看到的隐语是处于不同时期、不同群体、不同地区的人员创造并使用的,是不同层面的隐语。

四

隐语中的一部分,日长月久会渐渐地为圈外人所熟知,于是先在某一个地区流行开来,成为地区通语,尔后随着使用的逐渐普及而进入普通话词汇中,成为其中的一员,这便是隐语的全民化现象。这种现象每时每刻都在我们身边发生着,只是我们不注意罢了。如"穴头"原来是旧时北京江湖诸行使用的隐语,指的是"曲艺班子的组织者",如今常见诸报刊影视媒体,专指那些私自招募演员在外面搭班演出以赚钱的经营者。又如"山(上)"原来是犯罪团伙使用的隐语,指的是"监狱或看守所",现在也已成了家喻户晓的词了,说某某是"山上下来的"或"上过山的",谁都知道是什么意思。又如"白日闯",原来是旧时南方地区的盗窃团伙使用的隐语,指的是"白天撬门盗窃",20世纪90年代以来,随着白天撬门盗窃活动在全国各地的日益猖獗以及各地公安部门一波接着一波的严打声势,新闻媒体连篇累牍、不分昼夜地报道警告,如今早已成为全民性的词汇了,随着这种盗窃活动的增多,这个词估计很快就会成为现代汉语基本词汇成员。如果说,早期的部分隐语如"挂彩(负伤流血)、撑腰(支持)、反水(叛变)"等的全民化尚依赖于文学作品的传播的话,那么,新时期以来随着文学作品影响的不断减弱,隐语的全民化则同媒体的报道有着直接、密切的联系,而且会越来越依赖于媒体。比如,一些令人震惊的大案、要案的内幕的彻底披露和深入报道,往往会使一些隐语词汇一夜走红。随着舆论监督的不断强化,民众知情权的不断得到尊重和保障,相信会有越来越多的隐语词汇进入到普通话词汇中来。

(本文原载《学术月刊》2005年第4期)

兼容　贯通　务实　创新
——略论廖序东先生的语法研究理念和语法研究风格

王建军

一、引言

廖序东先生寿登九秩，毕生潜心学问、砥砺不辍，学术活动持久而不衰，号称中国语言学界的常青树。从1941年在《国语周刊》上发表《国文诵读问题》一文起始，直至2006年12月生命终结，先生的学术活动跨越两个世纪，长达65年[1]。六十多年来，先生秉承优良学术传统，勉力进取，开拓创新，不断攀登一座又一座语学高峰，汗水沥沥，硕果累累，在中国现当代语言学史上谱写了绚丽多彩的篇章。

先生一生敏学覃思，广阅博览，学术胸襟博大而舒展。就荦荦大者而言，先生涉猎的主要研究领域有以下六块：方言研究、教学语法研究、楚辞语言研究、《马氏文通》研究、语言学名著的评介与翻译、汉字研究等。梳理和浏览上述六个方面，不难发现，除方言研究和汉字研究外，其他四个方面都是围绕语法这个主板块展开的："教学语法研究"的关注点是语法研究和语法教学的结合问题，"楚辞语言研究"的侧重点是楚辞的词类和句法现象，"《马氏文通》研究"的聚焦点是汉语语法学的继承和创新问题，"语言学名著的评介与翻译"的抉发点则是中国现代语法学的理论借鉴之源——《语法哲学》。

可以说，语法研究几乎贯穿先生的整个学术生涯，堪称其学术研究的重中之重，用力之勤、涉足之广、建树之多、影响之深，足以令后人叹服。先生之所以能在徐州师范学院（现已更名为"江苏师范大学"）这块并不高大的学术平台上确立起全国性的学术声誉，在很大程度应该归功于他坚

---

[1] 即使在"文革"岁月中，先生仍坚持研读并抄写《马氏文通》，留有抄本四册。

持不懈且终其一生的语法研究。毫无疑问，语法研究是先生学术生涯的稳固基石和不竭源泉。

作为一代语法研究大家，先生踔厉奋发，积六十年研究之功力，以宽阔的研究视野和独特的研究风格卓立于当代语法研究家之林。所思所行值得后学大费笔墨，穷诘深究。囿于篇幅，本文在此仅对先生的语法研究观念和语法研究风格略加爬梳，撷拾一二，以飨读者诸君。

二、语法研究理念：开放包容，不落窠臼

学术理念又称学术观念，是一个学者所秉持的学术思想、学术原则、学术立场和学术逻辑，本质上属于理论与方法论的范畴。对一个学者而言，学术理念不仅主导其学术方向，而且往往决定其学术成就。英国皇家学会会长、著名物理学家约瑟夫·约翰·汤姆逊曾经说过："在能够对科学做出贡献的所有因素中，观念的冲破是最伟大的。"[1] 先生尽管是在传统语法研究观的氛围中成长起来的，但他始终不设藩篱，不搞禁区，一直与时俱进、常做常新，充分体现出"开放包容、不落窠臼"的科学精神。在先生的诸多语法研究理念中，以下两点值得大书特书：

其一是中西兼容。先生是一个开放性的学者，虽毕生以汉语言文字学为务，但绝不偏执一隅。他既注重汲取国内语言研究的优良传统，又善于吸收国外先进的理论和方法。

《马氏文通》是本土汉语语法学的开山之作，但因其自身有模仿痕迹而颇受非议，20世纪八九十年代更是遭到一股致命旋风的冲击。先生不为所动，始终力挺《马氏文通》的学术价值和历史地位。从1984年9月开始，先生即将"研读《马氏文通》"作为历届研究生的专业必修课并且亲力授课，坚持了20年之久，为徐州师范学院乃至全国培养了一代又一代的学术新人。如此做法、如此成效在全国高校中恐怕属于绝无仅有之例。先生不仅是《马氏文通》的热心传播者，也是《马氏文通》的资深研究者。他在《马氏文通》问世百年之际撰写的论文《〈马氏文通〉所揭示的古汉语语法规律》和《〈马氏文通〉所采用的研究方法》分别被《中国语文》和《语言研究》全文刊载，好评如潮。除此而外，他还大力扶掖蒋文野、邵霭吉等学者开展相关研究，终于使江苏语言学界成了《马氏文通》研究的一块

---

[1] 王直华．科学：无言大美摄魂震魄[N]．科学时报，2005-06-28．

兼容 贯通 务实 创新
——略论廖序东先生的语法研究理念和语法研究风格

高地。

在先生精心编著、一再修订的《汉语语言学书目答问》（初名《语言学书目举要》）之中，西方学者的语法著作始终占据一席之地，如［苏］库兹涅错夫的《语法·语言的语法构造》、［英］弗·帕默的《语法》、［美］诺姆·乔姆斯基的《句法结构》和《句法理论的若干问题》、［美］菲尔墨的《"格"变》以及［丹麦］奥托·叶斯柏森的《语法哲学》等。这些著作各领风骚，极大地开阔了众多学子的视野。

特别值得一提的是叶斯柏森的《语法哲学》。这部被西方语言学界奉为经典的语法巨著曾经在20世纪三四十年代对我国语法学界产生过深远的影响，并且直接催生了汉语语法学的两大革新成果：吕叔湘先生的《中国文法要略》和王力先生的《中国现代语法》。为了深刻揭示叶斯柏森对汉语语法学的影响度和渗透力，先生亲自担纲组织人马进行原著的翻译，历尽磨难，费尽周折，终于啃下了这块当年社科院语言所未能啃下的硬骨头。《语法哲学》的成功翻译与出版不仅使国内的学者有缘领略叶斯柏森在语法系统论、语法研究法和语法教学观方面的杰出贡献，也澄清了汉语语法学史上的一桩公案，可谓居功至伟。

先生不仅积极引介国外的语法研究理论，也主动吸纳西方有效的语法分析法。他和张拱贵先生共同修订完善的"加线法"就适当借鉴了结构主义层次分析法的合理要素，使传统的句子分析法获得了新生。

其二是古今贯通。论及先生的汉语语法研究领域，大概是很难用古代、现代来设限或定性的。在这方面，先生是当之无愧的通家，既对古代语法有精深的了解，又对现代语法有透彻的把握，并且均有力作问世，孰轻孰重，简直难分伯仲。

在现代汉语语法研究方面，先生是当仁不让的先锋人物。早在黄廖本《现代汉语》教材通行之前，由先生领衔撰写的《语法基础知识》就已在全国风行开来。这本由江苏人民出版社推出的语法著作问世于"文革"结束不久的1979年7月，可以说是在语法研究的一片荒漠中诞生的，几乎与吕叔湘先生1979年6月出版的《汉语语法分析问题》相伴而行。此二书一为语法研究的普及版，一为语法研究的提高版，彼此相得益彰，并领新时期语法风气之先。50万册的发行量足见其书在学术界和教育界的影响。当时有不少学子就是靠这部书的引领走上了语言研究乃至语法研究之途的。令人欣喜的是，在高等教育出版社于2015年2月推出的《廖序东未刊著作三种》之中，让人期盼已久的《现代汉语语法》赫然在目。此书兼有普及与提高之效，初稿成于1964年，之后多次修订，代表了先生在现代汉语语法领域的最高成就。尽管刊行偏晚，但在宏观研究和微观研究两个层面上依然有不少启迪后学之处。

先生在古汉语语法研究界的成就与声誉丝毫不逊色于现代汉语语法研究。他在该领域的两部力作《文言语法分析》和《楚辞语法研究》一直为学界所推重。《文言语法分析》显然属于文言语法普及之作，由上编"文言语法概要"和下编"文言语法分析举例"构成。精要的理论阐述加详尽的实例分析使得读者受益匪浅。本书对二十二篇文言文所作的通篇逐句分析不留任何语法分析死角，显示了传统语法分析的强大威力。《楚辞语法研究》属于上古专书语法研究的典范之作，研究难度之大与学术价值之高均非同凡响。书中收录的十篇论文中除一篇讨论屈赋人称代词、一篇讨论《离骚》文例之外，其余八篇均以楚辞的特定句式（如"之"字句）和特定句类（如疑问句）为考察对象。上述句式和句类集中反映出楚辞句法的本质特征，历来是楚辞研究中的疑难所在。先生的研究多有新发，为今人正确解读楚辞语言、精准把握人物情感提供了绝佳利器。

古今贯通使得先生在汉语语法研究中始终能左右逢源，应付裕如。与现代汉语语法学者相比，他具有历史的视野，不会游谈无根；与古代汉语语法学者相比，他拥有现代的眼光，不会株守成说。可以毫不夸张地说，看似隔着一条鸿沟的古今语法研究在先生那里实现了无缝对接。

三、语法研究风格：洞幽发微，务实创新

研究风格又称学术风格，是学者在治学态度和治学方法等方面所体现出来的独特个性和鲜明特色。学术风格由学者在长期的学术研究过程中逐步修炼而成，最能反映学者的本真状态。凡和先生有过交集的人，大概都不会否认先生是中国语言学界一位风格卓著的学人。无论在古今语法研究的哪个领域，先生都秉承一贯的务实之风，不走偏锋，不倡臆说，尤其擅长在洞幽发微中提出令人叹服的新说。在先生漫长语法研究实践中，以下三点最能体现他的平实之风。

第一，材料详审，论据翔实。在语法研究中，先生自始至终倡导："少谈体系，多讲规律。"他的语法研究从来不作空泛之论，非常注重材料的搜集与挖掘。一切从材料出发，惟材料为上，力求在研究中杜绝任何假想成分。他的每种语法论著都拥有丰富的语言实例，每个结论都建立在可靠的

语料基础之上。例如,《金文中的同义并列复合词》《金文中的同义并列复合词续考》二文共考证了金文的同义并列复合词 116 个,计有名词 22 例、动词 63 例、形容词 28 例、代词 2 例、介词 1 例,旁征博引,基本囊括了金文中的同类现象以及与之相关的各类文献。整个研究既有语义考释,又有功能分析,很能揭示汉语词汇双音化的早期趋势。最能体现先生这一研究特色的是其《〈天问〉的疑问词和疑问句》一文。众所周知,《天问》是屈赋中最出彩也最难懂的名篇,注家云集,众说纷纭。先生不避繁难,对文中呈现的 172 个问句逐一解析,并对其中的疑问词进行了穷尽考察。文中随处可见各种统计数据:"它们(指疑问词——引者注)出现的频率是谁 8,孰 9,焉 13,安 13,何 120,胡 4,几 2,何如 1,云何 1,几何 1。"[1] "全诗计有 376 句:以一句之字数言,则以四言为最多,289 句;五言、三言次之,分别为 5 句、20 句;六言又次之,15 句;七言仅一句。"[2]

第二,分析细致,立论公允。先生特别擅长材料分析,往往能够在条分缕析中发前人之所未发,做到既创见迭出、又持论公允。同样是在《〈天问〉的疑问词和疑问句》一文中,他对所有疑问词的用法都作了穷尽考察与分析,文中列出的三张数据统计表清晰地显示出这些词在意义、成分、句式方面的使用频次,彼此之异同也一目了然。论文的精细之处由对疑问词"何"的描写说明中可见一斑:"疑问词'何'用了 120 次,平均四个疑问句中就有三个'何'字句。但'何'字句的功能表现在多方面。就表达内容说,可问人、问事物、问处所、问性状、类属,问原因、方法。就作句子成分说,可作主语、宾语、谓语、定语、状语。就所处的疑问句式说,有一句一问的;有两句一问的,处于上句或下句;有四句一问的,处在第三句;也有处在第一句的。"[3] 通过对《天问》疑问词和疑问句的全面考察,先生完满地解开了人们对文中连篇累牍的问句"不厌其多,但觉其妙"(清儒徐焕龙语)的奥秘:"同中有异,整齐中有变化,句法参差错落与诗人所问内容以及伴随情感的波澜起伏协调一致。"[4] 针对学界有关《离骚》笔法的种种说辞,先生没有遽下断语,而是从分句、上下句和解(类似拥有一个中心意思的复句单位)等三个层次对《离骚》的句法进行了全面考

---

[1] 廖序东.楚辞语法研究[M].北京:商务印书馆,2006:202.

[2] 廖序东.楚辞语法研究[M].北京:商务印书馆,2006:237.

[3] 廖序东.楚辞语法研究[M].北京:商务印书馆,2006:237.

[4] 廖序东.楚辞语法研究[M].北京:商务印书馆,2006:236.

察,最后得出结论:"《离骚》的句法是诗的句法与散文的句法的结合。"[1]

第三,结合教学,注重实用。先生从来不是一个纯粹的书斋学者,也不专做"高大上"的学问。作为一名以教书育人为己任的教育工作者,他念念不忘教师本色,长年亲临教学一线,对基础教育更是情有独钟。正因如此,先生特别注重学术研究与课堂教学之间的衔接,特别注重语法研究和语法教学之间的整合。在先生所有的语法研究成果之中,与语法教学有关的论述几乎占据了半壁江山。在这些论述之中,有关句子分析法的探讨又稳居上风。从1955年问世的《文章的语法分析》(与张拱贵先生合著)到1981年出版的《文言文语法分析》,从1958年发表的《复句的分析》到2004年刊布的《再论句子结构的分析法》,句子分析法始终盘踞在先生的心头,成为挥之不去的学术情结。他之所以长期醉心于句子分析法,目的就是为了服务语法教学,进而提高语法研究的实用性。在这一方面,身为大学者的先生时常会放低身段,率先垂范,做一些看似不登大雅之堂其实大有裨益的小文章。他的《〈在马克思墓前的讲话〉中一个长句的分析》和《结合修辞讲语法一例》这两篇精悍的短文就向世人昭示了语法研究的实用价值。值得一提的是,在数十年的语法教学生涯中,先生对"中学教学语法系统"倾力尤多,不仅著文重点推介,并且勉力四处宣讲,可谓功莫大焉。华东片区的师范院校中几乎都留下了先生当年奔波布道的足迹。

四、结语

在深切缅怀老一代语法学人的学术伟绩、深刻体会他们的研究理念和学术风格之余,我们很难不联想到当下的语法研究状况。应该承认,与以往的语法研究相比,当下的语法研究在广度和深度上都取得了前所未有的突破,国际化程度不断提升。从功能语法到认知语法,从语法化理论到构式语法理论,汉语语法研究一直在不断转型、不断出新,不可谓不热烈繁盛。但是,在一切归于平静之后,我们也许会蓦然发现,汉语语法学似乎还没有跳出吕叔湘先生当年所划定的一个怪圈:"中国没有系统的语法论著,也就没有系统的语法理论,所有理论都是外来的。外国的理论在那儿

---

[1] 廖序东. 楚辞语法研究 [M]. 北京:商务印书馆,2006:114.

翻新，咱们也就跟着转。"[1] 在普遍语法观日趋流行、语法研究国际化程度日益加剧的形势下，如何发展并凸显汉语语法学的自我特色依然在拷问着当下及未来的汉语语法学界。在此，我们不妨再次咂摸、回味先生当年的一段教导：

"我们从事语法研究的人都要把精力放在探索汉语的语法规律方面，只有这样，我们的研究工作才能不断地取得新的进展。"[2]

---

[1] 吕叔湘.《中国语法学史稿》原版吕序 [M] //龚千炎. 中国语法学史稿. 北京：语文出版社，1997：原版吕序1.

[2] 廖序东. 廖序东语言学论文集 [M]. 北京：商务印书馆，2004：208.

从拔齿习俗看精组字的上古音值

高永奇

一、引言

精组字在上古的音值，自高本汉在其《汉字和汉日分析字典》中拟为［ts］（精）、［ts'］（清）、［dz'］（从）、［s］（心）、［dz］（邪）之后，多数学者对其塞擦音、擦音的性质没有太多怀疑。如林端认为，"古代汉语和现代汉语都有塞擦音声母。精清从是塞擦音声母，心、邪是摩擦音声母。"[1] 只是后来一些学者对具体的音值提出一些不同看法。如董同龢在《上古音韵表稿》中将"邪"母拟为［z］，陆志韦《古音说略》、王力《汉语语音史》拟从母为不送气音［dz］，邪母为［z］，李方桂《上古音研究》无邪母，认为中古的邪母是从他所拟的"r"母中腭化音演变而来。[2]

也有一些学者提出"精"组字上古为其他类型的音。包拟古将精组上古拟为＊st-系列复辅音。[3] 金理新通过对汉藏对音和谐声关系的分析，将精组字的上古音拟为："上古汉语 tl>ts-精组一等，tr>tʃ-庄组二等和三等，＊stl-、＊str>tsj-精组三等。"[4]

我们通过对比汉语方言和民族语言的情况，发现有许多语言中没有 ts-、tsh-一类的塞擦音，就是在一些汉语方言中，其音值也不全是 ts-、tsh-。再联系考古学和历史学的成果，对精组字在上古音值，提出我们的看法。

---

[1] 林端. 日语汉字音读研究［M］. 乌鲁木齐：新疆人民出版社，2003：109.

[2] 马文熙，张归璧. 古汉语知识详解辞典［M］. 北京：中华书局，1996：323.

[3] ［美］包拟古. 原始汉语与汉藏语［M］. 潘悟云，冯蒸，译. 北京：中华书局，1995.

[4] 金理新，张小萍. 精组的上古读音构拟［J］. 温州师范学院学报：哲学社会科学版，2000（4）：15-21.

二、拔齿习俗及其地域分布

（一）拔齿习俗的意义

拔齿，也称"凿齿""拔牙""断齿"等，"是在一些古代或现代居民中，基于某种历史形成的信念或动机，将一定部位健康生长的牙齿人为拔除"的一种风俗。[1] 关于拔牙或凿牙的意义，目前学术界认识不一。日本学者春成秀认为，拔牙主要表示三种意义：一是成人拔牙，表示加入成人行列；二是婚姻拔牙，表示获得成婚资格；三是服丧拔牙，表示近亲死亡。还有学者认为，拔牙为爱美。也有说拔牙风俗的形成可能是除病防病：《新唐书·南蛮传》所述"乌武僚，地多瘴毒（泛指恶性疟疾），中者不能饮药，故自凿齿"。

我国文献中最早记载这一风俗的是《山海经》："羿与凿齿战于寿华之野，羿射杀之。在昆仑墟东，羿持弓矢，凿齿持盾，一曰戈。"羿和凿齿都是传说中的氏族名称，"凿齿"，显然是奉行拔牙习俗的古代居民。[2]

（二）东夷人的拔齿习俗

从大汶口文化遗址和龙山文化遗址中，东夷人拔齿习俗的材料相当丰富。

"从人骨上已经鉴别明确存在的拔牙风俗的新石器时代遗址，发现最早也最多见于山东—苏北一带。""有山东泰安大汶口、曲阜西夏侯、兖州王因、邹县三里河及苏北的邳县大墩子等遗址。""还有常州圩墩、上海崧泽、福建闽侯县石山，直到珠江三角洲的广东佛山河宕和增城金兰寺等遗址。在汉水流域的河南淅川、湖北房县七里河两处新石器时代墓葬中也发现此俗。据说河南安阳殷墟也有一例拔牙标本发现。"（见图1）[3]

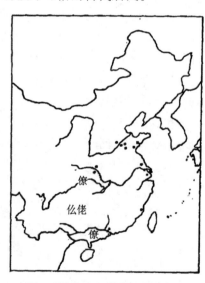

图1 考古出土拔齿遗址分布图

---

[1] 韩康信，潘其风. 我国拔牙风俗的源流及其意义 [J]. 考古, 1981 (1): 64-77.
[2] 韩康信，潘其风. 我国拔牙风俗的源流及其意义 [J]. 考古, 1981 (1): 64-77.
[3] 韩康信，潘其风. 我国拔牙风俗的源流及其意义 [J]. 考古, 1981 (1): 64-77.

东夷人拔齿习俗的特点有：

（1）"中国境内新石器时代居民除了个别遗址外，拔牙齿种都相当严格地限定在上颌犬齿以前的三种齿种（中、侧门齿和犬齿）。几乎不涉及前臼齿以后的牙齿和下颌的任何齿种。""左右对称拔除的占绝对多数。"[1]

（2）"除胶县三里河大汶口文化居民拔齿年龄超过30岁外，余者全部在12~25岁之间的一段时间内进行。"[2]

（3）男女性别上，基本没有太大的差别。拔牙率都在60%以上。

从时间上看，拔齿习俗最早出现于公元前5000年左右的山东北辛文化中期，盛行于山东—苏北的大汶口文化（公元前4500—前2500年）。台湾地区发现的拔牙遗存的时代是：台北的圆山遗址，年代为公元前2200—前150年。台东的卑南墓群，卑南文化的年代为公元前2700—前700年），澎湖列岛的锁港遗址。锁港遗址的年代约为公元前2000年。也就是说，最早在公元前四五千年前已经有拔牙风俗，并且持续了两千余年。

在西南地区的一些民族中和台湾高山族中，这一风俗甚至持续到近现代。[3]

（三）我国记载的有关拔齿的民族

在我国古代文献中记载的有关拔齿的民族，有南方和西南地区的僚、濮、仡佬。[4]《博物志》云："僚妇生子既长。皆拔去上齿各一，以为身饰"。《黔书》云："女子将嫁，必折其二齿，恐妨害夫家也。"《炎徼纪闻》云："父母死，则子、妇各折其二齿投棺中，以赠永诀。"《太平寰宇记》载："川西南夷僚生子，长则拔去上齿加犬齿各一，以为华饰。"《旧唐书·南蛮传》载，三濮"在云南徼外千五百里，有文面濮，镂面，以青涅之；赤品濮，裸身而折齿。"朱辅《溪蛮丛笑》一书载，仡佬族"妻女年十五六，敲去右边上一齿。以竹围五寸长三寸，裹锡，穿之两耳，名筒环。"

（四）我国台湾的拔齿风俗

在我国台湾的古代居民中，也盛行拔齿的习俗。

三国时吴国沈莹所著《临海水土志》，其中描述了台湾当地居民所具有的楼居、崖葬、猎首、凿齿等习俗。"女以嫁，皆缺去前上一齿。"[5] 台湾

---

[1] 韩康信，潘其风．我国拔牙风俗的源流及其意义 [J]．考古，1981（1）：64-77．

[2] 逄振镐．东夷文化史 [M]．北京：中国社会科学出版社，1995：264．

[3] 杨国才，龚友德．少数民族生活方式 [M]．兰州：甘肃科学技术出版社，1990：80．另见：王育民，等．中国国情概览 [M]．长春：吉林人民出版社，1991：103．

[4] 黄现璠，黄增庆，张一民．壮族通史 [M]．南宁：广西民族出版社，1998．

[5] 徐鲁航，薛军力．台湾文化的形成与特点 [J]．汕头大学学报：人文社会科学版，2006（4）：42-46．

史前居民的拔牙习俗,即见于考古证据,又有许多文献记载。[1]

关于古代台湾凿齿的来源,不少学者认为源于东夷。如张崇根认为:台湾世居少数民族与古代东夷人有着较多相同的文化特质,可能主要来自东夷。[2] 其中证据之一,便是都有拔牙习俗。

(五)拔齿习俗的流传方向

同样,拔齿习俗,在日本史前时代(从绳文时代到弥生时代)也曾经一度盛行过,这点可以从大正以来尤其是近年来考古发掘出土的大量人骨标本中得到充分的证实。[3] 韩康信、中桥孝博在《中国和日本古代仪式拔牙的比较研究》一文中,详细比较分析了两国历史上的拔齿习俗,并对中国拔牙风俗流传方向进行了推测。(见图2[4])

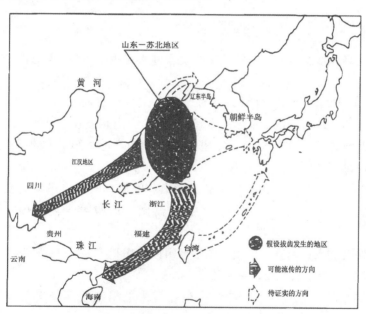

图2 假设拔齿地理扩展方向示意图

从图2中可以看出,在中国大陆拔齿习俗从山东—苏北地区首先开始,

---

[1] [吴]沈莹撰,张崇根辑注. 临海水土志 [M]. 北京:中央民族大学出版社,1998. 另见:张崇根. 再论夷洲即今之台湾 [J]. 国家航海:第二辑,2012(1):136-149.

[2] 张崇根. 台湾世居少数民族源于东夷说述论 [J]. 黑龙江民族丛刊,2009(2):78-90.

[3] 肖平,徐冰. 日本史前时代的拔齿习俗 [J]. 外国问题研究,1993(4):53-56.

[4] 韩康信,[日]中桥孝博. 中国和日本古代仪式拔牙的比较研究 [J]. 考古学报,1998(3):289-306.

然后这一地区逐步消失，该习俗向其他地区传播。我国的东南沿海地区、西南地区先后都存在着拔牙习俗。

（六）拔齿习俗对齿音的影响

从发音角度看，塞擦音 ts-、tsh-和擦音 s-一类音，是舌尖与上齿背堵塞形成缝隙而发出的音。当人们失去部分门牙的时候，这些音的音值就会发生改变。发音时可能采取的相应措施便会有：其一是将舌尖前移，形成齿龈舌头之间的类似 tθ-、tθh-、θ-之类的塞擦音和塞音；其二是将舌尖后移，形成舌尖跟齿龈之间的音，而这个部位的音不容易形成舌尖塞擦音，更容易发成 t-、th-等塞音；其三是形成舌叶的塞擦音和擦音 tʃ-、tʃh-和 ʃ-。

三、汉语方言中的精组字读音

今天有许多汉语方言的精组字的发音并不是 ts-、ts'-一类的舌齿塞擦音或擦音。

（一）山东一带方言中精组字的读音

山东不少地方的精组都读作齿间音。如："山东安丘、日照、临朐、齐河等县都没有舌尖前音 z、c、s，把普通话中的声母 z、c、s 的字都念成齿间音作声母。"[1]

"东潍片的平度、高密、胶县、崂山、即墨、胶南、诸城、五莲、安丘、临朐、沂源、沂水、蒙阴、莒县、莒南、日照等今读［tθ-、tθ'-、θ-］，如'祖'［tθu］'粗'［tθ'u］'苏'［θu］等。"[2]

河北省衡水、南宫、广崇、邱县精组读［tθ］。[3]

（二）南方方言中精组字的读音

首先，在汉语南方方言中，广东方言中的精组字声母常常发成其他的音。

李新魁在《广东的方言》中描写了吴川话的语音特点："吴川话声母的另一个重要特点，就是中古的精组声母字在本方言中念为［t］和［t'］。"[4]

---

[1] 高更生，谭德姿，王立廷．现代汉语资料分题选编［M］．济南：山东教育出版社，1983：133.

[2] 钱曾怡．汉语方言研究的方法与实践［M］．北京：商务印书馆，2002：142.

[3] 钱曾怡．汉语方言研究的方法与实践［M］．北京：商务印书馆，2002：261.

[4] 李新魁．广东的方言［M］．广州：广东人民出版社，1994：127.

他同时指出,"粤语中中古时期的精组、章组、庄组声母都读为舌叶音[tʃ]组,三者混同。精组声母就粤语大部分地区来说,没有什么特殊的变化,只是心母字有一些在该方言中念为塞擦音[tʃ](如僧、伺等)和[tʃ'](如栖鞘赐赛速等)。另外,全浊声母邪钮的演变规律与普通话不大一样,后者主要是变为清擦音[s],而粤语则多念为[tʃ]……。广东西部以至广西一部分地区如台山、开平、恩平、鹤山、新会、斗门、吴川、化州、玉林、北流、容县、岑溪、藤县、苍梧等地,把精组字念入端组。……广西仫佬语所在的地区罗城、柳城、忻城、宜山与玉林、梧州两个地区相近,仫佬语所借进的粤语词也把精组字念为[t]、[t']等。……精组字念为[t]等,说明两种情况:一是这一特点有很明显的地域性,都在广东西部以至与广西相邻一大片地区,这可能与古代当地聚居的少数民族语——古台语有关,而不是古代汉语的特点。……二是念为[t]组的只是精组字,章、知、庄组字基本上不读为[t]组,这表明在较早期的粤语中,精组与章组字当有区别,其他声母才不会与精组一样念为[t]等。……精组之独入[t]组,当在与知、章、庄组字合流之前。因此,可以推知,这些地区精组字之读入端,其年代很早,起码是在唐、宋之前。"[1]

张敏、周烈婷描写了顺德、南海话的特点,认为:"顺德、南海话在粤东粤语里较为独特的两个特征,即全浊声母今读不送气以及精母字读为塞音,正好也是玉林话以及其他不少勾漏片方言的重要特征。"[2]

范俊军在研究清代《连阳八排风土记》瑶语词表时说:"我们将词表与今连南八排瑶语语音进行对比,结果发现以下现象:以精母字对瑶语舌尖清塞音。……其中明显特征之一是中古精母读如端母。事实上,古精母读如端母,在今客赣方言、五岭汉语土话中仍然可见。"[3]

其次,在广西的汉语方言中,精组字的读音也很特别。谢建猷在《广西汉语方言研究》指出:"中古精组字除了'做'等少数字红瑶平话今读ts-以外,绝大多数字红瑶平话今读t-;清从声母字,除了'在'等个别字

---

[1] 李新魁. 广东的方言[M]. 广州:广东人民出版社,1994:146-148.

[2] 张敏,周烈婷. 勾漏片粤语和平话的纠葛:从玉林话的归属说起[C]//第八届国际粤方言研讨会论文集. 北京:中国社会科学出版社,2003:47.

[3] 范俊军. 清代《连阳八排风土记》瑶语词表研究[J]. 广东社会科学,2006(3):162-168.

今读 ts'-以外，其余字今读 t'-。"[1]

陈小燕在研究贺州话时指出，"古精母字贺州读清塞音 t-，玉林读浊塞音 d-（新派读 t-）。古从、邪母贺州读擦音 θ-（f-），玉林读塞音 t-。古心母字贺州读擦音 θ-（f-），玉林读边音 ɬ-。"[2]

另外，据《连山壮族瑶族自治县志》记载，当地汉语方言声母的特点有："① 古精母字今读 t 声母。如：佐 toe³⁵、租 tu⁵³、组 ty⁵³、载 tɔi⁵⁵；古清声母读 t' 声母。如：彩 t'ɔi⁵⁵、砌 t'ɔi³⁵、此 t'i⁵⁵、次 t'i³⁵。② θ 与 ɖ 是自由变体，县北读 θ，县南读 ɖ。……要源于古心母字，以及部分邪从母字。"[3]

在广西南宁，黎曙光比较了南宁话跟周边其他地区汉语方言的音韵情况。"'卤'南宁白话里读 t'oŋ⁵⁵，玉林白话里读 t'oŋ⁴⁵，桂林平话里读 t'ɔŋ³³，宾阳平话读 t'oŋ³⁴，声母均读舌尖中、送气、清、塞音。'搓'字，南宁白话读 nɔ⁵⁵（又读 tʃ'ɔ⁵⁵），玉林白话读 nɣ⁵⁴（又读 t'ɣ⁵⁴）。"[4]

麦耘介绍了广西八步鹅塘"八都话"的情况。"在口语里，精母字基本上读 t，清母字基本上读 t'，分别同于定母和透母（但精母字与定母字因声调有阴阳之别而不混）。"[5]

第三，湖南的汉语方言中也有精母字声母读为［t-］的。

罗昕如在《湘南土话词汇研究》中也指出："下列土话点中，'子'的读音十分独特：江华涛圩念［ti］，道县仙子脚念［lɛ］、［tɛ］，蚣坝念［lɣ］、［tɣ⁴⁴］，宁远平话念［lə］、［tə］，这些是白读音。……'子'是精母字，有的土话'子'白读［t］声母源于古精母今读［t］的音韵特点。"[6]

第四，在福建方言中，我们看到《武夷山市志》记录的一些当地方言的语音：[7]

古从母字：才 luai²　罪 lui⁴　残 luaiŋ²　贱 liŋ⁵

---

[1] 谢建猷. 广西汉语方言研究［M］. 南宁：广西人民出版社，2007：104.

[2] 陈小燕. 多族群语言的接触与交融：贺州本地话研究［M］. 北京：民族出版社，2007：78.

[3] 连山壮族瑶族自治县志编纂委员会. 连山壮族瑶族自治县志［M］. 北京：生活·读书·新知三联书店，1997：172.

[4] 黎曙光. 南宁市周边地区平话与白话音韵比较研究［M］. 北京：民族出版社，2006：28.

[5] 麦耘. 广西八步鹅塘"八都话"音系［J］. 方言，2008（1）：18-33.

[6] 罗昕如. 湘南土话词汇研究［M］. 北京：中国社会科学出版社，2004：140.

[7] 武夷山市志编纂委员会. 武夷山市志［M］. 北京：中国统计出版社，1994：1089.

古邪母字：寺 lei⁵　　祥 lyɔŋ²　　徐 ləu²　　谢 lia⁵
古定母字：杜 lu⁴　　达 lua⁷　　夺 lui⁷　　团 luaiŋ²
古澄母字：池 lei²　　朝 liu²　　愁 liəu²　　传 lyiŋ²
古崇母字：锄 ləu²　　寨 lai⁵　　栈 laŋ²　　状 lɔŋ⁵
古精母字：早 lau³　　簪 laŋ¹　　饗 liaŋ³

黄谷甘分析了海南闽语的一些特点，指出："海南闽语声母最突出的特点是除了有前带喉塞音的 ʔb、ʔd 外，就是古精组（精、清、从、心、邪），庄组（庄、初、崇、生），章组（章、昌、书、禅）都有舌尖前塞音 t-的读法，关于这个问题的认识，笔者认为'应该是早期汉语方言的特点'，后来进一步认为是'唐宋福佬移民入琼前的秦汉中原移民语言的保留'，更确切地说，是'秦汉时期楚方言移民语言的保留'。"[1]

第五，在江西方言中也有类似情况。

孙宜志在研究江西赣方言的语音时指出："赣方言中的精庄知二组的今读 t、t'，主要与今韵母的洪细、今声母发音方法的特点有关，具体到每个方言点情况有所不同。从地域上看，精庄知二组今读 t、t' 没有确定的成片的地域，北区、南区都有，而且类型多样，似乎应是各地独立的变化。"[2]

总之，在汉语的诸多南方方言中，精组字的声母都有读为塞音或其他非 ts 类塞擦音的现象。

（三）不同学者对南方方言精组字读音的解释

对于这些语音现象，不同学者也都提出了自己的看法。李如龙认为："例如在海南闽语和西片粤语是精清读为 t、t'，在多数赣语和闽北闽语则是清从读为 t'，而透定读为 h，在粤语则没有表现。壮侗诸语言的声母对照表给了我们最大的启发。上文已经提到，壮语没有 ts、ts'，只有 ɬ、θ，没有 s；在布依语和傣语先有了 ts，还没有 ts'，水语的 ts' 只用于汉语借词。可见，壮侗诸语言的舌尖塞擦音是后起的（可能就是受汉语影响而产生的），就产生的顺序说，先有 s，后有 ts，最后才有 ts'。……精组读为 t、t'，麦耘（1997）和辛世彪（2002）也认为是北宋浊音清化之后发生的。他们的重要依据是，从邪和定母清化之后并没有跟其他清化的浊音走，而是继续读为不送气清

---

[1] 黄谷甘. 古精组字闽、琼、粤语读 t-的历史源头与分析 [C] //第五届国际闽方言研讨会论文集. 广州：暨南大学出版社，1999：105-113.

[2] 孙宜志. 江西赣方言语音研究 [M]. 北京：语文出版社，2007：106.

音。这一点和另外的一个问题是相联系的：究竟精清读为 t、t' 和透定读为 h 是壮侗语原生面貌或是从塞擦音 ts、ts' 变过来的。麦耘推测壮侗语的精清母字是从另一个塞擦音 tθ、tθ' 变来的，但是看来在更早的原始壮侗语应该是没有塞擦音，只有 t、t' 的。壮语至今没有 ts、ts'，布依语至今没有 ts'，水语的 ts' 也只用于汉语词的对音，这就是有力的证明。"[1]

李玉在分析平南话里的精组等声母时，认为是受壮语等影响的结果。他说："平南话里，中古精组诸母字的声母发生了不同于汉语各方言的变异：中古'精、从、邪'三母字的声母变擦音 s-，'清'母字的声母变塞音 t'-。""不是平南话自身演变的结果，而是受壮语和粤方言其他次方言的影响而产生的现象。"[2]

四、汉语周边其他相关语言中的 ts-类音

（一）汉藏语系语言中的情况

我们统计了《中国的语言》所记录的我国 120 多种语言，发现在汉藏语系的语言中藏缅语族语言大多有塞擦音 ts-、tsh-一类音。

侗台语族中壮语没有塞擦音。布依语中只有塞擦音 tɕ-，没有 ts-、tsh-类塞擦音。傣语、临高话中都是只有一个塞擦音 ts-。标语、侗语、水语中有 ts-、tsh-两个。仫佬语、毛南语、茶洞语中，除了 ts-、tsh-，还有 tsw-、tshw-、tsj-、tshj-类塞擦音，不过，毛南语中，"舌尖音声母的发音部位不太一致，其中塞音 s、z 的舌位靠前，近似齿间音 [θ] [ð]。"[3] 莫语中没有 ts-、tsh-类塞擦音，"阳凤大利 ts 声母的字不少，tsh 只出现在汉语借词中。"[4] 佯僙话、拉珈语、黎语、村语中也都有这类塞擦音，其中村语中还有舌尖齿间塞擦音 tθ-，而 "s 的发音部位靠后，近似舌面前音 [ɕ]。"[5] 布央语中没有 ts-、tsh-，但是有塞擦音 tɕ-、tɕh-。普标语、拉基语中 ts-、tsh-、tɕ-、tɕh-都有，但 "ts-、tsh-、tɕ-主要出现在汉语借词中。"[6]

许多学者都认为，原始侗台语言中没有塞擦音 ts-、tsh-等。如李锦芳

---

[1] 李如龙. 关于东南方言的"底层"研究 [J]. 民族语文，2005（5）：1-15.

[2] 李玉. 平南话中古精组诸母字的声母变异考 [C] //音史新论——庆祝邵荣芬先生八十寿辰学术论文集. 北京：学苑出版社，2005：344.

[3] 孙宏开，胡增益，黄行. 中国的语言 [M]. 北京：商务印书馆，2007：1255.

[4] 孙宏开，胡增益，黄行. 中国的语言 [M]. 北京：商务印书馆，2007：1275.

[5] 孙宏开，胡增益，黄行. 中国的语言 [M]. 北京：商务印书馆，2007：1357.

[6] 孙宏开，胡增益，黄行. 中国的语言 [M]. 北京：商务印书馆，2007：1429.

说:"侗台语原来是没有塞擦音声母的,现在部分语言产生了少数清塞擦音声母,如临高话有 ts-,部分壮语地区有 tɕ-、tɕh-,但都是从塞音声母发展而来。"苗瑶语族中,布努语没有单独的 ts-、tsh-,但有鼻冠音的 nts-、ntsh-。巴哼语中"ts-、tsh-、z 只出现在汉语借词中。"炯奈语没有单独的 ts-、tsh-、s-,勉语中,"送气的塞音和塞擦音声母,主要用于汉语借词。"[1]

(二) 南岛语系语言中的情况

在南岛语系中,阿美语(阿眉斯语)中没有 ts-、tsh-、s-,有 tʃ-、ʃ-。排湾语中有 ts-、dz-、s-、dʒ-等。布农语中没有塞擦音 ts-、tsh-,有擦音 s-。泰耶尔语中只有 ts-、s-。赛夏语中没有塞擦音辅音,有擦音 s-、z-、ʃ-。巴则海语中也没有塞擦音,只有擦音 s-、z-。邵语中没有塞擦音,有擦音 s-、θ-、ð-和 ʃ-。鲁凯语中塞擦音只有一个 ts-,擦音有 s-、θ-、ð-。邹语塞擦音只有 ts-,擦音有 s 和 z-。嘎玛兰语中 ts-、s-、z-。赛德克语、卑南语中相应的音都只有 ts-、s-。雅美语中没有 ts-、s-类,有 ʂ-、ʐ-和 tʃ-、dʒ-。沙阿鲁阿语、卡那卡那富语中有 ts-、s-。回辉话中则有 ts-、s-、z-。

简单地说,汉藏语系中侗台语族原来应该没有 ts 类塞擦音的,苗瑶语族有一些语言没有 ts 类塞擦音。而南岛语系语言中,大多没有 ts 类塞擦音。

(三) 日语中的情况

日语中也没有 ts-类塞擦音。"日语的语音体系里没有塞擦音,所以在向汉语借来读汉字之时,对于汉语中的塞擦音与摩擦音的对立便无法表现……例如精母字'煎、剪'……心母字'先、选'……这几个字日语音读吴音系统、汉音系统均译作'せん',不加区分。"[2]

如果我们把精组字读音的情况放在地理区域上观察,就会明显看到:古代拔齿风俗分布的地方,要么没有 ts-类塞擦音,要么相应的精组字多变作其他类型的音。

五、有关的解释和我们的假设

(一) ts-类声母与 t-类声母相谐一些解释

李方桂在讨论上古音声母的时候提出了两条谐声原则:"(一)上古发

---

[1] 李锦芳. 侗台语言与文化 [M]. 北京:民族出版社,2002:103.
[2] 林璋. 日语汉字音读研究 [M]. 乌鲁木齐:新疆人民出版社,2003:109.

音部位相同的塞音可以互谐。舌尖塞音互谐，不常跟鼻音（泥）谐。也不跟舌尖的塞擦音或擦音相谐。（二）上古的舌尖塞擦音或擦音互谐，不跟舌尖塞音相谐。"[1] 其中强调一条，就是塞音跟塞擦音之间不相谐。

不少语言学家从不同角度对上古汉语的塞音与塞擦音相谐现象予以讨论。如汉字中 t- 与 ts- 交替或相谐的现象：

渐~沾　曾~等　责~谪　俟~待　催~推　戚~督　邨~屯　揣~端

s-/ts- 与 l-/t- 交替或相谐的例子：

修~條　掃~帚　泄~碟　易~锡　子~李　蒜~卵（大戴礼·夏小正：卵蒜也者，本如卵者也。）　蒜~蔺（小蒜名蔺子。）

李方桂在解决中古心母字跟其他各种声母的字相谐的问题时，提出了 s- 词头的观点。"s- 词头对于各种声母的影响大多数都是变成切韵时代的齿音 s-、z-、少数 tsh-、dz-。"[2]

潘悟云把 *s- 看作次要音节，并列举了大量例证来讨论与舌齿、舌根音谐声、与唇塞音谐声的精庄组字，并讨论了精（庄）与心（山）的关系。[3]

蒲立本在讨论到这一问题时，认为"尽管上古的 ð- 和 θ- 并不理想"，但最好还是"把整个上古都认为是 ð 和 θ"。[4]

郑张尚芳提出"塞擦音在汉语也是后起的"[5]。在分析《硕人》铭神兽镜上的《诗经·硕人》时，发现"异文很多（罗福颐说是鲁诗）：齐'蛴'作'夷'，'萋'作'凄'，'蝤'作'狩'"。[6] 她认为"在古汉语及方言中，精组字常带流音 r '来'、l '以' 母（喻四）的痕迹，单用 ts、tsh、dz 难以解释。" 她认为精庄组上古为 "sr'（庄）" "shr'（初）" "sɦr'（崇）" "sr（生）" "sl'（精）" "shl'（清）" "sɦl'（从）" "sl（心）" 等一类擦音，"精组在上古 i 元音前还有另一种来源，即 ʔlj、hlj、

---

[1] 李方桂. 上古音研究 [M]. 北京：商务印书馆，1980：10.

[2] 李方桂. 上古音研究 [M]. 北京：商务印书馆，1980：91.

[3] 潘悟云. 汉语历史音韵学 [M]. 上海：上海教育出版社，2000：304-311.

[4] 蒲立本. 上古汉语的辅音系统 [M]. 潘悟云，徐文堪，译. 北京：中华书局，2000：69-72.

[5] 郑张尚芳. 汉语塞擦音声母的来源 [C] // 汉语现状与历史的研究——首届汉语语言学国际研讨会文集. 北京：中国社会科学出版社，1999：431.

[6] 郑张尚芳. 从硕人镜"齐夷"通假谈上古精组声母的取值 [C] //音史新论——庆祝邵荣芬先生八十寿辰学术论文集. 北京：学苑出版社，2005：72.

fili 的腭化音。"[1]

麦耘则认为汉语方言中的不同读法可能是受到其他民族语言的影响。"精组声母在早期粤语中的两类读法：1. *tθ, *tθh, *dð/*ð, *θ; 2. *ts,tsh, dz/*z, *s。在后来的发展中，第 2 类的发音部位基本上保持不变，而第 1 类中的塞擦音在不同的次方言中分化为 ts-类或 t-类，擦音在大部分情况下读为 θ/Â。作为并无齿间音的古代中原汉语的一个分支，早期粤语的音系中存在齿间音声母这一现象，体现了它在形成期受到古代岭南土著民族的语言（古壮侗语等）的重大影响。"[2]

总之，各家的观点不尽相同，但大多都是从语言本身来进行解释的。

（二）我们的假设

将拔齿习俗流行的地区与今天当地的语言或方言相对照，可以看出两者之间有明显的相关性。在人们拔掉前齿之后，再发 ts-、tsh-之类的塞擦音就很困难，于是便会产生相应语音的音值变化。根据上面的材料我们可以推断：精组字在上古时期的汉语中，可能有三种不同类型的发音：

ts-类：*ts-(精)、*ts'-(清)、*dz-(从)、*s-(心)、*z-(邪)

tθ-类：*tθ-(精)、*tθ'-(清)、*dð-(从)、*θ-(心)、*ð-(邪)

t-类：*t-(精)、*t'-(清)、*d-(从)、*l-/*t-(心)、*ɬ-/*d-(邪)

三类不同的发音同时存在，应该是当时汉语的不同地区的方言。ts-类音可能为当时黄河中游一带的语音；tθ-类音应该是原来"东夷"地区的语音；而 t-类音则可能是南方方言的发音。（见图 3）

图 3　上古三类音分布示意图

---

[1] 郑张尚芳. 汉语塞擦音声母的来源［C］//汉语现状与历史的研究——首届汉语语言学国际研讨会文集. 北京：中国社会科学出版社，1999：432.

[2] 麦耘. 中古精组字在粤语诸次方言的不同读法及其历史涵义［J］. 中国语言学报，1997，25（2）：211-226.

六、对假说的检验及存在的问题

1）用发音原理上看，把精组字的上古音解释为三类不同的音值，也可以解释一些其他现象。

（1）tθ-类方言中，发音时舌尖前移，其语音中的唇类擦音应该丰富。

（2）t-类方言（语言）中，由于精组字占据了端组字的发音部位，端组字等其他的舌尖舌面塞音依次后移，方言或语言中可能产生舌面塞音、小舌塞音等。而今天这些地区的方言或语言中的实际发音与此是一致的。

2）上述三类不同地区的方言，还可以解释现在方言中的一些现象。

根据我们上面所构拟的三大方言区精组字的不同音值来看，江淮一带读 s-声母的这个字，在吴方言或更南方的一些方言中应该读 t-或 l-声母，如果能够找到相应的声母且表示相同意义的同类格式，则可以证明我们的假设是正确的。

黄伯荣主编的《汉语方言语法类编》介绍了汉语方言中"动词的迅捷义表示法"。安徽霍邱话的说法是"连+动词+是+动词"，湖北随州话是"连 A 直 A"，江苏淮阴话是"连 V 是 V"，湘方言中"连跑是跑"，"是"字在长沙、宁乡读［ti］，浏阳读［t'i］，邵东读［di］，常德读［tsi］。[1] 王建军认为在吴方言和江淮方言中的"连 V 是（四）V"式，其语法意义是"表动作持续反复"，因此，其中的"是"本字应为"四"。应该是心母字，而心母字对应于上古南方方言的可能是 t-声母或 l-声母的字。

《现代汉语方言大词典》中收录"连 V 地 V"（长沙话）、"连 V 递 V（娄底话）""连 V 直 V"（武汉话）。崔山佳提到："《现代汉语方言大词典》也收'连……连……'，方言点是江西萍乡：'表示前后两项包括在一起：连糠头谷壳连糠一下全部在内里里面 | 连人连车子都翻到阴上到阴去田里去唎。'但这里的'连……连……'同上面所举的'连 X 连 X'不一样，这里用的是名词，而且又不是同一个名词。""至于'连 X 连 X'的说法，不知道是哪个方言的说法，是不是只是个别作者的个人爱好呢？笔者不得而知。"[2]

3）除了验证我们的假设之外，我们还可顺便观察"连 X 是（直、四）X"格式的结构和扩散途径。

---

[1] 黄伯荣. 汉语方言语法类编［M］. 青岛：青岛出版社，1996：259.
[2] 崔山佳. 近代汉语词汇论稿［M］. 成都：巴蜀书社，2006：96-97.

从结构上看，该格式应该是"XY是（直、四）Y"格式的一种特例，即前一个 X 为副词"连"时，构成"连 Y 是（直、四）Y"格式。当"连"后面接动词时，构成"连 V 是（直、四）V"，是动词的一种特殊构式，表示"反复、连续、急促地进行动作"。当"连"后的 Y 位置为形容词时，构成"连 A 是（直、四）A"，表示程度加深，是形容词的一种特殊构式，其中"连"字也可以不出现，如吴方言中的"好是好（得咧）""热是热（得咧）"之类的格式。

从扩散途径上看，该格式在吴方言等南方方言中保留得较多，应该是由南方方言传到江淮官话中的。因此，两个 Y 中间的音节读 t-声母的形式（直、地、递）应该是源，而读 s-（ɕ）音的形式应该是后来出现的。并由动词扩展到形容词。

4）以上假设还存在一个问题，就是时间过于久远，从大汶口—龙山文化到周秦时代，经逾千年，很难说这么久以前的语音面貌还能保留下来。

我们的理解是：在远古时代，人口数量少，交往不便，语言接触十分有限，语言的演变速度比后世要慢许多。拔齿习俗也逐步从"东夷"地区转移消失，但一些语音特征仍会保留在当地的口语中。钱曾怡就认为："山东方言发展到新石器时代，其大体格局已定，这从现代山东方言的分区及考古学家对山东龙山文化的分类比较中可以看得十分清楚。"[1] "要了解语言的起源，必须研究人类产生的初始。探索山东方言的由来，需要从认识原始的山东人开始。"[2]

七、结语

本文通过分析对比在远古时期的拔牙习俗跟相关语言中的塞擦音的分布，认为：上古时期的汉语应该存在不同的方言，在不同方言中，精组字的读音由于受到拔不拔齿对人的口腔器官的影响，因而有舌齿塞擦音 ts-类、齿间塞擦音 tθ-类和舌尖塞音 t-类。

钱大昕说："古人多舌音，后代多变为齿音，不独知、彻、澄三母为然也。"[3] 钱氏的观点是颇有见地的。

---

[1] 钱曾怡. 汉语方言研究的方法与实践 [M]. 北京：商务印书馆，2002：97.

[2] 钱曾怡. 汉语方言研究的方法与实践 [M]. 北京：商务印书馆，2002：94.

[3] [清] 钱大昕. 十驾斋养新录 [M]. 上海：上海书店，1983：116.

从"石"之字《说文》误析为从"广"例

江学旺

我们在《〈说文〉"厂"及"厂部"之字试说》[1]和《〈说文〉"厂部"外从"厂"之字考察》[2]两文中指出：小篆所谓"厂（呼旱切。下同）"这一形体，是由"石"或"广（鱼俭切。下同）"简化而来；《说文》"厂部"之字，原来实际大多是从"石"或从"广"的。在进一步的比较分析中，我们还发现，有些在古文字中本是从"石"的字，由于字形客观的演变，加上分析者主观的错误，导致在《说文》中被当作是从"广"的情况。

《说文·广部》"庶"下曰："屋下众也。从广炗。炗，古文光字。"[3]段玉裁注曰："诸家皆曰：'庶，众也。'许独云'屋下众'者，以其字从'广'也。"[4]王筠曰："《释诂》：'庶，众也。'许云'屋'者，以字从'广'也；云'下'者，兼释字形。广下之光，照彻四壁，有众意焉。"[5]朱骏声曰："按屋下光多也。"[6]诸家皆附会许慎"从'广'"之说。

如果我们从甲骨文、金文来看，"庶"字所从的所谓"广"，实在是许慎误析字形的结果。甲骨文"庶"字作"⿸⿱"""⿸"[7]等形，于省吾先生析作"从火石、石亦声"的会意兼形声字[8]；金文作""""[9]等形，与甲骨文字形一脉相承。差别只在于：甲骨文"庶"字所从的是未

---

[1] 中国文字学会，河北大学汉字研究中心. 汉字研究：第一辑 [M]. 北京：学苑出版社，2005：211.

[2] 中国文字学会第四届学术年会论文，中国西安，2007年8月。

[3] [汉] 许慎. 说文解字 [M]. 北京：中华书局，1999：193.

[4] [汉] 许慎撰，[清] 段玉裁注. 说文解字注 [M]. 上海：上海古籍出版社，1991：445.

[5] [清] 王筠. 说文解字句读 [M]. 北京：中华书局，1998：353.

[6] 朱骏声. 说文通训定声 [M]. 北京：中华书局，1984：446.

[7] 中国社会科学院考古研究所. 甲骨文编 [M]. 北京：中华书局，1996：384. 今按：《甲骨文编》作为未识字，隶作"灰"，不确。

[8] 于省吾. 甲骨文字释林 [M]. 北京：中华书局，1993：431.

[9] 容庚. 金文编 [M]. 北京：中华书局，1996：658.

增"口"的"石",金文中"庶"字所从的是增加了"口"的"石",这与甲骨文"石"字作"⟨石⟩""⟨石⟩"[1],或增"口"作"⟨石⟩""⟨石⟩"[2],演变情况是完全一致的。《金文编》说"庶"字"从厂"[3],把所从的"石"字割裂了开来,不确。春秋战国时期,"庶"字字形继续演变:有的"石"所加的"口"变成"廿",如"厎"[4];有的更于"石"上再缀横画,如"瘋""座"[5]。小篆作"庶",上部就写得与形近的"广"一样了。许慎根据已讹变的字形,把上部当作是"广";又因不明"廿"的来源,错误地将它与下面的"火"结合在一起(即所谓"炗")。林义光《文源》指出:"按'光'字诸彝器皆不作'炗'。"[6]

《说文·又部》"度"下曰:"法制也。从又,庶省声。"[7] 所谓"庶省声",指的就是"庻"。对于《说文》"庶省声"的说法,很多学者皆信从不疑。

唐兰先生说:"省变本是文字演化里应有的一种现象,凡是省文,一定原来有不省的写法。可是《说文》里的省,却不一定如此,往往不省就不成字,……所以段玉裁已怀疑许氏的省声,严可均、王筠更都认为错误,假使不是后人妄改,那就一定是许叔重不得其说,从而为之辞。"[8] 裘锡圭先生也有类似的看法,他说:"造字或用字的人,为求字形的整齐匀称和书写的方便,把某些形声字的声旁或形旁的字形省去了一部分。这种现象文字学上称为省声、省形。""省声字并非都是一开始就省声的,有些字是在使用过程中由一般的形声字改成省声字的。""虽然省声是一种并不罕见的现象,我们对《说文》里关于省声的说法却不能随便相信。《说文》关于省声的说法有很多是错误的,这些错误大体上可以分为三类:A. 错析字形……B. 把一般的声旁错认作经省略的声旁……C. 把从甲字省声的字说成从乙字省声……"[9]

---

[1] 中国社会科学院考古研究所. 甲骨文编 [M]. 北京:中华书局,1996:384. 今按:《甲骨文编》释作"厂",非。

[2] 中国社会科学院考古研究所. 甲骨文编 [M]. 北京:中华书局,1996:385.

[3] 容庚. 金文编 [M]. 北京:中华书局,1996:658.

[4] 容庚. 金文编 [M]. 北京:中华书局,1996:658.

[5] 容庚. 金文编 [M]. 北京:中华书局,1996:658.

[6] 于省吾. 甲骨文字释林 [M]. 北京:中华书局,1993:431.

[7] [汉] 许慎. 说文解字 [M]. 北京:中华书局,1999:65.

[8] 唐兰. 中国文字学 [M]. 上海:上海古籍出版社,2001:94.

[9] 裘锡圭. 文字学概要 [M]. 北京:商务印书馆,1990:160-163.

从上文对"庶"字演变的分析,我们知道"庐"实际是由"石"字演变而来的,那么,"度"字上半所从的"庐"也就是"石"字。小篆"度"字实际应当分析作"从又石声",《说文》"把一般的声旁错认作经省略的声旁"了。战国文字"度"作"厇",从"攴""石"声;字形或稍讹作"厇","口"变成"凵";进一步讹作"庹"[1]。因为古文字中从"攴"与从"又"意义相通,所以,"度"字又有作"庹"[2],从又石声,字形为小篆所本。

《说文·巾部》"席"下曰:"籍也。礼:'天子诸侯席有黼绣纯饰。'从巾庶省。厂,古文席,从石省。"[3] 徐铉等说:"席以待宾客之礼,宾客非一人,故从庶。"[4] 徐氏以会意解之。《说文解字系传·通释第十四》作:"从巾,庶省声。"[5] 王贵元先生说:"庶省,小徐本作'庶省声',当据补。大徐本乃大徐不知谐声而删去'声'字者。"[6] 段玉裁和王筠都依小徐本作"庶省声",段注曰:"此形声,非会意。"[7] 朱骏声也说:"故从巾,从庶省声。"[8] 对于"古文""席"字字形的分析,大、小徐本均作"从石省",没有明确指出是形声还是会意。徐锴曰:"言其安如石也。"[9] 可见小徐是把它看作是会意字的。段玉裁注曰:"下象形,上从石省声。"[10] 朱骏声说:"古文象形,石省声。"[11]

跟"度"不是"庶省声"一样,小篆"席"字也不是"庶省声",而是"石声"。至于"席"字古文"厂",段玉裁和朱骏声把它看成是"石省声",也是可以的,因为后世的"石"字是作增了"口"形的,这个字所从的"石"没有"口",当然可以看作是省去了"口"。传抄古文或作"厂""厂"[12],正从增了"口"的"石"。《金文编》收有"厂",谓"说文所

---

[1] 汤余惠. 战国文字编 [M]. 福州:福建人民出版社,2001:183.
[2] 张守中. 睡虎地秦简文字编 [M]. 北京:文物出版社,2003:43.
[3] [汉] 许慎. 说文解字 [M]. 北京:中华书局,1999:159.
[4] [汉] 许慎. 说文解字 [M]. 北京:中华书局,1999:159.
[5] [南唐] 徐锴. 说文解字系传 [M]. 北京:中华书局,1998:158.
[6] 王贵元. 说文解字校笺 [M]. 上海:学林出版社,2002:321.
[7] [汉] 许慎撰,[清] 段玉裁注. 说文解字注 [M]. 上海:上海古籍出版社,1991:361;[清] 王筠. 说文解字句读 [M]. 北京:中华书局,1998:287.
[8] 朱骏声. 说文通训定声 [M]. 北京:中华书局,1984:446.
[9] [南唐] 徐锴. 说文解字系传 [M]. 北京:中华书局,1998:158.
[10] [汉] 许慎撰,[清] 段玉裁注. 说文解字注 [M]. 上海:上海古籍出版社,1991:361.
[11] 朱骏声. 说文通训定声 [M]. 北京:中华书局,1984:446.
[12] 徐在国. 传抄古文字编 [M]. 北京:线装书局,2006:759.

无"，隶作"师"，置于"厂"部末[1]。董莲池等先生改释为"席"[2]，甚是。"丘"字所从的"厂"也可以看作是省"口"的"石"字。不过，如果我们把金文和《说文》古文"席"字所从的"厂"看成是由未增"口"的"石"演化而来的，就可以直接分析作"石声"而不是"石省声"了。

《说文》中还有一个字，按大徐本中的说解，也容易让人以为跟"广"有关。

《说文·甘部》"曆"下曰："和也。从甘从麻。麻，调也。甘亦声。读若函。"[3] 而《说文》认为"麻"是"从'广'"的[4]。

王筠于"曆"下注曰："当依《系传》作'厯'。《广韵》覃、谈二韵凡三见，皆作'曆'，多一点。《玉篇》《集韵》皆从'麻'，知传讹已久。"并谓两"麻"字"并当作厤"[5]。今小徐本篆文字形虽同大徐本，应当是传抄之误，因为徐锴注曰"麻音歷"[6]，"麻"不可能音"歷"，所谓"音歷"的"麻"当是形近的"厤"字之误。段注本篆文作"厯"，析形作："从甘厤。厤，调也。"并注曰："各本及《篇》《韵》《集韵》《类篇》字体皆讹，今正。"[7]《说文通训定声》也作从"厤"[8]。作从"厤"者，与古文字相合：金文作"曆""曆""曆"[9] 等，正是从"甘"从"厤"。

关于"厤"字，我们在《〈说文〉"厂"及"厂部"之字试说》一文已经做了讨论，它实际是从"石"的[10]。"曆"字既从"厤"，而"厤"字所从的又是"石"（省"口"的或说未加"口"的"石"），则从"厤"的"曆"字当然也就与"广"无关了。

通过上面的分析，我们可以看出，"庶"字在古文字中并非从"广"，而是从"石"。由于字形的演变，小篆"庶"所从的"石"字的部分构件

---

[1] 容庚. 金文编 [M]. 北京：中华书局，1996：663.
[2] 董莲池. 金文编校补 [M]. 长春：东北师范大学出版社，1995：272-274.
[3] [汉] 许慎. 说文解字 [M]. 北京：中华书局，1999：100.
[4] [汉] 许慎. 说文解字 [M]. 北京：中华书局，1999：149.
[5] [清] 王筠. 说文解字句读 [M]. 北京：中华书局，1998：168.
[6] [南唐] 徐锴. 说文解字系传 [M]. 北京：中华书局，1998：90-91.
[7] [汉] 许慎撰，[清] 段玉裁注. 说文解字注 [M]. 上海：上海古籍出版社，1991：202.
[8] 朱骏声. 说文通训定声 [M]. 北京：中华书局，1984：140.
[9] 容庚. 金文编 [M]. 北京：中华书局，1996：313.
[10] 中国文字学会，河北大学汉字研究中心. 汉字研究：第一辑 [M]. 北京：学苑出版社：211-217.

变得与"广"同形了；许慎受所见材料的限制，把这部分构件看成了"广"，因而割裂了字形。《说文》中"度""席"两个字，原来也都是从"石"；许慎不明，错误地说成是"庶省声"。"磨"字本从"厤"，所谓"麻"当是《说文》在传抄过程中造成的形近之误。

（本文原载《古文字研究》第二十七辑，中华书局，2008年9月）

丹阳方言的重叠式名词

周国鹃

丹阳地处吴方言和江淮官话交界处，语言现象极其复杂，在重叠方面，也呈现出了其不同于吴方言和江淮官话的特点，其中最突出的就是存在大量的重叠式名词。

普通话中"重叠式名词主要是亲属称谓，……亲属称谓以外的重叠式名词只有'娃娃、星星、宝宝'少数几个。"[1] 此外，普通话中，"名词不能用重叠式表示某种共同的语法意义"。[2] 然根据黄伯荣（1992）[3]、侯精一（1988）[4]、胡海（1994）[5]、郑庆君（1997）[6] 等的研究，名词重叠在晋方言、西南官话、湘方言中有广泛的分布，且重叠形式极为丰富。不少研究者从重叠式的构成及语法意义方面进行了阐述，大多认为重叠式有小称义或来自儿语，或者从语言类型学的角度认为形式的重叠表达了量的增加。

丹阳方言的重叠式名词有跟上述研究一致的地方，但也有其独特性。本文将在对丹阳方言重叠式名词进行详尽描述的基础上来加以比较、阐释。重叠式亲属称谓及儿语重叠式不在本文的讨论范围之内。

一、重叠式名词的构成类型

（一）AA 式

丹阳话中 AA 式重叠名词很多。例如：

---

[1] 朱德熙. 语法讲义 [M]. 北京：商务印书馆，1999：33.
[2] 黄伯荣，廖序东. 现代汉语：下册 [M]. 3版. 北京：高等教育出版社，2002：12.
[3] 黄伯荣. 汉语方言语法类编 [M]. 青岛：青岛出版社，1996：65.
[4] 侯精一. 平遥方言的重叠式 [J]. 语文研究，1988（4）：1-5.
[5] 胡海. 宜昌方言儿化现象初探 [J]. 华中师范大学学报：哲学社会科学版，1994（4）：108-114.
[6] 郑庆君. 湖南常德方言的名词重叠及其儿化 [J]. 武陵学刊，1997（2）：34-37.

（1）壳壳、缝缝、把把、泡泡、瓢瓢、圈圈、果果、秆秆、梗梗、槽槽、沫沫、襻襻、杠杠（批改文字或阅读中作为标记所画的粗直线）。

（2）片片、块块、眼眼、点点、尖尖、条条、子子（小而坚硬的块状物或粒状物）。

（3）奶奶（乳房）、篮篮、桩桩、钩钩、屑屑、墩墩。

（4）匣匣、杯杯、盒盒、架架、夹夹。

（5）叶叶、管管、皮皮、棍棍、果果。

（6）纸纸、筒筒、洞洞、包包、背背（背部）、怀怀（胸口或胸部）。

（7）角角（角状的物体）、木木（小孩吃饭的碗）、路路（细长条状的裂缝）、人人（人形的玩具）、脚脚（渣滓）、心心（植物的嫩芽）。

（8）十字绞绞（像"十"字的形状）、叫叫（哨子）、围围（围裙或围兜）、搭搭（刘海）。

第（1）（2）组的重叠式名词在普通话中均有相对应的"儿"尾词，且跟普通话一样，某些词存在基式，只是在表示某些义项时以重叠的形式来表示，而不是用重叠式来表示所有的义项。在义项上，这些重叠式跟普通话"儿"尾词也非一一对应，有些普通话所含有的义项在丹阳话的重叠式中没有。如：泡儿，普通话里有两个义项，一是"气体在液体内使液体鼓起来造成的球状或半球状体：水~｜肥皂~"，二是"像泡一样的东西：灯~｜手上起了~"。在丹阳话中，重叠式"泡泡"表示的只是第一个义项，第二个义项在丹阳话中用单音节名词"泡"表示。如：

1. 一到夏天头，她手里就都是水泡泡。

2. 烧饭格辰光手里烫出蛮大格几个泡（烧饭时手里烫了几个大泡儿）。

第（2）组重叠式名词除了跟第（1）组一样具有一般名词的语法语义特征外，还包含有"……状"的意思，表示事物在花色、形状等方面的特点。重叠式后加结构助词"过"在句中可以作谓语、宾语、定语。如：

3. 他辣件衬衫条条过（他那件衬衫是条纹的）。

4. 把洋山芋劈得片片过（把土豆切成片儿）。

5. 子子过糖便宜点（细粒儿的糖便宜点儿）。

第（3）（4）（5）组重叠式名词在普通话中均有对应的"子"尾词存在。在丹阳话中，第（3）组只有重叠形式存在，第（4）组"子"尾形式和重叠形式并存，在单用时可以互换，但在前面有修饰词时，一般用重叠式。如：铁皮匣匣、大过杯杯（大的杯子）、洋火盒盒（火柴盒）、衣架架（衣架）、花夹夹（花夹子）。第（5）组也是"子"尾形式和重叠形式并存,但意思有差别,两者为互补关系,"子"尾词表示观念上比较大或重要的事物,重叠式表示观念上较小或不重要的事物,如:"皮皮"和"皮子"。"皮皮"指瓜果的无食用价值的外皮,如"西瓜皮皮、香蕉皮皮",而包馄饨的皮儿一定要说"皮子"。这在普通话中好像正好相反,普通话称"西瓜皮""饺子皮儿",大概是西瓜的外皮相对于其他水果的外皮来说不是那么小,包饺子的"皮儿"相对于其他东西来说是比较小的。而丹阳话"皮皮"的小称义可能立足于"皮"在整个物体中的价值,"皮皮"是瓜果中无食用价值的部分,自然是"小"的,而"皮子"对于馄饨或饺子来说,是很重要的部分。

第(6)(7)组重叠式名词在普通话里为单音节名词,而在丹阳话里则基本以重叠形式出现,只在一些文读词汇如"火星、山洞"等中以单音节形式出现。其中第(6)组重叠式意同普通话单音节名词,第(7)组重叠后有了不一样的含义。

第(8)组为单音节动词重叠而成的名词,丹阳话中此类重叠式数量不多。其中"绞绞"不能单用,一定要跟前面的修饰、限定语一起出现。

(二) ABB 式

普通话中没有 ABB 式重叠名词,而丹阳话中有大量的 ABB 式重叠名词。如:

(1)鸦雀雀、鹁鸪鸪、蝙蝠蝠、蝴蝶蝶、壁蟢蟢、灶鸡鸡、脚弓弓、疙瘩瘩(一种直接煮着吃的小面团)。

(2)花苞苞、水凼凼、方框框、笔筒筒、红纸纸、圆圈圈、铁环环。

(3)出痧痧、猜谜谜、躲猫猫、备酒酒(小孩模拟办酒席的游戏)、荡秋秋、揩罗罗(把人背在身上(多指幼儿))、削漂漂(一种游戏,把小瓦片等沿水平方向用力投出,使其在水面连续跳跃)。

第(1)组多为动物名称,普通话为 AB 形式,丹阳话重叠 B 而成三音节名词,BB 不成词,没有独立的意义。

第(2)组普通话 AB 成词,丹阳话 AA 式重叠名词大多可以进入这个格式成为 BB,因此 BB 成词,有独立的意思。这类格式能产性很强,BB 可以和不同的 A 组成 ABB 式重叠名词。A 不限于单音节。如:

纸纸:红~~、白~~、砂~~、棉~~、牛皮~~

皮皮:铁~~、铅~~、老~~、西瓜~~、萝卜~~

当然,由于表达的义项的不同及约定俗成的地域差异,丹阳话中部分 ABB 式重叠名词在普通话中没有对应的 AB 基式。同样 A 可以是单音节的,也可以是双音节的。如：豆节节（带皮的毛豆）、山丫丫（山坳）、烂泥人人（泥人）、算盘子子（算盘珠子）、棉花果果（还没开出棉花的果子）。

第（3）组均为动宾结构，部分在普通话中有 AB 形式。这部分的 BB 不成词，不能单独使用。

（三）AAB 式与 AABB 式

丹阳话中 AAB 式重叠名词不多，有些是受普通话影响而进入丹阳话的，如泡泡糖、泡泡纱、跷跷板等；有些是丹阳话中特有的，如纱纱布（纱布）、毛毛烟（极微弱的烟）、温温水（温水）、豆豆饭（放豆子煮的米饭）等。这些 AAB 式重叠名词都应该分析成 AA+B，AA 是修饰限制性的，B 是中心语。

普通话中有 AABB 式重叠名词，比如风风雨雨、山山水水、方方面面、上上下下、家家户户、条条框框等。按照吴吟、邵敬敏所说，这些 AABB 式的基本意义是表示"多量"，此外还有表"遍布"的附加意义。[1] 丹阳话中除了有这些普通话词汇以外，还有一些由自身特有语素组成的词语，如棍棍棒棒、块块子子、心心念念等，表示"多量"。

除了这种并列结构，丹阳话中还有修饰限制结构的 AABB 式重叠名词，如：纸纸盒盒（纸盒子）、皮皮屑屑（皮屑）、叶叶心心（叶子心儿）、钩钩尖尖（钩子尖儿）、匣匣缝缝（匣子缝儿）。

这种结构有时单独难以区分是并列结构还是偏正结构，要在具体的语境中才能区分开来。如：

6. 皮皮屑屑都吃干净唎（皮和屑都吃干净了）。
7. 冬天头人身里格皮皮屑屑一味多（冬天人身上的皮屑特别多）。
8. 叶叶心心都好吃哆（叶子和心儿都好吃的）。
9. 他大叶叶弗吃，只吃叶叶心心（他大叶子不吃，只吃叶子心儿）。

二、重叠式名词的特征

（一）声调特征

对于普通话重叠式名词的语音，朱德熙先生指出"重叠式名词主要是亲属称谓……，这一类重叠式的第二个音节读轻声，第一个音节如果原来

---

[1] 吴吟，邵敬敏. 试论名词重叠 AABB 式语法意义及其他［J］. 语文研究，2001（1）：12-16.

是上声,在重叠式里变为半上。"[1] 丁声树先生也认为"重叠式名词一般是末一音节轻读……,有时把一个单音节名词重叠起来表示'小',如'眼眼(儿)''盆盆(儿)'等,末一音节也是轻的。"[2] 理由为重叠词是由两个相同的字所构成的,光靠前字已可清楚表达词义,后字仅具语法功能,因此将后字读为轻声。从这些表述可以看出,普通话名词重叠主要是构形方面的,表示统一的语法功能。

丹阳话的重叠式名词在声调上没有这样统一的特征。在丹阳话中,重叠式名词前后两字声调有的相同,有的不同,且重叠式和基式的声调也是有的相同,有的不同。如:包 [pɔ˧], 包包 [pɔ˧ pɔ˧]; 壳 [kʻɔʔ˥], 壳壳 [kʻɔʔ˥ kʻɔʔ˥]; 点 [tɪ˥], 点点 [tɪ˥ tɪ˥]; 眼 [ŋæ˧], 眼眼 [ŋæ˧ ŋæ˧]; 条 [ciɔ˩], 条条 [tciɔʔ˥ tciɔʔ˥]; 片 [pʻɪ˩], 片片 [pʻɪ˧ pʻɪ˧]。这些声调的变化毫无规则可循,似乎为约定俗成的产物。从语音上来看,丹阳话的这些名词重叠比普通话要复杂得多,可以推测其形成机制及语法功能也应复杂于普通话。

(二)语义特征

几乎所有涉及名词重叠的研究都认为,名词重叠式表示小称义。丹阳方言名词重叠式,也大多表示小称义。丹阳方言最主要的一类重叠式名词为对应于普通话"儿"尾词和"子"尾词的AA式重叠名词。"儿"尾是小称标记,这早有定论,因此丹阳方言中对应于"儿"尾词的重叠名词均有小称义。而对应于"子"尾词的重叠式名词,相对来说小称的意味没有来自"儿"尾词的重叠式强。因此丹阳话中有部分重叠式名词和"子"尾词是并存的,一般由重叠式表示小称义,和"子"尾词构成了对立,如"管管"和"管子"。"麦管儿"在丹阳话中一定要说"麦草管管";而埋在地下的粗大的水管,则一定要说"管子",不能说"管管";分到家里的细的自来水管,可以说"自来水管管",也可以说"自来水管子",视各人对此的主观评判而定,认为是细小的,用"管管",认为相较于其他一些细小的管子已经算是粗的,用"管子"。这些现象,印证了赵元任先生在《中国话的文法》中的一段话:"名词加上'儿'或'子'通常意义相同,只是用'儿'的在指小的意味上效果稍微强一点。"

ABB式重叠名词同样具有小称义。这类重叠式主要分两类,一类是农

---

[1] 朱德熙.语法讲义[M].北京:商务印书馆,1999:33.
[2] 丁声树.现代汉语语法讲话[M].北京:商务印书馆,1961:226.

村常见的一些小动物的名称；另一类是农村儿童常玩的游戏，这些重叠明显带有儿童语言的特点。石毓智（2005）[1] 认为汉语小称的来源有两大类，一是直接来自表示"小孩"概念的"儿"，一是来自可能反映小孩使用语言的特点"重叠"和"高声调"。因此，丹阳话中大部分 ABB 式重叠名词可视为表示小称义。对于"高声调"表示小称义，丹阳话"角角"这个重叠式名词也可作为一个佐证：表示角状的物体，如"山芋角角［kɔʔɟ kɔʔɟ］、山芋劈（切）角角［kɔʔɟ kɔʔɟ］"，这时没有小称义，只表示事物的形状；如要表示小称义，"角角"的发音为［kɔʔɟ kɔʔɟ］，如："你隔格小气鬼，浪大格烧饼就分一个角角把我（你这个小气鬼，那么大的烧饼就分一个角儿给我）。"后者的声调明显高于前者。

不过，在丹阳话中，不是所有的名词重叠式都表示小称义，一些表示物体形状的重叠式如圈圈、条条、块块、片片等就没有小称义。就是有些对应于普通话"儿"尾词的重叠式，也可以小称义和普通义并存，如"缝缝"，丹阳话即可以说"一条蛮细格缝缝"，也可以说"蛮大格缝缝"。此外更是有一些由单音节名词构成的重叠式，如"纸纸""凼凼""筒筒""篮篮"等，这些名词没有单音节形式，只有重叠式。这些词语的语义特征与普通名词相同。

三、结论

通过以上分析可以看出，丹阳话重叠式名词并不完全表示小称义，也不完全来自儿语。丹阳话重叠式名词的产生，有多方面的原因：

一是儿童语言的影响，如一些表示动物名称和儿童游戏的重叠式名词，毋庸置疑来自儿童语言，不过在现在的话语中已成为广用语，没有非重叠的基式存在。

二是由于丹阳话小称词尾的欠缺。丹阳话中没有"儿"尾词，而普通话"儿"尾词可以表示亲密、喜爱的意味。重叠式和小称意味不够强的"子"尾词在丹阳话中构成了对立也是一个证据。由此可以推测，这种语义表达能力的欠缺可能促使本属于儿童语言的重叠式名词进入了广用表达系统。

---

[1] 石毓智．表现物体大小的语法形式的不对称性——"小称"的来源、形式和功能［J］．语言科学，2005（3）：31-41.

第三个原因应该是最主要的,那就是双音节化的需要。首先来看丹阳话中一种特殊的构词方式。丹阳话中有一些词语,形式上看似单音节名词的重叠式,但前后两字读音不同,前一个字用说话音,后一字用读书音。如:辈辈[pæ55 pe55](行辈、辈分),"辈 pæ"是说话音,"辈 pe"是读书音;大大[tə˩ tɑ˩](地位高,身份特殊),"大 tə˩"是说话音,"大 tɑ˩"是读书音;肠肠[tsaŋ˩ tsæ˩](作为食品的猪肠子,多指大肠),"肠 tsaŋ˩"是说话音,"肠 tsæ˩"是读书音。这跟普通话中大量的同义复合词如"原委、牙齿、地方、身躯"等应该属于相同的构成机制。此外,如上所述,丹阳话重叠式名词前后两字的声调变化没有普通话那样一致的变化规则,其复杂程度不亚于丹阳话二字组的连读变调[1],也说明其重叠应为构词层面的,而非构形层面的重叠。"纸纸、篮篮、背背"等这些没有单音节基式的重叠式名词,以及"包包、条条、圈圈"等重叠后没有小称意味的重叠式名词,应该都是汉语发展中双音节化的表现。

至于为何丹阳方言的重叠式名词远远多于与之相邻的无锡、苏州等地方言以及镇江、南京等地的江淮官话,也许要在对丹阳方言进行全面考察后才能找到答案。这将是笔者的努力方向。

(本文原载《苏州教育学院学报》2013 年第 2 期)

---

[1] 丹阳方言的连读变调参见:吕叔湘. 丹阳方言的声调系统[J]. 方言,1980(2):85-122.

两种不同的词汇构式化的结果
——以"免X"和"难X"为例

杨黎黎

一、引言

（一）词汇化和构式化

从传统意义上来说，典型的词汇化就是一个构词法（word formation）的过程，比如复合词、派生词、词类的转换；这是从历时角度对词汇化最广泛的定义，我们无法得知词汇化具体是怎么样的一个变化过程。因而 Brinton & Traugott（2005）[1]认为应该将词汇化和构词法分开，构词法常常被看作是一个形态学（morphology）的分支，它既依赖于词库也依赖于形态，指的是一个基本成分按照某一组合型的原则组合成具有新的语义和新的结构的过程。构词法往往强调的是词的构形特征，而词汇化则是更倾向于历时的描述词汇是如何从独立的结构输出成一个词汇的。但是她们也承认了很多构词法是词汇化的重要手段，词汇化的过程中往往有不同的构词法。Trousdale（2008）[2]以构式的方法，用统一的框架解释词汇化和语法化，认为有两种词汇化的输入形式：一种是句法的构式；一种是构词形式。词汇化中，语言形式最初参与的是一个抽象的宏观和中观构式当中，变成一个特定的（idiosyncratic）微观构式。然而语法化则是一个特定的微观构式参与一个越来越图式的中观或宏观层面的构式。

---

[1] Brinton, Laurel J, Elizabeth C. Lexicalization and Language Change. Cambridge: Cambridge University Press, 2005.

[2] Trousdale, Graeme. Constructions in grammaticalization and lexicalization: Evidence from the history of a composite predicate in English [M] //Trousdale G, Gisborne N. Constructional Approaches to English Grammar. Berlin: Mouton de Gruyter, 2008: 33-67.

正如 Langacker（2005）[1] 和 Goldberg（2006）[2] 讨论的那般，构式语法的研究目前还存在很多流派和差异，但这并不影响我们利用构式来解决语法化和词汇化的问题。构式语法不是一个垃圾桶，并非任何解决不了的问题都可以用构式来调和。尽管如此，很多语言学理论都将形式和意义严格区分开来，区分开了原子的（atomic）、实义性的结构和复杂的、图式化的结构。构式语法则摒弃这种区分，它没有严格区分句法和词库（syntax-lexicon）。历时的词汇化都是一个语言串（string）从句法到进入词库的演变，这样一来，构式语法在词汇化中就具有很强的解释力。而且，所有的构式都是通过一个分类型的网络组织在一起，由很多子图式构成的，这样每个构式之间的相互作用也就显得格外重要。词汇化中词汇之间的竞争关系也是在构式内进行的，把这些竞争关系纳入构式的框架中能更好地解释微构式在不同程度的词汇化。

从 Trousdale（2012）[3] 引入构式化（constructionalization）这一概念到 Traugott & Trousdale（2013）[4] 构式化理论的初步建立，构式化在历时构式语法研究的基础上形成。简而言之，构式是形式和意义的匹配，构式化就是"新形式-新意义"（form$_{new}$-meaning$_{new}$）不断重新匹配的过程。构式化理论的目标是"重新审视并整合先前的语法化和词汇化研究，从构式的角度来解释与这些研究有关的问题[5]"。构式化伴随着能产性、组合性和图式的各种改变。

（二）图式、子图式、微构式和构式化

把一组相互关联的网状结构中的构式抽象化、泛化就形成了语言中的图式（schema），图式常常用来表示该结构槽（slot）或符号化的结构。一个构式可以是完全抽象的图式槽，比如 Goldberg 所使用的双及物图式槽

---

[1] Langacker Ronald W. Construction Grammars: Cognitive, radical, and less so [M] // Ruiz de Mendoza Ibáñez, Francisco J, M Sandra Peña Cervel. Cognitive Linguistics: Internal Dynamics and Interdisciplinary Interaction. Berlin: Mouton de Gruyter, 2005: 101-159.

[2] Goldberg Adele E. Constructions at Work: The Nature of Generalization in Language. Oxford: Oxford University Press, 2006.

[3] Trousdale, Graeme. Grammaticalization, Constructions, and the grammaticalization of constructions [M] // Davidse Kristin, Tine Breban, Lieselotte Brems, et al. Grammaticalization and Language Change: New Reflections. Amsterdam/Philadephia: John Benjamins, 2012: 167-198.

[4] Traugott, Elizabeth C, Trousdale, et al. Constructionalization and Constructional Changes. Oxford: Oxford University Press, 2013.

[5] 转引自：彭睿（2015）第八届汉语语法化问题国际研讨会之大会报告。原文可参见 Traugott & Trousdale（2013：1-2）。

[SUBJ V OBJ1 OBJ2]；还可以是一个部分图式槽，其包含一个实体性成分，比如：way-构式，即（[SUBJ$_i$ [V POSS$_i$ way] DIR]），该构式里面还有一个实词性成分 way。语言图式的实例化、具体化就是其子图式或更低的层级，即微构式。三者构成纵向的层级，依次是"图式-子图式-微构式"。

Traugott & Trousdale（2013）[1] 利用构式化来讨论词汇的演变过程，将词汇构式划分为两种：一是微构式（micro-construction）层级的构式化；二是图式层级的构式化。以往汉语学界的研究主要是用构式理论或共时解释一个结构，或用构式化解释一个结构的形成过程（汪国胜、杨黎黎、李沛，2015[2]），却很少将构式化理论和词汇化理论结合在一起。本文以"免 X"和"难 X"为例分析两种不同层级的词汇构式化，认为"免 X"的词汇构式化主要发生在子构式层面；"难 X"主要是在微构式之间的相互竞争和替代发生了词汇构式化，同时交叠词汇化过程，即相比较子图式层面，微构式层面的词汇构式化更容易伴随词汇化。

二、子构式的相互关联

（一）"免 X"的句法关系和共时层级

Traugott（1999）[3] 认为做谓语成分的动宾词组是最符合认知的词汇化，尤其是当动宾结构中动词的动性较弱的时候。"免 X"中的"免"和后面 X 的关系是一个动宾结构，充当宾语的成分主要是名词和动词。汉语辞书概括"免"的义项主要有：① 免除、避免；② 赦免、释放；③ 除去、脱掉；④ 免职、罢免。根据第三版《现代汉语规范词典》，收录到"免"下的词条有："免除""免费""免检""免冠""免考""免礼""免票""免签""免去""免试""免税""免俗""免刑""免疫""免职""免罪""免征"。我们通过对辞书和语料的总结，概括出现代汉语中"免 X"的如下三种形式：

---

[1] Traugott, Elizabeth C, Trousdale, et al. Constructionalization and Constructional Changes. Oxford：Oxford University Press, 2013.

[2] 汪国胜，杨黎黎，李沛. 构式"要多 A 有多 A"的跨句语法化 [J]. 语文研究，2015（2）：16-21.

[3] Traugott, Elizabeth C. The role of pragmatics in a theory of semantic change [M] // Jef Verschueren. Pragmatics in 1998：Selected Papers from the 6th International Pragmatics Conference, II. Antwerp：International Pragmatics Association, 1999：93-102.

两种不同的词汇构式化的结果
——以"免X"和"难X"为例

第一类"免₁X"是现代汉语中高频出现的,可以分为两个小组:
第一小组:凝固成词进入词库:

免费、免税、免签、免单、免考、免试、免检、免赔、免征、免审……

这一小组是动宾式复合词,有VN式组合,也有VV式组合,可以自由充当定语和谓语。

第二小组:"免₁X"构式化,"免"成为黏着性的词内成分,构成了"免X"的图式。"免₁X"一般不能单独使用,常出现在特定的名词之前做定语,其语法功能更加接近于一个表示该名词属性的区别词,如下:

免提(电话)、免安装(硬盘)、免滤(豆浆机)、免洗(护发精华、面膜)、免烤(面包)、免胶(墙布)、免漆(门)、免煎(中药)、免火(再煮锅)、免熨烫(衣服)、免注册(网站)、免流量(下载)、免中介(二手房)、免备案(云盘)……

这一小组"免₁X+NP"中的X为名词性成分,词汇化程度最高,能产性最高,主要充当定语,"免"已然成为一个类词缀[1],越来越多的X可以进入这个子图式。这一组的"免₁X"有两个特点:① 一般只能作定语,语法功能相当于区别词。这里的"免X"严重依赖语境,后面常出现被修饰的名词性成分,比如:"免滤(豆浆机)",用"免滤"来说明这台豆浆机的区别性功能。"免滤"指的是不需要过滤;这里涉及人们的背景知识,即"一般豆浆机打豆浆都是需要过滤的";用"免滤"放在豆浆机前面就是说明这款豆浆机的新颖之处。因而这类"免₁X"也常常出现在商品广告语中。② 这种结构的"免₁X+NP"中的X可以是单音节的,也可以是双音节或多音节的,比如"免提(电话)"中"提"是单音节;"免安装(软件)"中的"安装"是双音节的。"X"既可以是名词性成分,也可以是动词性成分,构成VN式或VV式的动宾结构。如下可见两组的对比:

---

[1] "免"的意义还比较实在,没有完全虚化,虚实介乎词缀和词根之间,所以我们暂定为类词缀。

　　　　　　　　　　第一小组　　　　　　　第二小组
内部结构：VN 式和 VV 式动宾结构　VN 式和 VV 式动宾结构
语法结构：复合词　　　　　　　　短语
语义功能：动作　　　　　　　　　属性

　　从第一小组到第二小组就是一个典型的构式化过程。引文中提到，构式化就是一个"新形式-新意义"不断重新匹配的过程，第一小组到第二小组就是从复合词变成了短语，从动词的功能变成了表示属性的区别词功能。其语义也有差别："免试""免考""免检""免签""免修"等在《现代汉语词典》（第六版）中的解释均涉及道义情态中的"允许"义，比如：

　　免修 动：允许不学习（某种课程）。

　　免检 动：允许不经过检查就可以通过。

　　免签 动：允许免去签证的程序。

　　免考 动：允许不经过考察升学或晋职。

　　这里的道义情态常常具有一个权威力量的来源，因而是一个"允许"义。而第二小组中的"免 X"更加倾向于"不需要"之义，是事物本身内部的属性[1]。比如：

　　免提（电话）：<u>不需要</u>或<u>不必</u>拿起听筒就可以接听的。

　　这一类中的两组"免₁X"其词汇化的程度是不一样的。Bauer & Huddleston（2002）[2] 认为能产性和词汇化是呈反比的。词汇化完成的越充分，词汇项结合得越紧密，其能产性也越低。Lipka（2002）[3] 在定义词汇化的时候考虑到了词汇化过程中的例频率较高，而不是类频率，认为词汇化和

---

　　[1]　"免"的意义是涉及情态主观化的，道义情态内部的"允许"义到"不需要/不必"义，其实也经历了一个主观化的过程。

　　[2]　Bauer, Laurie, Rodney Huddleston. Lexical word-formation［M］// Huddleston, Pullum. The Cambridge Grammar of the English Language. Cambridge：Cambridge University Press, 2002：1621-1722.

　　[3]　Lipka, Leonhard. English Lexicology：Lexical Structure, Word Semantics and Word-formation. Tübingen：Max Niemeyer Verlag (3rd revised ed. of An Outline of English Lexicology, 1990), 2002.

能产性是冲突的。(见表1)

表1 词汇化和能产性

	词汇化程度	"免$_1$X"的能产性	使用频率
第一组	高	低	高
第二组	低	高	低

这两种组合均可以归入构式，但第一类中的"免X"第一组的词汇化程度最高，而第二组则更倾向于是一个短语，词汇项结合得不太紧密，相当于一个词组。

第二类"免$_2$X"中的"免"为否定祈使义，表示"不可""不要"等，例如：

闲人免进、免开尊口、免谈……

第三类"免$_3$X"中的"免"为罢免（职位）义，例如：

免职、免官……

第四类"免$_4$X"中的"免"为脱下（穿戴）义，例如：

免冠、免胄……

子图式并非只有一个固定不变的抽象意义，而是通过包括许多密切联系的意义共同构成一个家族。同一个子图式的形式对应不同但却相联的意义。这几个子图式共享一个上位概念就是[-实现义]。这四类"免X"分为记为"免$_1$""免$_2$""免$_3$""免$_4$"。它们的使用频率是不一样的，分为子图式的中心成员和边缘成员，能产性远高出其他义项的"免$_1$"是子图式的中心成员。

（二）"难V"的句法关系和共时层级

"难"的义项比较单一，就是"不容易、困难"之意，"难V"就是"不容易V"之意，这是"难V"这类构式的上位意义。但是，能够进入"难V"构式中的V的种类众多，这就造成了"难V"的子图式下层的微构式比较复杂，义项繁多。我们根据"难V"词汇化之后不同的意义类型，将"难V"的微构式分为如下几类：

第一类：难 V_1：难产、难耐、难忍、难熬、难堪、难舍……，这类"难V"词汇构式化之后表示"难以V、不易V"，仍然是动词，常常作谓语，后面一般没有宾语，即［难｜V］-［难V］$_{vi}$。

第二类：难 V_2：难过、难受、难听、难吃、难忘……，这类"难V"构式词汇化之后常常用作形容词，表示对某种事物或状态的描述，即［难｜V］-［难V］$_{adj}$。

第三类：难 V_3：难道、难说、难保、难怪……，这类的"难V"构式词汇化之后都表示说话人的主观情态意义，常常用作情态副词，即［难｜V］-［难V］$_{adv}$。

我们可以看出，虽然都是偏正结构，但是不同的动词进入"难X"之后会产生出截然不同的用法，"难V_1""难V_2""难V_3"之间的联系较少。虽然它们的上位概念都是"难以做某事"，但是构式化之后的三类子图式之间的联系较少。因而对于"难X"，我们主要讨论单个子图式内部的横向联系，即处于某个子图式下的微构式之间的关系。

我们以"难+言说义动词"的词汇构式化情况为例，分析"难+$V_{言}$"中，"难"和V的互动关系。我们讨论的微构式主要有"难言""难道"和"难说"。以往有不少学者讨论过"难道"的历时演变，但是目前把"难道"纳入"难X"的构式范畴内，讨论"难道"和"难说""难言"词汇化之间的竞争关系还尚未见到。现代汉语中"难道"是一种语气副词，表示一种猜测或质疑，用于疑问或反诘语气（孙菊芬，2008）[1]；现代汉语中的"难说"常常是一种情态意义，表示说话人对命题的不确定，可以单独使用。

（三）"免X"和"难X"的构式对比

"免X"中"免"和"X"是动宾关系，复合化了之后情况比较单一，基本上是动词，即：［免｜X］→［免X］$_V$，但是"难X"中"难"和"X"是偏正关系，复合化之后的情况比较复杂，有三种情况即［难｜X］→［难X］$_{adj}$或［难X］$_{adv}$或［难X］$_V$。

"免X"和"难X"都是图式化了的词汇构式，其中的"免"和"难"都经过的词汇构式化成了词内成分，两者都具有能产性。但是，"免X"的

---

[1] 孙菊芬. 副词"难道"的形成 [J]. 语言教学与研究，2007（4）：48-53.

子构式的联系比较密切,子图式的能产性差距还是比较悬殊的,"免₁X"的能产性远远高于其他三类;但是"难X"的子图式的能产性各类比较独立,其词汇化的研究主要发生在微构式上。

下面我们主要讨论"免X"的子图式的构式化过程和"难X"的微构式的词汇构式化(词汇化)过程,进而论证词汇构式化其实可以发生在两个层面:子图式层面和微构式层面。

三、子构式对母构式的继承和发展

先秦时期的"避免义"和"罢免义"的"免"均已存在,"免于NP",NP大多是"难""罪""死"之类的刑罚,例如:

(1)《象》曰:解,险以动,动而免乎险,解。(《周易》十四)

(2)君之臣不免于罪,则将肆诸市朝,而妻妾执。君之臣免于罪,则有先人之敝庐在,君无所辱命。(《礼记·檀弓下》)

"免NP",NP常常是代词,例如:

(3)初,晋武公伐夷,执夷诡诸。蒍国请而免之。(《左传·庄公十六年》)

(4)协日刑杀,各就其县,肆之三日。若欲免之,则王命六卿会其期。(《周礼·秋官·县士》)

这里,"免"的"避免"义和"赦免"义其实是方向性的不同,"避免"义就是:客体避免由主体带来的某种消极影响,从客体来时是主动性的行为;"赦免"义就是主体主动地使得客体不受某种消极因素的制约,这里的客体是被动的。

从形式上看,上古汉语中的[-实现义]的"免"有四种句法格式(见表2):

表2 上古汉语实现义"免"的四种格式

格式	避免义	赦免义	罢免义	脱除义
免于NP	+			
免NP		+	+	+
免NV		+		
免N于V		+		

先秦时期,"免"的宾语比较固定,"避免"义的NP多为"罪、难、祸"等,"赦免"义的NP多为人;"罢免"义的NP多为某人或官位、职位;"脱除"义的NP为胄、冠等。由于"免"的"罢免"义和"脱除"义情况比较单一,后接成分也比较固定。正是由于它们所接的成分比较单一,因而"免官""免职""免冠""免胄"等也比较早地进入了词库。我们详细讨论的是"避免"义的"免X"。

"免X"构式形成最重要的一步就是"免X"同构项的增多,不仅NP能进入"免X",VP也可以进入。东汉时期,"免"后所接的成分有两种变化:①NP的种类变多,除了表示灾难、祸害的NP("灾""祸""难""罪"等)之外,还有其他表示消极意义的词汇,比如"免忧""免虑""免苦""免咎"等;②除了可以接NP以外,后接VP的情况也逐渐增多,比如"免毁""免遭""免为""免归"等。但是这里的动词并没有完全跟"免"词汇化,例如:

(5) 禹表丹领左冯翊,称疾不视事,免归。(《后汉书·王丹列传》)

(6) 宪、笃、景到国,皆迫令自杀,宗族、宾客以宪为官者皆免归本郡。(《后汉书·窦融传》)

(7) 昔孝章帝愍前世禁徙,故建初之元,并蒙恩泽,流徙者使还故郡,没入者免为庶民。(《后汉书·孝桓帝纪》)

"免归"指的是免去职务,归还原乡,因而"免归"的后面还常常有地点宾语,比如"免归乡""免归故郡"等;"免为庶民"的"为"则跟后面的NP宾语连接更加紧密。

一方面,在"免X"独立性取消,从"A｜B"到"AB"的过程中有一个最大的阻碍,就是"免"之前成分的出现,伴随着双音化的进程,使得"Y+免"成为一个整体,取消独立性的就不是"免+X",而是"免"和前面的否定副词，比如"不免""未免""难免"等[1]。另一方面，我们可以看出跟"免"共现的副词大多为否定性的，因而也可以说明"免"的动词动性弱，语义程度低[2]。"免"的这种弱语义程度也为"免X"能够词汇构式化作了铺垫。

唐代，"免"后的成分就更加复杂了，"免"常常相当于一个否定副词的用法，例如：

(8) 免招恶逆挠王情，又得依钱（前）库藏盈。(《敦煌变文集新书·双恩记》)

(9) 归依三宝福难陈，免落三涂受苦辛。(《敦煌变文集新书·佛说阿弥陀经讲经文》)

这里的"免"后面可以跟一个小句，表示一种否定性的目的，为了避免某种事情的发生。这类的"免"跟后续成分比较独立，两者并不是动宾关系，而是偏正关系了，这种语境下的"免"跟后续成分要发生词汇化就是跨层结合了，因而可能性要低。

能跟"免"搭配的X是越来越多了，至近代汉语中，出现了不少"免X"的复合化："免打""免提""免究""免试"等，这些"免"后面常常跟随一个单音节动词且出现较高的使用频率，这些"免X"大多跟行政司法有关，例如：

(10) 提督转央内阁蔡大师，大师又恐怕伤了李知县名节，连忙赍了一封紧要密书帖儿，特来东平府下书与陈文昭，免提西门庆、潘氏。(《金瓶梅词话》第十回)

(11) 州牧阅之，与僚佐议曰："旃檀林中，必无杂树。唯师一院，特奏免试。"(《五灯会元》卷8)

(12) 八行者，谓孝、友、睦、任、恤、忠、和也。士有此者，即免试。(《金瓶梅》第四十八回)

---

[1] 参见高育花（2008）对"不免""未免""难免"语法化的考察。高育花."不免""难免""未免"的语法化[J]. 云南师范大学学报：对外汉语教学与研究版，2008 (3)：78-83.

[2] 语义程度低的经常用于或只用于否定结构，比如介意、理睬、认账等；语义程度高的经常用于或只用于肯定结构，比如铭记、拥戴、钦佩等。石毓智. 肯定和否定的对称与不对称[M]. 北京：北京语言文化大学出版社，2001.

(13) 旃檀林中，必无杂树。唯师一院，特奏免试。(《五灯会元》卷八)

根据我们对语料的统计，"免"和后面的成分的搭配一直都是在类频率上的上升，正是由于 X 的使用范围的扩大，我们才认为"免"成了一个词内成分。Lipka（2002）[1] 定义词汇化时则强调了词汇化过程中的例频率的问题，而不是类频率的问题：首先，"免"的义项并没有增多，仍然只有四个义项，上位语义仍是非实现义；其次，"免 X"中"X"的类型从 NP 增多到可以是 NP 和 VP，以及小句，这是 X 的类频率问题；增多的还有"免 NP/VP"中 NP/VP 的例频率，这才是"免 X"构式化的关键。"免"的同构项，从表示战役的"免灾""免难"到表示行政税收的"免税""免征"，到表示司法的"免提""免究"，再到表示考核的"免试""免考"，大多都跟政治有关联。

Traugott & Trousdale（2013）[2] 将词汇构式划分为两种：一是微构式层级的构式化；二是图式层级的构式化。"免"属于图式层级的构式化。首先，复合化的子图式被规约化和构式化作为微构式（比如"免试""免死"）；其次，复合词中的第一个构式项"免"的语义逐渐被漂白弱化，变成了一个词内成分；同时，微构式的种类增多，经过泛化而展开：这就是子图式的构式化，如图 1 所示。

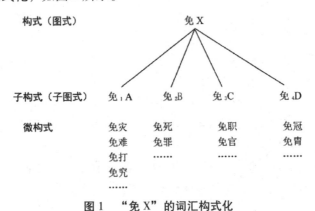

图 1　"免 X"的词汇构式化

---

[1] Lipka, Leonhard. English Lexicology: Lexical Structure, Word Semantics and Word-formation. Tübingen: Max Niemeyer Verlag (3rd revised ed. of An Outline of English Lexicology, 1990), 2002.

[2] Traugott, Elizabeth C, Trousdale, et al. Constructionalization and Constructional Changes. Oxford: Oxford University Press, 2013.

"免X"子图式层级的构式化体现在两个方面,一方面是上文所述的"免$_1$X"这个子图式上,"免$_1$X"内部的两种形式,经过词汇构式化之后从复合词到短语,从动词功能到表示属性的区别词功能,能产性增加;另一方面是四个子构式的构式化,"免"的四个义项分别词汇构式化,形成了"免X"的下位层级,各自具有能产性,由于"免"本身四个义项的动词性的强弱不同,造成这四种"免$_n$X"能产性也有所不同。

四、词汇化中微构式之间的竞争

子图式层面的词汇构式化往往由于同构项的增多而带来子图式的规约化;而微构式的词汇构式化则是单个词相互之间的竞争关系,往往伴随着词汇化。我们这里要讨论的是"难+言说义动词"的结构,主要有"难曰""难语""难谓""难言""难说""难道""难讲"。我们要重点考察的是言说义动词的演变和发展对"难V$_言$"若干微构式的影响。

(一)"难说"和"难道"的竞争

我们首先比较现代汉语最常用的"难说"和"难道"。"难说"和"难道"在词汇化道路上的竞争关系。随利芳(2007)[1]比较了"说"和"道"的语法化过程,认为言说动词"说"和"道"可以与其他动词结合构成"V说/V道"格式,充当标句词,引出小句宾语。但"说"比"道"在语法化的道路上走得更远,可以置于连词后,与动词的结合面也比"道"广。照此说明,"难说"也应该比"难道"词汇化道路上走得更远,"难V"中的动词V应该对整个构式化的形成有影响。但是通过对"难道"和"难说"的比较,我们发现,这里对"难说"词汇化形成的因素并不是"说"的语法化路径,而是"难道"跟"难说"在词汇化竞争过程中的分工和合作。

"难说"在连用之初,主要就是"难以言说"的意义,这点跟"难道"和其他"难V"构式是一致的,例如:

(14)此事难说,只要人自看得。(《朱子语类》卷三)

"难说"带谓词性宾语的用法在近代汉语中越来越多,而且衍生出很多

---

[1] 随利芳. 语法标记"说"和"道"[J]. 解放军外国语学院学报,2007(7):19-22.

不同的功能类型。"难说"在近代汉语中的语义比"难道"要广泛得多,"难说"当时占有绝对优势的地位,它可以表示跟"难道"相同的反诘语义,例如:

(15) 伯爵道:"哥,你这等就不是了。难说他来说人情,哥你赔出礼去谢人?也无此道理。"(《金瓶梅词话》第六十七回)

(16) 我卖出的孩子,难说叫我管衣裳?(《醒世姻缘》第七十九回)

孙菊芬(2008)[1]考察了"难道"的语法化现象,认为元代文献中,反问句中的副词"难道"已基本定型。

(17) 今夜酒肠难道窄,多情,莫放纱笼蜡炬明。(宋·辛弃疾《南乡子》)

(18) 难道你爷娘家也没的?(元·关汉卿《窦娥冤》第三折)

太田辰夫(1987)[2]曾引例(17),认为是副词"难道"较早的例子。孙菊芬则认为副词"难道"在两宋时期处萌芽阶段。不论如何,从"难说"的词汇化角度来看,"难道"比"难说"先一步词汇化,如果说在两宋时期"难道"的词汇化已经萌芽,但"难说"仍处于表达"很难言说"之意,其语义仍然是透明的。而随着"难道"词汇化的进一步发展,以及"说"的使用频率越来越高,"难说"已经可以有了"难道"的意义。到了明代,"难说"的使用频率越来越高,分担了"难道"的反诘语义用法,甚至还发展出了比"难道"的意义更为丰富的语义,如下:

1) 表示让步,相当于"不说……,也",用于让步前项,例如:

(19) 你不与他,他裁派府县,差人坐名儿来要,不怕你不双手儿奉与他,还是迟了!不如今日,难说四个都与他,胡乱打发

---

[1] 孙菊芬.副词"难道"的形成[J].语言教学与研究,2008(4):48-53.

[2] [日]太田辰夫.中国语历史文法[M].蒋绍愚,徐昌华,译.修订译本.北京:北京大学出版社,1987.

两个与他,还做面皮!(《金瓶梅词话》第八十一回)

(20) 我们这两家姑娘可是不怕人相,也难说比那月里红鹅,浑深满临清唱的没有这们个容颜。(《醒世姻缘传》第十八回)

"难说"在这里引入一个较高的量级,对较高量级做出让步,然后后续句再用肯定句进行强调。因而,"难说"引入的较高量级是次要信息,句子的语义重心在后句。

2)相当于能愿动词的"不能",例如:

(21) 尼姑合掌道:"阿弥陀佛!滴水难消,虽是我僧家口吃十方,难说是应该的。"(《喻世明言》第四卷)

3)无条件让步的后项分句,例如:

(22) 在那规矩法度内行动,任你甚么恶妻悍妾,也难说没些严惮。(《醒世姻缘传》第八回)

这种用法的"难说"表示的是说话人比较确定的语义,并没有认识情态的语义。

4)"难说"表示不确定性的情态副词,是一种认识情态的用法,常常对话中单独使用,表示不确定发话人的言语,相当于"不一定",例如:

(23) 田氏道:"忠臣不事二君,烈女不更二夫。那见好人家妇女喫两家茶睡两家,若不幸轮到我身上,这样没廉耻的事,莫说三年五载,就是一世也成不得。梦儿里也还有三分的志气。"庄生道:难说,难说。(《警世通言》第二卷)

(24) 凤姐儿说道:"你只管这么想着,这那里能好呢?总要想开了才好。况且听得大夫说,若是不治,怕的是春天不好。咱们若是不能吃人参的人家,这也难说了。"(《红楼梦》第十一回)

这里的"难说"表示接话人部分赞同但又不完全赞同发话人的观点。"难说"已经发展成为一个话语标记,多用于对话形式的答句当中。"难说"是一个自述式的陈述类话语标记,其后续成分主要是解释"难说"的原因。

"难+说"之间的界限取消,"说"的语义被漂白。"难说"从"不容易言说"变成了认识情态中说话人不确定的主观推测。

可以看出,在明代小说中,"难说"的意义非常丰富,不仅覆盖了"难道"的反诘用法,甚至有很多其他义项。这当然跟"说"在近代汉语中的优势地位密切相关。"难道"在两宋时期就已经词汇化成语气副词,"难道"理应比"难说"在宋代表现出的生命力更强大。但从语料中明显看出,明代中曾经有众多义项的"难说"并没有固定到其词汇意义当中去,只是在特定语境下的临时用法,没有规约化,因而其义项就很难词汇化。在"说"的使用频率上升的时期,"难说"受"难道"的影响,也衍生出了众多义项,常常和"难道"混用。后来,虽然"说"比"道"的语法化道路走得更远,但是"难道"却比"难说"的词汇化更进一步,"难说"在词汇化的竞争过程中被"难道"打败,"难道"在词汇化的过程中完胜。

(二)其他"难+言说义动词"的竞争

"难曰""难谓"出现的总频率都比较少,"难讲"起步较晚,出现的频率也少,到了现代汉语中逐渐增多。"难言"在中古和近代逐渐增多,但是大多"难言"基本上是不及物动词,后面没有宾语。我们统计了"难V"在中研院古代汉语语料库的频次,如表3所示:(我们把类频率用 TO 表示,例频率用 TE 表示)

表3 "难+言说义动词"的频次

微构式	难曰		难言		难谓		难道		难说		难讲	
频次	总频次 15		总频次 125		总频次 16		总频次 451		总频次 160		总频次 6	
	TO	TE	TO	TE	TO	TE	TO	TE	TO	TE	TO	TE
上古	1	1	1	10	0	0	0	0	0	0	0	0
中古	1	67	1	75	1	1	2	2	1	9	0	0
近代	1	2	1	40	1	15[1]	5[2]	449	5	151	1	6

[1] "难谓"近代汉语其实已经很少见,这里的15例都集中在北宋的《册府元龟》。

[2] 根据孙菊芬(2008)对"难道"的历时考察所划分出来的语义类型。孙菊芬. 副词"难道"的形成 [J]. 语言教学与研究,2008 (4): 48-53.

可以明显看出它们之间的竞争、互补和相互更替的关系。这跟"难 V"中言说义动词的发展历程也密切相关。"言""说""道"是中古言说类动词的重要组成成员，这三个词在词义和用法上比较接近，形成了一种同义竞争的局面。"言"是继承沿用了上古汉语的言说类动词，使用频率较高，相比较起来，"说"和"道"是后起的言说义动词，因此"言"的出现频率仍然处于优势，但是"说"和"道"却表现出更强的生命力。"说"和"道"是近代汉语中出现频率较高的言说义动词，在唐代口语中，"云"和"曰"可能已经被淘汰，"言"也用得比较少，"说"和"道"已经成为言说义的常用词，但是"道"在数量上超过了"说"。到元代的时候，"说"在其他言说义动词中已经大大占有优势，"说"已经覆盖了其他言说义动词（汪维辉，2003[1]）。"难道""难说""难讲"在词汇化的过程是从行域到知域的变化，衍生出了传信意义，不仅发生了词汇化，还伴随着主观化的过程。"难+言说义动词"的微构式层面的词汇构式化过程同时伴随着其词汇化过程。

五、结论和余论

我们讨论了两个层面的词汇构式化。一个是子构式的词汇构式化，一个是微构式的词汇构式化。我们用"免 X"来说明子构式的词汇构式化。子构式的词汇构式化的特点就是同构项的逐渐增多，能够进入"免 X"的 X 范围越来越广：不仅有 NP，还有 VP；从表示战役的"免灾""免难"到表示行政的"免税""免征"，再到表示司法的"免提""免究"，再到表示考核的"免试""免考"，到了现代汉语中"免"成为类词缀，具有能产性，比如"免漆（木板）""免洗""免打扰"，不仅有单音节的、双音节的，还有多音节的。正是由于"免 X"是在子图式层面的词汇构式化，"免"就更容易成为类词缀，其能产性也相对高。

"难 X"是偏正结构，"难+X"的结合不如"免+X"来得紧密。子构式"难 X"的词汇构式化主要是在微构式层面，同时发生了词汇化过程。"难 X"微词汇构式化是在微构式的竞争中不断形成的，我们以"难+言说义动词"为例，对比了"难曰""难谓""难言""难说""难道""难讲"，随着言说义动词的历时更替，"难+言说义"动词也在随之演变，但并不是完

---

[1] 汪维辉. 汉语"说类词"的历时演变与共时分布 [J]. 中国语文，2003（4）：329-342.

全一致的,"说"虽然比"道"语法化道路走得更远,但"难道"显然比"难说"的词汇化程度更深,两者的比较如表4所示。

表4 "免X"和"难X"的比较

实例	内部结构	能产性	构式化层面	是否成为类词缀
免X	动宾式结构	高	子图式	是
难X	偏正式结构	低	微构式	否

(本文原载《语言教学与研究》2017年第2期,总第184期)

太湖片吴语语法对普通话的影响

曹晓燕

一、引言

吴语是汉语各大方言中重要的一支，人文历史源远流长，使用人口约7300万[1]。和其他五片相比，太湖片吴语（或称北部吴语）的分布面积最广、受官话的影响很深。而强大的经济优势也会推动语言文化的强势，人们在很多社会场合仍会使用当地方言，在这种交际环境中，方言和普通话的接触现象复杂，方言不仅容易受普通话影响而产生变异，同时也很容易滋生方言普通话，其中语法系统比较稳定，其变异不像在语音方面表现得那么明显，也不像词汇系统那样容易接受新鲜成分，它往往是潜移默化地融合新成员、丰富表达手段，只要不影响交际，久而久之，人们便会认可这种方言普通话中的表达方式。

本文以近些年来较为普遍的4种太湖片吴语语法现象为例，说明方言在与普通话的接触中虽然成为弱势语言而发生了语言趋附现象，但方言中的强势成分也会对普通话产生渗透和影响，这当中包括虚词的泛用，还有句式的整体移入。文中普通话用例引用自北京语言大学语料库中心（BCC）[2]，方言用例以无锡话为主。

二、动词重叠及其补语

动词重叠多是吴语的一大特点。北京话还有"V一下儿""V一V""V了V"的形式，这些吴语都没有，只有动词重叠一种方式。更大的区别在于

---

[1] 中国社会科学院语言研究所. 中国语言地图集 [M]. 2版. 北京：商务印书馆，2012.

[2] 荀恩东，饶高琦，肖晓悦，等. 大数据背景下BCC语料库的研制 [J]. 语料库语言学，2016（1）.

有的重叠式用法，北京话不能用，吴语中却习以为常，这是吴语区方言普通话偏离标准普通话的重要原因之一。

（一）单纯重叠

单纯重叠从形式上和语义上来说，吴方言和普通话一样，表示时量短或动量小，由此引申出语气的缓和、随意以至谦和。无锡方言中动词重叠还表示行为的伴随性和从属性，这时动词重叠不强调动作的行为性，而表现为一种反复持续的状态，在分句或从属性短语中可作其他动作的伴随性状态，表示方式、条件，如：

（1）书看看看看睏着咧（看着看着书睡着了）。
（2）平常辰光搭人家带带老小打发点辰光（平时给别人带带孩子打发点儿时间）。

也可以带假设语气，表示"……的话"的意思：

（3）到地铁站走走十五分钟（走到地铁站的话十五分钟）。
（4）伊个送人不来事葛，自家吃吃蛮实惠葛（这个送人不行，自己吃的话挺实惠）。

这些功能是北京话不常见的，但由于表现形式和北京话一样，所以也会进入普通话。以下是在《人民日报》上找到的用例。

（5）他认为政治课和思想教育都可以让学生自己去看看书来解决。（《人民日报》1957年9月9日）
（6）向孩子们鼓吹什么物质刺激象臭豆腐，闻闻很臭，吃起来很香。（《人民日报》1975年4月1日）
（7）体育教学说说重要，做做不过如此。（《人民日报》1988年12月28日）

（二）动词重叠+补语

现代汉语北方方言[1]和普通话中，动词重叠式不能后接补语，而这种

---

[1] 这里指"典型的"北方方言，不包括西南官话和江淮官话。

用法在吴语中广泛存在，如"吃吃落、汏汏干净、讲讲清爽、揩揩落、囥囥好"等，这时的动词重叠加上结果补语表示的是完成，而不是尝试，主要用在祈使句中，比如北京话说"站好了！"在无锡话里最接近的说法是"立立好！"钱乃荣（2000）就指出，动词重叠后带补语"这种形式已多见于普通话小说和散文"。[1]

（8）我挺了挺身子坐坐好。（埃里奇·西格尔《奥利弗的故事》）

（9）我平常出门到这儿看报，随手带一块抹布出来，看完报把报栏擦擦干净再回家。（《人民日报》1997年9月21日）

（10）然而，什么是实、什么是虚，有必要说说清楚。（《人民日报》2017年3月27日）

这里就有一个有趣的现象。"动叠+补语"结构在北方话中受到压制而最终消失，却在南方方言中持续存在，并逐渐渗透进了普通话。李文浩（2009）[2]从历史角度对此进行了考察，认为句法和语义上的双重作用遏制了诸如"扭扭干"这种"动叠+补"形式的发展，而南方方言由于语音系统比较复杂，反而将"动叠+补语"保留下来了。再从心理语言学的角度看，尽管在普通话里只能说"吃吃饭"，但对于吴语区的人来说，关注的是前面的重叠式"吃吃"，后面的"落（完）"和"饭"是补语还是宾语不太会特意区分，这从吴语"动叠+补语"的语音形式中可找到例证。"动叠+补语"连读时与动词重叠后加宾语一样采用前二后一的窄用式变调。由于语音结构上的相似性，使得人们在说普通话时将"说说清楚"这类重叠式带进普通话也显得"合情合理"了。

（三）动词重叠+看

普通话里动词重叠经历了从"量增"到"量减"的转变，因此本身带有尝试义。吴语中重叠的动词不念轻声，因此，表示"量减"的动词重叠式发展得也就不充分，表示尝试义需要其他成分来承担，这里主要是"看"。如"等等看、试试看、吃吃看"等，能产性很高，甚至方言里还可以说"看看看"，前两个"看"是重叠，即用眼睛看，后一个"看"仅表

---

[1] 钱乃荣.现代汉语的反复体［J］.语言教学与研究，2000（4）：1-9.
[2] 李文浩."动叠+补"结构及其相关问题的历史考察［J］.汉语学习，2009（1）：36-43.

示尝试。但人们在说普通话时，并没有意识到"动词重叠+看"其实已是双重尝试，此结构是冗余的，在句法和语义上都不合理。大部分吴语区人认为"VV看"是普通话，而"看看看"这样的三叠式常见度低，比较容易放弃。可见在语码转换时，相对于语义，人们更容易注意到形式上的相似性。

(11) 你不自己画像，可老百姓那里却给你画了像，不信，你去群众中走走看。(《人民日报》1999年10月15日)

(12) 随着"放管服"改革的进一步深入，群众办事的堵点、痛点渐渐被打通和清除，但还有一些地方依然习惯于停一停、等等看。(《人民日报》2017年8月13日)

(13) 母亲是个多感的人……她又自信力很强，什么事都想试试看。(《冰心全集》第八卷)

三、拷贝式话题句

拷贝式话题句在汉语中源远流长，到现代更加多样。这种特殊的结构跟话题优先的语言类型有关，是汉语尤其是吴语的一大特色，但句型上吴语更丰富，使用频率更高，北京话中有的类型方言中差不多都有，甚至方言里还有一些北京话里不常见的拷贝式话题结构。当地人在说普通话时分不清哪些是普通话的，哪些是方言特有的，于是就不自觉地把方言中的拷贝式结构也带进普通话中去。以下例句是方言普通话中常见的拷贝句式。

(14) 我工作工作不行，家家弄不好，妈又得了病。

(15) 新手机用还没用，摔倒摔了好几次了。

(16) 我刚想去追，他跑都跑了。

(17) 我打也打了，骂也骂了，他就是不听。

(18) 动心归动心，想想现实情况，陈芳最终还是决定不生了。

(19) 飞机马上就要起飞了，他还没到，我急是急得不得了。

(14) 是 NP_1（么）NP_1VP_1，NP_2（么）NP_2VP_2。这种结构一般由两个或更多同类小句整齐地排列起来，前后常有总括意义的小句。这种类型的话题结构在普通话中找不到相似的结构，如果要用普通话表达，得变成

"我工作又不行,家又弄不好,妈又得了病",但往往还不能完全体现话题的话语功能,若要尽可能体现话题的功能,必须用更啰唆的形式,如"我论工作吧,工作不行;论家务吧,家务又弄不好……"。因此放弃该方言句式的困难度比较大。

(15) 跟(14)一样,也用并列小句的形式出现,VP_1 倒/是 VP_1,VP_2 倒/是 VP_2。并列项之间有平行或对比的关系。与(14)不同的是,(15)拷贝成分为充当谓语的动词性成分。放弃该句式困难度也较高。

(16)(17)可概括为"VP 也/都 VP 了"。这是已经形态化的拷贝式话题结构。普通话也有这样的句式,如"桌子搬都搬不动。""我想都没想就买了。"区别在于,普通话"想都没想"常用否定结构强调行为事情没有发生,而吴语里用这个句式"把其中的否定成分去掉,换上表示已然或结束的情态成分","由强调未发生变成强调已发生或已结束,而其中的强调成分是一致的"[1],有无法改变的意思。这类话题结构使用频率非常高,不仅久居南方的北方人会采用这样的说法,就连不与南方人接触的北方人也逐渐接受了,在北方籍作家的作品和规范的正式语体中都能找到一些。

(20) 死都死了,说这些还管啥用呢?(刘震云《一句顶一万句》)

(21) 现在这台机器废都废掉了,还谈什么启动!(张洁《无字》)

(22) 她接受采访,老伴觉得张扬,她说:"我不是为扬名,老都老了,要这虚名做啥?我想让大家都来关心空巢老人!"(《人民日报》2017 年 5 月 3 日)

(18) 是"VP_1 归 VP_1,VP_2 归 VP_2",钱乃荣(1997)[2] 首先提到它是表示让步的拷贝式话题结构,后面还得有转折小句,总体上跟普通话中表示让步的拷贝式话题结构是同类的,但吴语中使用频率更高,上海话用"做/纵",无锡话里用"归/末"。拷贝的是谓词性成分,表示前头的行为不影响后头小句所指的行为,这类让步结构不一定马上后接转折句,而是可

---

[1] 刘丹青,徐烈炯. 普通话与上海话中的拷贝式话题结构 [J]. 语言教学与研究,1998(1):85–103.

[2] 钱乃荣. 上海话语法 [M]. 上海:上海教育出版社,1997.

以先由两个让步小句并列,然后再接转折句。"这类结构中的拷贝成分 VP 不能复杂,通常为一个单词。"[1] 在北方籍作家的作品和规范语体中也比较常见。

(23) 矮归矮,胖归胖,但他上马下马却轻捷便当得很。(莫言《食草家族》)

(24) 难受归难受,事情归事情。现在最当紧的是要赶快安葬人。(路遥《平凡的世界》)

(25) 商业、饮食服务业效率低,服务质量差,几乎年年受到市民的批评。然而,怨归怨,批评归批评,问题并未得到根本解决。(《人民日报》1986 年 10 月 17 日)

(19) 是"VP 是 VP 得不得了"。吴语中有一类话题结构已经非常接近表示程度感叹的一种专用格式。如上海话:"昨日夜里向我气气得来。伊买了一件衣裳,难看么难看煞了。"但最容易进入普通话的是"VP 是 VP 得不得了"。"不得了"表示"程度很深",已被《现代汉语词典》收录,这个拷贝句式虽然带有较重的南方特色,但北方人不难理解,但距离向普通话渗透还有相当长的距离,至少在规范语体中非常少见,即使有也多出现于南方的报刊或南方籍作家的作品中。

(26) 据打扫的阿姨说"所有的人都挤到这里来,脏是脏得不得了!"(《文汇报》2000 年 8 月 5 日)

(27) 蓓云记得她怀着小云的时候一次可以吃半个蛋糕,胖是胖得不得了。(亦舒《美丽新世界》)

四、有没有+VP

"有没有+VP"原本在普通话中使用受限,"重在对事物作静态的断定,表示'是不是有所 VP'的意思"[2]。在对人物行为作动态的叙述要到 20 世

---

[1] 刘丹青,徐烈炯. 普通话与上海话中的拷贝式话题结构 [J]. 语言教学与研究, 1998 (1): 85-103.

[2] 邢福义. "没有 VP"疑问句式 [J]. 华中师范大学学报:哲学社会科学版, 1990 (1): 84.

纪80年代后随着闽粤方言的传播才逐渐进入普通话,并成为一种格式。虽然答话"有VP"还是刺耳,但问话"有没有VP"已经普遍被北方人承认为合法了。关于叙述性"有没有VP"进入普通话的原因前人已有详细论述,大体分为内因和外因。内因主要是因为该句式有特定用途,不能被完全替代,"有没有VP"用在句子前面比"VP没有"突出疑问焦点,并且在语用上具特殊价值,与"是否"在语体色彩和语法构造上也并不等同,都不好随意替换。另一个内因是普通话里"有没有"后面本来就可以出现四种语言成分:NP(名),AP(形),VP(动),NV(名动:主谓),这使后件"VP"获得了良好的结构发展空间,为叙述性"有没有"进入普通话产生类化作用。至于外因,一般都认为是随着闽粤语势力的扩大而传入普通话的。但在吴语区能这样"深入人心"与吴方言疑问句的特点也有关系。

  太湖片吴语——苏州、无锡以及常熟、昆山地区"阿(覅)VP"是使用频率相当高的一种疑问句式,"倷阿觉着啥个地方不对劲?""倷覅吃过饭介?"[1] 主要原因是"阿"能显示疑问焦点,汪平(1984)认为"它的位置是紧贴在所要问的成分的前头。'阿'位置的移动,造成了全句疑问中心的转移。"[2] 它比正反问句简洁,又不像是非问,句末语气词毕竟离疑问焦点有一段距离。西南官话和下江官话有类似的结构,即使方言不是FVP型的外地人也容易理解阿字句。所以"阿VP"以其显示疑问焦点明确高效的优点深受太湖片吴语区人的青睐。在说普通话时,容易以类推的方式,将"阿VP"与"有没有VP"对应。上海话不是FVP的典型方言,"'前加式'和'后加式'是上海方言固有的,'前加式'在上海方言的老派中还很有市场,这主要是受到苏州方言的影响。"[3]。中年人用得较多的是"阿有,阿是,阿会得,阿好"[4]。其中"阿有"用得相当普遍,如"香港倷阿有去过?""阿有VP"是对过去事情的提问,说普通话时很自然就将"阿有"直接折合成"有没有"。只不过肯定回答时直接用该动词,不能用"有(VP)"。这跟广东话又是不同的。在这一疑问句式和回答上,广东话、太湖片吴语(包括方言普通话)、北京话形成非常有趣的渐变对应规律(见表1)。

---

  [1] "阿(覅)"是一个是非问的标记。"阿"用于询问尚未发生的事,"覅"是"阿曾"的合音字,用于询问已经发生的事。
  [2] 汪平. 方言平议[M]. 武汉:华中科技大学出版社,2003:107.
  [3] 徐烈炯,邵敬敏. 上海方言语法研究[M]. 上海:华东师范大学出版社,1998:88.
  [4] 许宝华,汤珍珠. 上海市区方言志[M]. 上海:上海教育出版社,1988.

表 1

广东话	无锡话	吴方言普通话	北京话
你有冇去过香港？	你阿去过香港？	你有没有去过香港？	你去过香港没有？
有去过。	去过葛。	去过的。	去过。

五、语气词"的"

太湖片吴语陈述句末有表示确认的语气词，如无锡的"葛"[1]，类似于普通话的句末语气词"的"。由于语音上差别较大，"葛"本身不会直接进入普通话，但是由于"葛"在方言中的使用范围比"的"广泛，使用频率也比"的"高，所以仍对当地人说的普通话有重要影响。很多普通话中一般少用或不用"的"的地方，吴语区的人也用了"的"。这是因为"葛""有显著的成句作用。哪怕只有一个'好'或'去'，带了'葛'，就是一句稳定的句子"[2]。表 2 中所示的这些无锡话里的句子如没有"葛"，即使语义不变，也不像一个句子，更像词或短语，实际出现频率也低。

表 2

无锡话。	吴方言普通话。	北京话。
好葛。	好的。	好。
（阿去？）去葛。	去的。	去。
无不关系葛。	没关系的。	没关系。
坐得落葛。	坐得下的。	坐得下。
我问过小王葛。	我问过小王的。	我问过小王。
用勿着买票葛。	用不着买票。	用不着买票。
我咸葛甜葛侪要吃葛。	我咸的甜的都要吃的。	我咸的甜的都要吃。
我爷会来葛。	我爸会来的。	我爸会来的。
到三阳去葛。	到三阳去的。	到三阳去了。

北京话的"的"也有用在句末表达肯定语气的功能。但仔细比较表 2

---

[1] 无锡话里有两个"葛"，这里的"葛"对应于北京话句末的"的"。

[2] 汪平. 苏州方言研究 [M]. 北京：中华书局，2011：317.

的句子，会发现无锡话、北京话有比较复杂的异同，主要是使用频率的差别。好多吴方言普通话的句子在北方人看来不需要带"的"。如果带了"的"，就有明显的吴语色彩。尽管如此，"的"的泛用正以前所未有的速度扩散着。

六、方言成分强弱程度的判定

在语言接触中，方言相对于普通话而言一般处于弱势地位，方言受普通话的影响更大。而实际上，从方言口音普通话的形成和扩散来看，弱势语言也会对强势语言产生影响，那些容易被迁移的成分往往是方言中的强势成分，是方言区人习得普通话时不易放弃的。至于方言中哪些成分容易被迁移，怎样迁移，原因是复杂的，可能还会涉及方言和普通话的相似度、标记性、常用度以及使用频率等。

其中最重要的是相似度。因为人们在判断相似程度时常带有主观性。对于说者而言，方言和普通话的相似度越高，方言成分越难放弃。对于听者而言，却不一定。因为不同的相似程度引起的听觉上的差异是不同的，这里面还涉及听者的心理因素、认知能力、语言背景等。根据不同程度的差别，选择接受或不接受。前文分析的吴语句式之所以能进入普通话，很重要的一个因素是普通话本身就有类似的形式，只是使用条件有所限制，或使用频率没那么高，而这些问题说者自己往往感觉不到，而结构上的相似性却使得方言句式进入普通话变得合情合理。

其次是语义的空缺。由于地区文化的差异，两种语言之间总有找不到对等成分而形成的空缺，这是一种极为普遍的现象，几乎存在于任何两种不同的语言之间，反映在方言和普通话的语法比较中就是某些方言语法形式没有与其意义或用法相同的普通话句式存在，改说普通话时只能用描述的方法进行表达，有时显得比较啰唆，或者不能准确表达语义。基于语义不对称的原因，为准确生动地表达同时考虑到经济省力的原则，自然会选择最确切最熟悉的表达方式，而不会"迁就"普通话。如拷贝式话题结构"NP_1（么）NP_1VP_1，NP_2（么）NP_2VP_2"在表达话题功能时就比普通话更直接。

第三是交际策略的需要。如"动叠+补"结构在吴语等南部诸方言中，并不都含有委婉表达的语用功能。比如听到"讲讲清爽"并不觉得比听到"讲清爽"心理上更舒服，甚至语气上更严厉些。而普通话里动词重叠末音节改读轻声,语义上表示"动量小"或者"时量短","用在祈使句里,可以使口气显得缓和些"[1],那么引进"动叠+补"后,就增加了委婉、含蓄的表达功能。如原来的双音节动补结构"说清楚"就比"动叠+补"的"说说清楚"显得生硬多了。因此,也许就是因为普通话在相应的语境中缺乏委婉表达的方式,出于语言交际策略上的需要才接纳吴语等南方方言中的"动叠+补语"结构并"容许"其不断扩散。

第四,与普通话和方言的标记性有关。母语迁移具有选择性,其中语言的标记性被视为迁移的主要制约因素之一。Eckman(1977)提出了"标记性差异假说"[2],指出了只有在目的语成分标记更强时的语言差异才会导致迁移。反之,当母语结构有标记而对应的目的语结构无标记时,迁移的可能性很小。一般来说,无标记形式比较强势,在语言对抗中不容易放弃或比较容易习得。至于为什么无标记形式比较强势,沈家煊(1997)等[3]认为无标记成分具有认知上的显著性,它们最易引起人的注意,容易被储存和提取,最接近人的期望或预料;用显著的事物来认识和推导非显著的事物,这是人的一般认知规律。所以,无标记项的使用频率比较高,组合形式也比较简单,符合"经济原则"。常用成分不加标记或采用短小的组合形式,显然是出于经济或省力的考虑。如汉语动词重叠式在其发展历程中,语法意义经历了从"量增"到"量减"的根本性转变,一开始表示"量增"时,无须做出标记,是无标记项;而表示"量减"的动词重叠式属于新兴用法,是有标记项,V—V、VV儿、VV(轻声)都是有标记的。吴语动词重叠式的末一个音节不读轻声,仍属于无标记的。尽管在今天,受到北方方言的影响,吴语中"动叠+补语"结构中的一部分"动叠"也完全可以分析为短时,少量,但是作为一种常用的、稳固的语法结构,"动叠+补"并没有受到压制而缩小存在空间,反而被广泛运用,并渗透进普通话,使得原本已经因为不符合认知语义规律而最终消失的"动叠(量减)+补"的形式又"死灰复燃"了。这也就解释了为什么弱势语言也会对强势语言产生影响。其中最主要的原因还是语言成分的标记性。强势语言不代表其成分都是无标记的,弱势语言也不代表其成分都是特殊的、有标记的。

第五,与常见度有关。常见度是指某种语言现象在各种方言里的常见

---

[1] 朱德熙. 语法讲义 [M]. 北京:商务印书馆,1982:67.

[2] Eckman F. Markedness and the Contrastive Analysis Hypothesis [J]. Language Learning Journal,1977:315-330.

[3] 沈家煊. 类型学中的标记模式 [J]. 外语教学与研究,1997(1):1-10.

程度。同一现象对不同方言背景的人来说,常见度是不同的。这跟他经常接触的人的语言背景有关。某种方言形式越常见越难放弃。虽说"有+VP"随着南方影视节目北上以及粤语和闽南话势力的扩大而被逐渐接受,但还是比较刺耳,而问话"有没有+VP"这样的句式之所以能深入人心,一是因为普通话有类似的用法,为吸收南方的"有没有+VP"留下了一定的空间,二是因为疑问焦点前置的问句除了闽粤客方言以外,在吴语、西南官话、下江官话中也广泛存在,因其常见,说者不会意识感到明显的方言特色,也比较容易被北方听者接受。

第六,使用频率的差别。比较两个语言或方言,除了有某个说法"说"或"不说"的差别外,还有使用频率的差别,这也是不容忽视的。比如,吴方言普通话中语气词"的"的过度使用,主要是吴语句末的"葛"与普通话的语气词"的"之间的差异造成的,尽管两者大体上相对应,但仔细比较可以发现他们有复杂的异同,其中有"说"或"不说"的差别,也有使用频率的差别,而这种使用频率的差别最易渗透到方言区人讲的普通话中,而不易被当地人察觉。

七、结语

一般地说,语言接触引起的语言影响,大多是吸收本语所没有的或所缺少的成分,起着补充、丰富的作用,可以说语言接触是语言演变的一种动力。普通话与地域方言之间接触的广泛性是其他语言或方言所无法比拟的。就中国目前的情况而言,由于方言与普通话社会地位的差异,方言受普通话的影响更大,方言的特殊成分越来越少,而方言中有活力的、表现力强的部分如果具有了全民性,就会融入普通话中,使其变得日益丰富与完善。研究普通话的现实变化和发展趋势,对于加深我们对现代汉语语法系统的认识、制定相关的语言政策以及研究教学语法都有非常重要的意义。

主语的陈述功能

何 薇 朱景松

一、关于主语、谓语的已有分析

1) 一般认为,在主谓句中,主语是话题,谓语是对主语的陈述。主语是已知的,谓语是一句话的信息所在。这就是说,主谓句表示陈述,在无标记的情况下,这个陈述是谓语负载的。

值得注意的是,正是强调以上意见的研究者同时又说到主谓句包含着两次陈述,主语也有陈述功能。

2) 赵元任把句子分为两类:零句和整句。赵先生说:

> 主语作为问,谓语作为答。……设想一下:男人走进饭厅,发现饭菜还没有上桌子,就问:"饭呐?"他的妻子,也许没听清楚,也许为了拖延时间,说:"饭啊?"她男人哼了一声:"嗯。"她说:"还没得呐。"或者他吃完一碗要添饭,问:"饭呐?"他妻子说:"都吃完了。"
>
> 问和答的融合的三阶段:(1)两人对话。(2)自问自答。(3)把问和答合成一个整句,中间没有停顿。
>
> (1) 饭啊? 还没得呐。 饭呐? 都吃完了。
> (2) 饭啊, 还没得呐。 饭呐, 都吃完了。
> (3) 饭 还没得呐。 饭 都吃完了。[1]

上面讲到整句的主语作为话题,作为问话,谓语作为说明,作为答话。也讲到零句之中有的是指出事物的存在或唤起对它的注意,有的是有较多

---

[1] 赵元任. 汉语口语语法 [M]. 吕叔湘, 译. 北京:商务印书馆, 1979:50-51.

的话说,更近于一种说明。把这两种零句放在一起,恰好构成一个整句。这样,我们得出一个令人惊异然而明明白白的结论:一个整句是一个由两个零句组成的复杂句。[1]

3）朱德熙对何莫邪关于先秦汉语句子主语位置上的名词具有动词性主张的评论如下：

> 何莫邪的说法里最关键的一点,是他认为先秦汉语里主语位置上的名词具有谓语的性质。因此主谓句包含双重陈述。这个事实说明先秦汉语里的名词有动词性。值得注意的是赵元任很早就看到了这个现象,不过他讨论的不是古汉语,而是现代汉语……[2]

朱德熙在引述本文上面转述的赵元任先生的分析后指出：

> 赵元任认为现代汉语的主谓句包含双重陈述,……显然赵氏认为名词主语之有陈述性［或者说是"谓语性"（predicativity）］是句法位置赋予它的,并非名词本身的属性。[3]
>
> 问题的实质是在汉语里（包括先秦汉语和现代汉语）,名词性成分只有在主语位置上才表现出陈述性,在宾语和修饰语位置上没有这种性质。名词的陈述性是主语这个句法位置赋予它的。[4]

4）主语陈述功能的逻辑分析。谓词逻辑关于命题分析的意见,给我们很好的启发。为了弄清这一点,我们看看一阶谓词逻辑所进行的分析：

(1) 工人们都很热情。
(2) 有的工人很热情。

---

[1] 赵元任.汉语口语语法[M].吕叔湘,译.北京:商务印书馆,1979:51.
[2] 朱德熙.关于先秦汉语里名词的动词性问题[M]//语法丛稿.上海:上海教育出版社,1990:88.
[3] 朱德熙.关于先秦汉语里名词的动词性问题[M]//语法丛稿.上海:上海教育出版社,1990:88.
[4] 朱德熙.关于先秦汉语里名词的动词性问题[M]//语法丛稿.上海:上海教育出版社,1990:89.

例（1），按谓词逻辑的分析方法应为：∀x（G（x）→R（x）），读作"对于所有的 x 来说，如果 x 是工人，那么 x 很热情"。

例（2），按谓词逻辑的分析方法应为：∃x（G（x）&R（x）），读作"至少有一个 x，如果 x 是工人，并且 x 很热情"。

一阶谓词逻辑的创始人、德国数学家和逻辑学家弗雷格使用了"句子、专名、概念词、谓词"等术语。他把"哲学家是思想家"这样的句子里的"哲学家、思想家"都分析为与专名相对的概念词，并认为"概念词"无论出现在谓语位置上还是主语位置上都是谓词，从而引出了谓词逻辑关于命题分析的上述逻辑形式。

主谓句包含双重陈述，主语具有陈述功能，是一个很大的题目。本文先讨论几种比较明显的情形。

二、主语表示陈述的几种情形

1）作主语的词语带上标记，加以凸显，显现陈述。

无标记之下，主谓句的信息在谓语里。如果主语带上特定标记，句子的主要信息便转移到主语上。从这个意义上说，主语表示陈述。

（3）谁这么霸道？（朱晓平《大栅栏》）

（4）酒嘛，怎能没酒味儿，你又憋着什么坏呢？（老舍《正红旗下》）

（5）连生了虫的甘草、发了霉的大黄，你们都敢用，魏大人已经上折儿告你们了。（郭宝昌《大宅门》）

（6）白文氏："是你这个当小叔子的先往嫂子屋里闯！"（郭宝昌《大宅门》）

例（3）"谁"重读；例（4）"酒"重读，并且后面带语气词"嘛"；例（5）用"连"起提示作用；例（6）原来可以是不带"是"的句子，现在"你"重读，再在前面加上"是"，强调了"你"。这是为强调主语采用的几种常见标记。当然，后两例里的"甘草、大黄""你"加上标记后，就不再分析为主语了。

2）主语后面有补充说明，这个补充说明是对作主语的词的陈述。

主语由一个词充当，后面接着一个短语，对作主语的词进行补充，这是主语具有陈述功能比较典型的用例。比如：

(7) 不管怎么说吧，二哥，一个小小的旗兵，不该随便谈论国事。(老舍《正红旗下》)

(8) 就凭您，办一两桌满汉全席的手儿，去给他们蒸窝窝头？(老舍《茶馆》)

(9) 这种方子，敢下十八反的药，京城里只有两位敢开，一位是太医院的魏大人，一位是我们柜上的白大爷。(郭宝昌《大宅门》)

例 (7) "一个小小的旗兵"是对"二哥"的补充说明，合在一起，整个主语是说"二哥是一个小小的旗兵"；例 (8) "办一两桌满汉全席的手儿"补充说明"您"，整个主语是说"您是办一两桌满汉全席的手儿"；例 (9) "敢下十八反的药"补充说明"这种方子"，整个主语是说"这种方子敢下十八反的药"。补充以后的形式是一个句子形式，自然是一种陈述。

3) 主语中心语带定语，定语分析为降格述谓结构，这个降格述谓结构表现为陈述。

偏正结构作主语，定语是说明主语的。用利奇《语义学》(1987) 阐述的述谓结构理论分析，定语表现为一个降格述谓结构。以下面的例子来说明。

(10) 你最对不起的人，你反而轻轻地忘了。(曹禺《雷雨》)

"你最对不起的人"，应该分析如下：人′(你. 对不起. 这个人′)

括号里是一个降格述谓结构，表达的意义是：你对不起这个人。这是一个陈述。同类的例子如：

(11) 挺干净的个小姑娘涂它干吗？(王朔《编辑部的故事·修改后发表》)

(12) 这么大个子叫他骑着你打？(郭宝昌《大宅门》)

(13) 这么大的事儿，如果不是跟上边儿的大人们过不去，死也不能够这么下家伙啊。(朱晓平《大栅栏》)

(14) 这么大的姑娘，满世界乱跑，我看不惯！（老舍《龙须沟》）

(15) 这个破茶馆还值得他们霸占？（老舍《茶馆》）

(16) 一二品的顶戴叫人拉去扫街喂马。（邓友梅《烟壶》）

4）词语的义素里分析出一个特征，这个特征表现为陈述。

(17) 想想看，在那年月，一位大姑子而不欺负兄弟媳妇，还怎么算作大姑子呢？（老舍《正红旗下》）

"一位大姑子"，按照一般的人伦关系，大姑子与兄弟媳妇的关系是难处的，兄弟媳妇是常常被欺负的。这个背景隐藏在"大姑子"这个词里（"大姑子"是相对于"兄弟媳妇"而言的）。按常理分析，应该如下面的表达形式所示：

大姑子′（大姑子′．欺负．兄弟媳妇）

括号里是一个降格述谓结构，表达的意义是：大姑子欺负兄弟媳妇。这是一个陈述。同类的例子如：

(18) 她一个女人又能怎么样？（郭宝昌《宅门逆子》）

(19) 跟二姐商议吧，一个小姑娘可有什么主意呢。（老舍《正红旗下》）

(20) 一个乡下丫头，要二百银子？（老舍《茶馆》）

(21) "白家老号"栽不起这跟头。（郭宝昌《大宅门》）

(22) 堂堂的旗人而去以唱戏为业，不是有开除旗籍的危险么？（老舍《正红旗下》）

(23) 内务府的老爷儿们没一个不佩服的，说一个女流之辈怎么能撑起这么大个家业来。（郭宝昌《大宅门》）

(24) 大喜的日子别哭丧着脸，装着高兴点会不会？（郭宝昌《大宅门》）

(25) （二奶奶真是女中豪杰,）我这七尺男儿甘拜下风。（郭宝昌《大宅门》）

(26) 这点小意思，你收下。（郭宝昌《大宅门》）
(27) 我个女孩子能淘到哪儿去？（郭宝昌《大宅门》）
(28) 这个烂摊子，就交给你了。（郭宝昌《大宅门》）
(29) 一个老娘儿们都不怕丢人，你怕什么？（郭宝昌《大宅门》）
(30) 这事你一个姑娘家就甭管了。（朱晓平《大栅栏》）

5）主语是"的"字结构，构成"的"字结构的谓词性词语表达陈述。

(31) 官里当差的谁要个乡下丫头呢？（老舍《茶馆》）
(32) 我自己选中的我自己感到失望。（王朔《过把瘾就死》）

作主语的"官里当差的""我自己选中的"都是"的"字结构。构成"的"字结构的形式其实表现为一次陈述：

"官里当差的"：这样的人′（他′. 在官里当差）。
"我自己选中的"：这样的对象′（我自己. 选中了. 它′）。

从"的"字结构里分离出"他在官里当差""我自己选中了它"，分别都是陈述。同类的例子如：

(33) 年轻轻的一脑袋封建思想。（王朔《编辑部的故事·修改后发表》）
(34) 白文氏！你当嫂子的往小叔屋里闯，你想干什么？（郭宝昌《大宅门》）

6）主语与谓语相关词语形成对比，互相凸显，显示主语的陈述。主语与谓语在语义上形成鲜明对照。例如：

(35) 在乡下，五斤白面就换个孩子，你不是不知道！（老舍《茶馆》）

"五斤白面"和"一个孩子"形成对象和数量上的比较。交换是等值的。"一个孩子"是活生生的人，与生命相比，"白面"是微不足道的物，何况也只有五斤。"一个孩子也只值五斤白面"是暗含的陈述，用以凸显一个闺女值不了多少钱。同类的例子如：

（36）我一个人揍你这样的八个。（郭宝昌《大宅门》）
（37）一大群大老爷们儿欺负个女人，不要脸！（郭宝昌《大宅门》）
（38）这么大的人，真个跟小孩子一样！（老舍《龙须沟》）

三、主谓句两次陈述之间的关系

主谓句包含两次陈述，这两次陈述不是平列的，谓语表示的是句子的主要陈述，主语表示的陈述是为主要陈述服务的，对整个句子的陈述起凸显作用。主语表示的陈述，一定程度上强调已知信息，更好地凸显新信息。凸显的方式主要有以下几种：

1）主语表示的陈述说出条件，谓语通过转折进入正意。
比如前例：

（10）你最对不起的人，你反而轻轻地忘了。（曹禺《雷雨》）

"一个人，这个人你最对不起"，可是你却轻轻地把她忘了。全句的意思，你不该忘了你最对不起的人。同类的例子如前例（16）（17）（20）（22）（29）（37）。

2）主语表示原因，谓语表示的陈述是主语意思的结果。
比如前例：

（4）酒嘛，怎能没酒味儿，你又憋着什么坏呢？（老舍《正红旗下》）

主语表示既然是"酒"，谓语表示当然就该有酒味。同类的例子如前例（7）（18）（21）（27）（30）（31）。

3) 其他。比如前例：

(28) 这个烂摊子，就交给你了。(郭宝昌《大宅门》)
(36) 我一个人揍你这样的八个。(郭宝昌《大宅门》)

例（28）主语表示"这是个烂摊子"，谓语表示"交给你的是一个烂摊子"，暗含加重了你收拾的难度。例（36）主语表示"我是一个人"，谓语表示"可以揍你这样的八个"，比较之下，"我"有力量，"你这样的"是很容易对付的。

上面说的三种类型是相互关联的。从某种意义上说，因果是顺理成章的结果，转折表示没有得到顺理成章的结果，而得出了与通常应该得到的结果相反。"其他"所说的，无论作为条件，还是用于一般的对比，都暗含着因果联系。主语表示的陈述，是重申已知信息，来凸显新信息。

四、主语陈述功能的古汉语渊源

朱德熙肯定主语位置上的名词具有陈述性，但不同意何莫邪关于古代汉语里主语位置上的名词具有动词性的说法。朱先生认为："名词的陈述性是主语这个句法位置赋予它的。"[1] "我们能见到的只有'N+而+V'一种……拿《论语》和《孟子》两部书来说，跟名词搭配的'而'字共15例，全部是'N+而+V'的类型，没有例外。"[2] 朱先生举的例子是：

(39) 人而不仁，疾之已甚，乱也。(《论语·泰伯》)
(40) 管氏而知礼，孰不知礼？(《论语·八佾》)
(41) 斯人也而有斯疾也。(《论语·雍也》)
(42) 君而知礼，孰不知礼？(《论语·述而》)
(43) 人而无恒，不可以作巫医。(《论语·子路》)
(44) 士而怀居，不足以为士矣。(《论语·宪问》)
(45) 君子而不仁者有矣夫，未有小人而仁者也。(《论语·宪

---

[1] 朱德熙. 关于先秦汉语里名词的动词性问题 [M] //语法丛稿. 上海：上海教育出版社, 1990：89.

[2] 朱德熙. 关于先秦汉语里名词的动词性问题 [M] //语法丛稿. 上海：上海教育出版社, 1990：89-90.

问》）

(46) 人而不为《周南》《召南》，其犹正墙面而立也与？（《论语·阳货》）

(47) 匹夫而有天下者，德必若舜禹、而又有天子荐之者。（《孟子·万章上》）

(48) 是天子而友匹夫也。（《孟子·万章下》）

(49) 此四者天下之穷民而无告者。（《孟子·梁惠王下》）

(50) 人役而耻为役，由弓人而耻为弓，矢人而耻为矢也。（《孟子·公孙丑上》）

(51) 且一人之身而百工之所为备。（《孟子·滕文公上》）

(52) 是犹弟子而耻受命于先师也。（《孟子·离娄上》）

(53) 集大成也者，金声而玉振之也。（《孟子·万章下》）[1]

关于古代汉语里这样用的"而"，王力指出，"'而'字可以用于顺接，也可以用于逆接"；"所谓逆接，是说相连接的两项在意思上相反，或者不相协调；不是事理相因，语意连贯，而是有个转折"；"有时候，'而'字用在一句话的主语和谓语之间，细玩文意，实际上也是一种逆接"[2]。"而"用在主语和谓语之间表示逆接，王先生除举了《论语》的例子之外，还有如下例：

(54) 先生独未见夫仆乎？十人而从一人者，宁力不胜，智不若耶？畏之也。（《战国策·赵策》）

王力又说："有时候，'而'字用在主语和谓语之间，含有假设的意思，可以译为'如果'"[3]。举的都是《论语》里的例子：

(55) 人而无信，不知其可也。（《论语·为政》）
(56) 人而无恒，不可以作巫医。（《论语·子路》）

---

[1] 转引自朱德熙. 关于先秦汉语里名词的动词性问题 [M] //语法丛稿. 上海：上海教育出版社, 1990：90.

[2] 王力. 古代汉语：第二册 [M]. 校订重排本. 北京：中华书局, 1999：448-449.

[3] 王力. 古代汉语：第二册 [M]. 校订重排本. 北京：中华书局, 1999：449.

(57) 士而怀居，不足以为士矣。(《论语·宪问》)

王力指出，"其实这种用法仍然是和逆接的用法相通的。《诗经·鄘风·相鼠》：'相鼠有皮，人而无仪。人而无仪，不死何为？'可以证明这一点。"[1]

王力还特别说明，"有一点值得注意：所谓顺接和逆接，只是从具体的上下文的意思看的，并不是说'而'字有两种性质。顺接和逆接也不是截然分开的。"[2]

现代汉语里带有明显陈述意义的主语与谓语的关系，大量表现为转折关系，一部分表示因果关系；表示因果与表示转折，只是表现形式上有些差别，实际上意思是相关的。这与古代汉语的逆接、顺接的分析一致。现代汉语里的主语的陈述功能，与古代汉语里"而"用在主语和谓语之间的特点是一脉相承的。

(本文原载《语言教学与研究》2014年第4期)

---

[1] 王力. 古代汉语：第二册 [M]. 校订重排本. 北京：中华书局，1999：449.
[2] 王力. 古代汉语：第二册 [M]. 校订重排本. 北京：中华书局，1999：449.

常熟方言古知、庄、章声母的读音类型与历史演变

莫 娲

一、引言

古知、庄、章三组声母在常熟方言中演变为三套声母［ts tsʰ s dz/z］、［tʂ tʂʰ ʂ dʐ/ʐ］和［tɕ tɕʰ ɕ dʑ/ʑ］。在北部吴语区［tʂ］组声母已不多见，除常熟外，无锡的郊县还有所保留[1]。而常熟北部的谢桥等地还保留着《切韵》时代的读法：章组大部分字读成舌面音。同时，常熟的南端沙家浜等地古知、庄、章声母已经合并，全部读成舌尖前音［ts］组。常熟方言由北至南的语音形式反映了*［tɕ］→［tʂ］→［ts］的音变过程。因此本文通过描写知、庄、章声母在常熟方言的内部差异，分析古知、庄、章三组声母在常熟方言中的读音类型与地理分布，再与邻近城市方言做比较，在此基础上探讨北部吴语古知、庄、章声母的演变情况。

二、古知、庄、章三组声母在常熟方言中的读音类型

（1）古知、庄、章三组声母在常熟市区话中，按古韵摄、等、开合口的不同，演变为［ts tsʰ s dz/z］和［tʂ tʂʰ ʂ dʐ/ʐ］两套读音。

知组三等、章组字不论舒声韵、入声韵均读作［tʂ tʂʰ ʂ dʐ/ʐ］，如："猪"读［tʂu⁵¹］，"臭"文读［tʂʰɤɯ³²⁴］，"朝"读［dʐɔ²⁴］，"着"（睡着）读［dʐᴀʔ²³］。知组二等、庄组字一般读为［ts tsʰ s dz/z］，与精组字读音相同。如："柴"读［zᴀ²⁴］，"师"读［sŋ⁵¹］，"生"读［sÃ⁵¹］，

---

[1] 王轶之.［tʂ］组声母在无锡的地域演变［J］.暨南学报：哲学社会科学版，2011（6）：116-119.

"责"读[tsəʔ⁵]。

其中，知₃章组字在市区读同庄组字的有：

（1）假摄开口三等章组字，如："车"读[tsʰu⁵¹]，蛇[zu²⁴]。

（2）蟹摄合口三等祭韵字，如："缀"读[tsE³²⁴]，"赘"读[su³²⁴]，"税"读[sE³²⁴]。

（3）止摄开口三等章组字（除"侈"读[tʂʰʮ⁴⁴]，"至"读[tʂʮ³²⁴]，"试"读[ʂʮ³²⁴]），如："枝"读[tsɿ⁵¹]，"尸"读[sɿ⁵¹]，"时"读[zɿ²⁴]。

（4）止摄合口三等知、章组字（除"吹"读[tʂʰʮ⁵¹]，"水"读[ʂʮ⁴⁴]，"槌"读[dzʮ²⁴]），如："追"读[tsE⁵¹]，"垂"读[dzE²⁴]。

（5）深摄开口三等入声韵，仅"拾"读[ziɪʔ²³]。

（6）宕摄开口三等章组部分字，有："章、樟"读[tsÃ⁵¹]，"伤"读[sÃ⁵¹]，"赏"读[sÃ⁴⁴]，"尝、裳、偿"读[zÃ²⁴]，"上_上山_"读[zÃ³¹]，"上_上面_、尚"读[zÃ²¹³]，"唱、倡"读[tsʰÃ³²⁴]，"勺"读[zɔʔ²³]。

（7）梗摄开口三等章组字（除"适、释"读[ʂiɪʔ⁵]），如："赤"读[tsʰAʔ⁵]，"石"读[zAʔ²³]。

知₂庄组字在市区方言中读同章组的有：

（1）效摄开口二等肴韵，仅"抓"读[tʂA⁵¹]。

（2）山摄合口二等删鎋韵的庄组字，有："栓"读[ʂə⁵¹]，"涮、刷"读[ʂAʔ⁵]。

（3）宕摄开口三等庄组字（除"创"读[tsʰÃ³²⁴]），如："庄"读[tʂÃ⁵¹]，"床"读[zÃ²⁴]，"状"读[dzÃ²¹³]。

（4）江摄开口二等知、庄组字，如"撞"读[dzÃ³¹]，"桌"读[tʂɔʔ⁵]，"窗"读[tʂʰÃ⁵¹]，"镯"读[dzɔʔ²³]。

（5）通摄合口三等舒声韵和入声韵，《方言调查字表》都分别仅列一字，"崇"读[dzoŋ²⁴]，"缩"读[ʂoʔ⁵]。

对常熟市区的知庄章声母读音进行归纳可以得出表1：

表 1　古知、庄、章声母在常熟市区话中的读音

古声母	古舒声韵		古入声韵	
	今读 [ts] 组	今读 [tʂ] 组	今读 [ts] 组	今读 [tʂ] 组
知₂庄	假开二知庄 遇合三庄 蟹开二庄 止开三庄 止合三庄 效开二庄 流开三庄 咸开二知庄 深开三庄 山开二知庄 臻开三庄 梗开二知庄	山合二庄 宕开三庄 江开二知庄 通合三庄	咸开二知庄 深开三庄 山开二庄 臻开三庄 曾开三庄 梗开二知庄	山合二庄 江开二知庄 通合三庄
知₃章	假开三章 蟹合三知章 止开三章 止合三知章 宕开三章多	遇合三知章 蟹开三知章 止开三知 效开三知章 流开三知章 咸开三知章 深开三知章 山开三知章 山合三知章 臻开三知章 臻合三知章 宕开三知章少 曾开三知章 梗开三知章 通合三知章	梗开三章	咸开三章 深开三知章 山开三知章 山合三章 臻开三知章 臻合三知章 宕开三知章 通合三知章

(2) 古知、庄、章三组声母在常熟谢桥话中，按古韵摄、等、开合口的不同，有三套声母，分别为 [ts tsʰ s dz/z]、[tʂ tʂʰ ʂ dʐ/ʐ] 和 [tɕ tɕʰ ɕ dʑ/ʑ]。[tʂ] 组声母只出现在深、臻、曾、梗摄的开口三等知、章组字和山摄合口二等庄组、臻摄合口三等知、章组字。具体分混情况归纳如表 2。

表2 古知、庄、章声母在谢桥话中的读音

古声母	古舒声韵			古入声韵		
	今读[ts]组	今读[tʂ]组	今读[tɕ]组	今读[ts]组	今读[tʂ]组	今读[tɕ]组
知₂庄	假开二知庄 遇合三庄 蟹开二庄 止开三庄 止合三庄 效开二庄 流开三庄 咸开二知庄 深开三庄 山开二知庄 臻开三庄 梗开二知庄	山合二庄	宕开三庄 江开二知庄 通合三庄	咸开二知庄 臻开三庄 深开三庄 山开二知庄 曾开三庄 梗开二知庄	山合二庄	江开二知庄 通合三庄
知₃章	假开三章 蟹合三知章 止开三章 止合三知章	深开三知章 臻开三知章 臻合三知章 曾开三知章 梗开三知章	遇合三知章 蟹开三知章 止开三知 效开三知章 流开三知章 咸开三知章 山开三知章 山合三知章 宕开三知章 通合三知章	梗开三章	咸开三章 深开三章 山开三章 山合三章 臻开三知章 臻合三知章	宕开三知章 通合三知章

（3）古知、庄、章三组声母在常熟沙家浜话中，知、庄、章合并，仅有一套声母读为[ts tsʰ s dz/z]，与精组相同。如："水"读[sɿ⁴⁴]，"招"读[tsɔ⁵¹]，"蒸"读[tsẽ⁵¹]，"出"读[tsʰəʔ⁵]等。

常熟方言古知、庄、章声母的分化在北部吴语中极具特色，仅在常熟一地由北往南便可找到一条从切韵舌面音向舌尖音演变的轨迹，从而也将常熟内部各地分为三种读音类型，其差别主要集中在知₃章组字上：第一类是知₃章组有部分字保留中古舌面音，同时也有部分字演变为舌尖后音，下文称作甲类；第二类是知₃章组字全部演变为[tʂ tʂʰ ʂ dʐ/ʐ]，没有古舌面音的读法，下文称作乙类；第三类是知₃章组字已进一步音变为舌尖前音，读同精组字，也没有古舌面音的读法，下文称作丙类。由此我们又可以将古知、庄、章组字的声母今读分为三大类：一类是合一型，即不论古韵母的等都读为一套声母[ts tsʰ s dz/z]，对应上文我们所说的丙类方言；一类是两分型，即按韵母的等有两套声母 [ts tsʰ s dz/z] 与 [tʂ tʂʰ ʂ dʐ/ʐ]，对应于乙类方言；最后一类是三分型，即按古韵摄、等、呼的不同，有三套声母，分别为 [ts tsʰ s dz/z]、[tʂ tʂʰ ʂ dʐ/ʐ] 和 [tɕ tɕʰ ɕ dʑ/ʑ]，对应于甲类方言。

古知系声母例外情况置于下文讨论，此处暂将例外字搁置。古知、庄、章声母在今常熟各点方言的分合表现出较强的演变规律，其读音类型既体现了古吴语的读音面貌，也代表着北部吴语的发展趋势。下面我们将常熟方言古声母的分合情况按类型归纳如表3至5所示：

表3　甲类声母分合情况

类型		古音韵条件	常熟方言今声母读音
甲类	庄组	全部，不论等呼	ts tsʰ s dz/z
	知组	二等，不论开合	ts tsʰ s dz/z
		三等 深臻曾梗摄的开口，臻摄合口 其余韵摄，不论开合	tʂ tʂʰ ʂ dʐ/ʐ tɕ tɕʰ ɕ dʑ/ʑ
	章组	深臻曾梗摄的开口，臻摄合口 其余韵摄，不论开合	tʂ tʂʰ ʂ dʐ/ʐ tɕ tɕʰ ɕ dʑ/ʑ

表4　乙类声母分合情况

类型		古音韵条件	常熟方言今声母读音
乙类	庄组	全部，不论等呼	ts tsʰ s dz/z
	知组	二等，不论开合	ts tsʰ s dz/z
		三等，不论开合	tʂ tʂʰ ʂ dʐ/ʐ
	章组	全部，不论开合	tʂ tʂʰ ʂ dʐ/ʐ

表5　丙类声母分合情况

类型		古音韵条件	常熟方言今声母读音
丙类	庄组	全部，不论等呼	ts tsʰ s dz/z
	知组	全部，不论等呼	
	章组	全部，不论开合	

常熟内部各调查点的庄组与知组二等字声母的读音没有差别，章组与知组三等字的声母我们根据上面的三张表可知丙类完全不同于甲、乙两类读音；甲类和乙类方言有相同的地方，但大多数韵摄读音并不相同。下面

我们把甲、乙两类读音再拿出来加以比较：

1. [tʂ]、[tɕ] 两组声母比较

从表6中我们可以看到甲类比乙类多出一个声母 [ʑ]，这在乙类音系的浊声母系统中留下了一个舌面浊擦音的空位。原因在于甲类的 [tɕ] 组是由《切韵》的舌根音喉音声母在《切韵》三等、四等韵前经过腭化作用转变而来的，群母字在北部吴语都读成浊塞擦音 [dʑ]，不读浊擦音 [ʑ]。因此造成市区 [tɕ] 组声母浊擦音的空缺。而甲类的 [tɕ] 组不仅包括乙类那些经过腭化而来的舌面音，同时还包括保存下来的《切韵》舌面音，所以它有 [ʑ] 声母，与韵母拼合时也多了一个 i 介音，如"招"读作 [tɕio⁵¹]、"船"读作 [ʑiɤ²⁴]。两种读音类型的 [tʂ] 组来源相同，都是由《切韵》舌面音演变过来的。如表6所示甲类 [tʂ]、[tɕ] 两组声母一一对应，而乙类留有舌面浊擦音的空位。至于 [tɕ] 组声母的来源对比详见表7。

表6 甲、乙两类声母比较

甲类	tʂ 针	tʂʰ 春	dʐ 程	ʂ 湿	ʐ 神
	tɕ 招鸡	tɕʰ 吹溪	dʑ 厨骑	ɕ 手戏	ʑ 船
乙类	tʂ 针招	tʂʰ 春吹	dʐ 程厨	ʂ 湿手	ʐ 神船
	tɕ 鸡	tɕʰ 溪	dʑ 骑	ɕ 戏	

表7 甲、乙两类 [tɕ] 组声母来源比较表

甲类	见组，知₃章组的大部分韵摄
乙类	见组

2. [tʂ] 组声韵配合比较

甲类和乙类的 [tʂ] 组声母在声韵配合关系上存在很大差异。从表8来看乙类的拼合能力大于甲类。又乙类声母与遇摄合口、蟹摄开口、止摄开合三等知章组字拼合的韵母是 ʅ，而甲类这些三等知章组字仍保留切韵时代的舌面音，读作 [tɕ] 组，其拼合的韵母是 i，因此，甲类的韵母系统比乙类少了一个 ʅ 韵母。

表8 甲、乙两类韵母比较表

乙类	ʅ、ʌ、ɔ、ɤ、ɯ、Ã、ɔ̃、oŋ、Aʔ、ɔʔ、əʔ、oʔ
甲类	ɔ̃、əʔ

三、古知、庄、章组声母读音类型的分布

常熟古知、庄、章组声母的今读类型在地理分布上由北往南表现出明显的地域性特点，具体分布情况与地理分布图如表9。

表9　古知、庄、章组字今声母读音类型分布表

类型			方言点
甲类	三分型	tɕ、tʂ、ts 型	福山、王市、谢桥、大义、周行
乙类	两分型	tʂ、ts 型	虞山、兴隆、藕渠、莫城、练塘、冶塘、王庄、张桥、淼泉、古里、白茆、赵市、梅李、珍门、浒浦、碧溪、吴市、东张、徐市、董浜、何市、支塘
丙类	合一型	ts 型	沙家浜、唐市、任阳、辛庄、杨园

甲类三分型主要分布在常熟的北部一线，与其接壤的地区主要为今张家港市的凤凰镇和塘桥镇。据笔者实地调查，当地方言与常熟甲类地区的方言几乎无异，并且凤凰、塘桥两地原属常熟行政管辖，因此我们大致上可以认为该地区的方言是受常熟甲类读音的影响，属于较好地保留古舌面音的现存方言，它们代表着较为早期的吴语层次。

乙类两分型则很明显是今常熟主流方言的读音类型，以常熟市区虞山镇方言为中心，辐射21个常熟西部、中部及东部沿江的乡镇。其中赵市、浒浦、吴市、东张面临长江，因此这4处的方言只可能受市区方言的影响，因此在古知、庄、章组字声母的读音类型方面与常熟市区权威方言保持一致。

丙类合一型则分布在常熟的南部一线，该处是常熟与苏州、昆山接壤的地区，受苏州方言影响较大，古知、庄、章、精合流，全部读作舌尖前音。此类型的声母系统比甲类和乙类少［tʂ、tʂʰ、ʂ、dʐ、ʐ］5个声母，是在常熟方言内部演变速度略快的读音类型，代表了较为晚近的演化层次。

根据上文的分析与结论，我们绘制出古知、庄、章三种读音类型在常熟市的地理分布图，由北往南呈现出明显的地域性差异，如图1所示。

图 1　古知、庄、章声母读音类型的分布图

四、三种类型与邻近城市方言的比较

根据上文的分析，今常熟内部就古知、庄、章组字存在南北的地域性差异，因此本文选择与常熟南北两端邻近的城市方言加以比较，在常熟内部，选择了最北端的福山、市区虞山镇与南端的沙家浜；邻近城市方面，北部选择了隔江相望的南通，南部选择了苏州、昆山。由于张家港与常熟相邻的地区是说常熟方言的（详见曹建芬，1984），因此本文不再列举，选取了常熟西南方向的无锡作为方言比较点。所比较的项目是以上七个点知三章组舒声韵声母的读音情况（声调略去），见表10。

表10 知₌章组舒声韵声母读音比较表

		例字	南通	福山	虞山	沙家浜	苏州	昆山	无锡
假开三	章	车	tsʰo	tsʰu	tsʰu	tsʰu	tsʰo	tsʰo	tsʰu
遇合三	知	猪	tsu	tɕi	tʂʮ	tsɿ	tsʮ	tsʮ	tʂʮ
	章	书	su	ɕi	ʂʮ	sɿ	sʮ	sʮ	ʂu
蟹开三	章	制	tsɿ	tɕi	tʂʮ	tsɿ	tsʮ	tsu	tʂʮ
蟹合三	章	税	ɕye	sE	sE	sE	sE	sE	sE
止开三	知	知	tsɿ	tɕi	tʂʮ	tsɿ	tsʮ	tsʮ	tʂʮ
	章	纸	tsɿ	tsɿ	tsɿ	tsɿ	tsɿ	tsɿ	tʂʮ
止合三	知	追/槌	tɕye/tɕʰye	tsE/dʑi	tsE/dzʮ	tsE/zɿ	tsE/zʮ	tsE/zE	tsE
	章	垂/水	tɕʰye/ɕye	dzE/ɕi	dzE/ʂʮ	dzE/sɿ	zE/sʮ	zE/sʮ	zE/ʂʮ
效开三	知	超	tɕʰiɤ	tɕʰiɔ	tʂʰɔ	tsʰɔ	tsʰæ	tsʰɔ	tʂʰɔ
	章	招	tsɤ	tɕiɔ	tʂɔ	tsɔ	tsæ	zɔ	tʂɔ
流开三	知	抽	tsʰe	tɕʰiɯ	tʂʰɯ	tsʰɯ	tsʰøY	tsʰəu	tɕʰmei
	章	周	tse	tɕiɯ	tʂɯ	tsɯ	tsøY	tsəu	tɕiəu
咸开三	章	陕	ɕĩ	ɕiɤ	ʂɤ̃	sɤ̃	sø̃	sə̃	sõ
深开三	知	沉	tsʰɛ̃	dzə̃	dzə̃	dzə̃	zən	zən	zʮən
	章	深	sɛ̃	ʂə̃	ʂə̃	sə̃	sən	sən	ʂən
山开三	知	展	tɕĩ	tɕiɤ	tʂɤ	tsɤ	tsø	tsɵ	tʂo
	章	扇	ɕĩ	ɕiɤ	ʂɤ	sɤ	sø	sɵ	ʂo
山合三	知	转	tɕø̃	tɕiɤ	tʂɤ	tsɤ	tsø	tsɵ	tʂo
	章	专	tɕø̃	tɕiɤ	tʂɤ	tsɤ	tsø	tsɵ	tʂo
臻开三	知	陈	tsʰɛ̃	dzə̃	dzə̃	dzə̃	zən	zən	zʮən
	章	真	tsɛ̃	tʂə̃	tʂə̃	tsə̃	tsən	tsən	tʂən
臻合三	知	椿	tɕʰyɛ	tʂʰə̃	tʂʰə̃	tsʰə̃	tsʰən	tsʰən	tʂʰən
	章	春	tɕʰyɛ	tʂʰə̃	tʂʰə̃	tsʰə̃	tsʰən	tsʰən	tʂʰən

续表

		例字	南通	福山	虞山	沙家浜	苏州	昆山	无锡
宕开三	知	张	tsõ	tçiÃ	tʂÃ	tsÃ	tsã	tsã	tʂã
	章	唱	tsʰõ	tsʰÃ	tsʰÃ	tsʰÃ	tsʰã	tsʰã	tʂʰã
		厂	tsʰõ	tçʰiÃ	tsʰÃ	tsʰÃ	tsʰã	tsʰã	tsʰã
曾开三	知	征	tsɛ̃	tʂə̃	tʂə̃	tsə̃	tsən	tsən	tʂən
	章	蒸	tsɛ̃	tʂə̃	tʂə̃	tsə̃	tsən	tsən	tʂən
梗开三	知	郑	tsʰɛ̃	dʐʑə̃	dʐʑə̃	dzə̃	zən	zən	ʐʑən
	章	成	tsʰɛ̃	dʐʑə̃	dʐʑə̃	dzə̃	zən	zən	ʐʑən
通合三	知	中	tsʌŋ	tçioŋ	tʂoŋ	tsoŋ	tsoŋ	tsoŋ	tsoŋ
	章	钟	tsʌŋ	tçioŋ	tʂoŋ	tsoŋ	tsoŋ	tsoŋ	tsoŋ

上引材料南通读音取自《南通地区方言研究》（鲍明炜、王均，2002），苏州读音取自《苏州方言语音研究》（汪平，1996），昆山取读音自吴林娟的硕士学位论文（2006）。其余均为本次调查所得，无锡点的材料记录的是东南部的硕放方言。

从表10的比较中我们可以看到古知₃章组从《切韵》舌面音演变到现代舌尖前音的历史过程。南通位于常熟市北面，与常熟一江之隔，其开口咸、山两摄，合口蟹、止、山、臻四摄古知₃章组字今声母读［tç］组仍保留中古舌面音，其余韵摄都演变为舌尖前音，没有演变中间过程的滞留情况；福山地处常熟的北部，古知₃章组字声母的今读情况与南通话一样有舌面音的读法，除假摄开口、蟹摄合口、深臻曾梗摄读［tʂ］组之外，其余各摄均保留中古舌面音；常熟市区即虞山镇话古知₃章组大多读成［tʂ］组，同时也有少数字发生演变，读成舌尖前音［ts］组；沙家浜位于常熟的南面，与苏州、昆山相邻，此三地古知₃章组字声母已经全部读作舌尖前音［ts］组，但苏州和昆山方言还在韵母中保留圆唇色彩，如"知"读作［tsɿ］，韵母［ɿ］便是一个圆唇元音。而在沙家浜"知"读作［tsɿ］，我们推测，由于其韵母系统没有ɿ韵，在声母完成舌尖前音的演变后，只有一个舌尖前不圆唇元音ɿ能与之相拼，因此形成这样的声韵配合结构。无锡是北部吴语中与常熟同样具有［tʂ］组声母的方言，它们都代表着吴语演变的中间过程，并且同样有部分字以词汇扩散的方式发生前移的音变现象。同时，常熟福山和无锡硕放都有保留古舌面音的例字，但常熟福山话保留得更为完好，古知₃章组字大部分韵摄声母读作［tç］组，而无锡硕放从上表中仅调查到流摄开口三等知章组字如"抽、周"还具有存古的性质,声母读作 [tɕ]。换一个角度来看,上表各地方言古知₌章组字的今读情况恰好对应了北部吴语从中古舌面音演变到现代舌尖音的各个历史阶段与演变轨迹(见图2)。即

　　　　　　　　tɕ　　→　　tʂ　　→　　ts
方言点：福山、无锡　　常熟、无锡　　苏州、昆山、沙家浜
演变性质：　存古　　　　中间过程　　　　晚近

图2　邻近城市知₌章组舒声韵声母读音比较图

五、例外情况分析

1）假摄开口三等章组字读同庄组,声母为 [ts] 组。王力先生认为："在吴方言里由于麻韵二等字一般高化为o,三等照系字也跟着走,念成o。在这点上看得出吴方言也曾经过卷舌音的阶段,以致影响到韵头 i 的失落。"[1] 常熟方言假摄开口三等麻韵与章组字相拼时读 [u],后高化更厉

---

[1] 王力. 汉语史稿 [M]. 北京：科学出版社,1958：156.

害，介音脱落，庄章合流，声母读成舌尖前音。"舌尖后音声母的消失首先是从后接元音为圆唇音开始的。"[1] 因此，常熟乙类与甲类假摄开口三等章组字与圆唇元音［u］相拼时，声母的圆唇色彩消失。

2）止摄开口三等章组字除"至、试、侈"外全部读同庄组，而知组字在乙类读作［tʂ］组，甲类保留舌面音［tɕ］组；止摄合口三等知组字只有"追"读同庄组，而章组字则只有"吹、水"两字在乙类和甲类分别保留［tʂʰ、ʂ］和［tɕʰ、ɕ］，其他都读同庄组；蟹摄开口三等祭韵字除"誓"外，全部保留［tʂ］组或［tɕ］组，而合口三等祭韵字则全部读成［ts］组。我们把乙类止摄和蟹摄祭韵的知章组字按声母读音归类，见表11。

表11　止摄知章组字和蟹摄祭韵字的声母读音

今声母	止摄章组字/蟹摄祭韵字	今声母	止摄知组字/蟹摄祭韵字
ts	支枝肢栀纸只脂旨指之芝止址志痣追知锥/缀赘	tʂ	至章知蜘智致置/滞制
tsʰ	眵翅齿炊豉	tʂʰ	侈章痴耻吹章
s	施尸屎诗始/税	ʂ	试章水章/世势逝
z/dz	示匙是氏视时鲥市垂睡瑞谁/誓	zʐ/dzʐ	迟稚持痔池驰槌锤

张琨先生曾在《论吴语方言》一文中对常熟方言止摄知庄章和蟹摄祭韵字的读音做过归纳，常熟方言*i韵前切韵卷舌音声母（庄系）和舌面塞擦音擦音声母（章系）都读成舌尖音，可是切韵塞音声母（知系）和祭韵字读卷舌音。表11所反映的读音情况，大致上仍旧呈现张琨先生描述的读音规律，但是少数字的今读已发生变化。那么，止开三知庄章组在常熟的读音类型是庄章一组，知组与之对立，这个读音模式与北方官话区一样。"至、试、侈"这三个例外字，其中"至、侈"在常熟方言中不常说，我们认为其读音可能是受书面语的影响。"试"字常用，却读同知组，虽然不排除读书音的影响，但我们考察邻近方言无锡北郊话，止开三章组字均读成［tʂ］组，其读音类型是知章一组，庄组与之对应，这种现象与江淮官话一致。常熟与无锡两地都为北部吴语区，不可能一处受北方官话影响，而另一处随江淮官话而发生音变。因此，如果我们把常熟与无锡两地的读音情况看成是北部吴语止开三知庄章声母的演变轨迹，就容易理解了。章组在

---

[1] 王轶之.［tʂ］组声母在无锡的地域演变［J］.暨南学报：哲学社会科学版，2011（6）：116-119.

常熟谢桥型中保留切韵的舌面音［tɕ］组，发展到无锡北郊的［tʂ］组，再逐渐演变为常熟市区型的［ts］组，"试"则是音变在乙类中不彻底的残存现象。再往下的发展便是止开三知庄章合为一套声母［ts］组，北部吴语大部分地区均是这种情况。

止、蟹摄的庄组字不论开口、合口都读［ts］组，章组字大部分读同庄组，仅有5个字仍保留［tʂ］组，由此我们推测庄组字是最先演变为舌尖前音的，章组次之；止摄知₃组字仅"追"这1个字读如［ts］组，其余均保留［tʂ］组，我们推断知₃组演变为舌尖前音要晚于章组字。这符合词汇扩散的规律，即"开始的时候可能只在某些词中有变化，而随着时间的推移，首先在少数词中发生的变化逐渐扩散到所有有关的其他词，而不是像青年语法学派所说的那样，是'所有在相同关系中发生了语音变化的词'都突然地，没有例外地同时受到这种变化的影响。"[1] 常熟方言中止摄庄、章组字不能截然分开，知组与庄章组不同，说明止摄庄章已经合流，知庄章合流的趋势也已存在，但尚未完成。

3）宕摄的开口三等庄组字（除"创"）与江摄的知₂庄组字读音比较特殊，声母都读成［tʂ］组；而宕摄开口三等的部分章组字（章樟昌菖唱倡伤赏尝裳偿上尚勺）却读作舌尖前音。宕摄的庄₃和江摄的知₂庄声母都不"前化"，这个现象与官话区相同，"官话区的知照组字演变与开、合条件有关的，这条件都不是中古及以前的'开口''合口'，而是近代官话的开口呼、合口呼，大致上与现代官话方言的开口呼、合口呼吻合"[2]。张琨先生在《论吴语方言》一文中提到，卷舌音与合口成分似乎有些姻缘，卷舌声母后边常常发生合口作用。这里我们可以把常熟方言中江宕两摄读成［tʂ］组看成官话区的合口呼，那么常熟方言宕摄的庄₃和江摄的知₂庄声母不前化可以看成与官话区的演变情况一致。实质上宕摄的庄₃和江摄的知₂庄声母不前化证明庄组与精组合并是晚近才发生的，同时也从另一个角度证明庄₃与庄₂的表现相同，庄₃组经过前腭介音消失的阶段与庄₂组合并，再一起前化读同精组。我们把《方言调查字表》中所有庄₃组列如表12。

---

［1］徐通锵. 历史语言学［C］//北京：商务印书馆，1991：251-252.

［2］麦耘. 从中古近期—近代语音和官客赣湘方言看知照组［J］. 南开语言学刊，2010（1）：15-30.

表 12　庄₌组声母的读音情况

韵摄	遇合三	止开三	止合三	流开三	深开三	臻开三	宕开三	曾开三	通合三
声母	[ts]组	[ts]组	[ts]组	[ts]组	[ts]组	[ts]组	[tʂ]组	[ts]组	[tʂ]组

表 12 中仅宕、通两摄的庄₌组还保留 [tʂ] 组，从这里我们也可以看出常熟方言中 [tʂ]、[ts] 的演变过程，确实经历过 [tʂ tʂʰ ʂ dʐ/ʐ] 的读音阶段，对于北部吴语是否经历过这样自身语音系统演变的阶段，我们给出了一个实例。而宕摄开口三等的部分章组字先于庄组读同精组，我们认为是受邻近强势方言（苏州、上海）知庄章精合流的总趋势所致。

六、古知、庄、章三组声母在常熟方言中的演变

调查中我们发现：咸开三章组字和山开三知章组字，舒声均读成 [tɕ] 组，如陕读 [ɕiɤ⁴⁴]；扇 [ɕiɤ³²⁴] 读。符合甲类的读音规律，而入声却读成 [tʂ] 组了，如：折折叠读 [tʂəʔ⁵]；舌读 [zɤʔ²³]。这一现象一方面恰好说明切韵舌面音在演变过程中入声韵先发生音变；另一方面也能证明常熟方言的 [tʂ] 组是从切韵的舌面音自身演变而来的，而不是受北方官话的影响。当然从乙类我们就能看出这是语言系统自身的演变。其一，乙类知₌章组今读 [tʂ] 组，这与北京音 [tʂ] 组的构成并不相同，北京音除了知₌章组之外，知₌庄组大多数字也读成 [tʂ] 组。其二，"如果是受外来方言的影响，应该是书面上常用的字首先向权威方言靠拢，呈现出有的字已变，有的字未变的层次状态。"[1] 在常熟方言中，知庄章声母整齐的分为两类。其三，在乙类中也能找到舌面音音变不彻底的残余，如："轴"是通合三澄母字，读成 [dʐioʔ²³]，与谢桥话读音相同。因此，在常熟存在 [tʂ] 组声母，我们认为并非如平田直子所说："虽然早在一百年前，在苏州就有卷舌音，而且今天无锡、常熟等地也存在着卷舌音。但是，我们认为这种语音形象只存在于受过北方官话较大影响的地区。（从明代到清初，北方官话中产生了大量的卷舌音，无锡、常熟、苏州等地呈现的卷舌音，就是北方官话的影响和渗透的结果）。"[2]

---

[1] 王洪军. 中原音韵——知庄章声母的分合及其在山西方言中的演变 [J]. 语文研究，2007（1）：1-10.

[2] [日] 平田直子. 北部吴语假摄开口三等章组字的语音演变 [C] //吴语研究：第二届国际吴方言学术讨论会论文集. 上海：上海教育出版社，2003：77.

综合上文的分析，我们可以整理古知庄章声母在常熟的音变过程即：[tɕ]→[tʂ]→[ts]。章组仍存在舌面音读法的甲类是保留了切韵时代的读法，代表较早的层次。接着，一些入声韵先读同[tʂ]组声母，逐渐发展为乙类，舌面音消失，知₂庄、知₃章分立的层次。然后，过渡到丙类，则是发展较快的方言了。

即常熟各方言古知庄章声母的先后演变阶段可分为三类：

（1）较古老的阶段（三组声母）：已有少部分知₃章组字读成[tʂ]组。

（2）次古老的阶段（两组声母）：知₂庄与知₃章分立。

（3）较年轻的阶段（一组声母）：知庄章合流读同精组字。

先秦汉语中的反宾为主句
——无常动词的滥觞

张榴琳

一、引言

汉语中长期存在受事作主语而施事不出现的句式，早期用例可追溯到甲骨文：

（1）辛丑卜，黍登。（《殷虚文字缀合》）

例（1）中，"登"为"烝"通假[1]，故而句子的主语"黍"实际上为句中动词的受事。

而后，此类句式广泛见于各个时期的汉语：

（2）地削兵辱，主不得意而死。（战国·《韩非子》）
（3）彩女嫔妃皆不要。（唐·《敦煌变文》）
（4）您的信已经收到了。（现代汉语）

早在1924年，杨树达已注意到该句式，他在《古书疑义举例续补》中提出了"施受同辞"的概念，并解释说："乃同一事也，一为主事，一为受事，且有同时连用，此宜有别白矣，而古人亦不加区别，读者往往以此迷惑。"[2]

---

[1] 丁原植，冯时. 古文字与古史新编[M]. 台北：台湾书房，2007：46.
[2] 杨树达. 古书疑义举例续补[M]. 北京：中华书局，1924：185-245.

这一说法后为大西克也[1]所沿用。而针对上述例子中提到的,受事作主语施事不出现且没有其他标记的句式,黎锦熙在《比较文法》中提出了"反宾为主句"的说法,谢质彬[2]进而指出反宾为主句在古代汉语中十分普遍。本文参考黎锦熙[3]及谢质彬[4]的研究,用"反宾为主句"指称这一句式。

针对反宾为主句形式上的特点,多数讨论集中在受事主语的生命度以及句中动词的语义上。普遍认为,反宾为主句中的受事主语在绝大多数情况下为无生命物体,极少由人类充当[4][5][6]。至于反宾为主句中的动词,Cikoski[7][8]率先提出了中性动词(neutral verbs)与作格动词(ergative verbs)的对立。中性动词的主语必须为施事,无论宾语出现与否,例如(5)中的"辟"。然而作格动词的主语可能为施事可能为受事,如例(6)中的"免":用作及物时,主语为施事宾语为受事,如(6a);用作不及物时,主语为受事,如(6b)。

(5) a. 将焉辟之?(《左传》)
　　 b. 秦子,梁子,以公旗辟于下道。(《左传》)
(6) a. 若从君惠而免之……?(《左传》)
　　 b. 女子曰:"君免乎?"(《左传》)

---

[1] [日]大西克也. 施受同辞刍议:《史记》中的"中性动词"和"作格动词"[M] // Kenichi Takashima, Shaoyu Jiang. Meaning and form: Essays in Pre-Modern Chinese Grammar. Muenchen: Lincom Europa, 2004: 375-394.

[2] 谢质彬. 古代汉语反宾为主的句法及外动词的被动用法[J]. 古汉语研究, 1996 (2): 32.

[3] 黎锦熙. 比较文法[M]. 北京: 中华书局, 1933.

[4] 魏培泉. 古汉语被动式的发展及演变机制[J]. 中国境内语言暨语言学, 1994 (2): 293-319.

[5] 俞敏. 古汉语的"所"字[M] // 俞敏语言学论文集. 北京: 商务印书馆, 1999: 375-386.

[6] 易孟醇. 先秦语法[M]. 长沙: 湖南人民出版社, 1989: 106.

[7] Cikoski, John S. An outline sketch of sentence structures and word classes in Classical Chinese: Three essays on Classical Chinese grammar I [J]. Computational Analyses of Asian & African Languages, 1978 (8): 17-132.

[8] Cikoski, John S. An outline sketch of sentence structures and word classes in Classical Chinese: Three essays on Classical Chinese grammar III [J]. Computational Analyses of Asian & African Languages, 1978 (8): 133-208.

Harbsmeier[1]和Hsveh[2]先后指出了中性动词与作格动词并非二元对立的关系。汉语中有一部分动词用作不及物时，根据情境主语可能是施事，也可能是受事，即兼有中性动词和作格动词的特征，例如"伐"和"封"。尽管如此，中性动词和作格动词两分的观点依然影响了一代汉语学者，如大西克也[3]、刘承慧[4]、宋亚云[5]、巫雪如[6]。另外，梅祖麟[7]虽没有采用作格动词和中性动词的说法，但同样认为上古汉语中反宾为主句与省略宾语的"施事+动词"结构是有明确区分的，且在语音层面有所体现。

关于反宾为主句的功能和意义，多数学者同意与被动有关。姚振武[8]直接使用了意念被动句的说法。他认为上古汉语中并无专门的被动标记，将"于"和"见"作为被动标记的主流看法有失于偏颇——"于"和"见"的根本作用分别在于"介绍施事"和"表示遭遇"，并非表被动。真正表示被动的就是受事直接作主语的意念句本身（本文中的"反宾为主句"）。这一看法秉承了洪诚[9]以来的传统，同时与谢质彬[10]的看法一致。相对应，以吕叔湘[11]和方光焘[12]为代表的另一传统主张反宾为主句是一种"表态句"。在此基础上，刘承慧[4]采取了一种折中观点，认为少数行为动词因类推产生表态用法，在反宾为主句中表示"行为结果"，因而形成了意

---

[1] Harbsmeier, Christoph. Current issues in classical grammar. Some critical reflections on J. S. Cikoski: Three essays on classical Chinese grammar [J]. Acta Orientalia, 1980, 41: 126-147.

[2] Hsveh, Frank F. S. Subject deletion and "passive construction" in Classical Chinese [M] //高思曼，何乐士. 第一届国际先秦汉语语法研讨会论文集. 长沙：岳麓书院，1994: 383-419.

[3] [日] 大西克也. 施受同辞刍议：《史记》中的"中性动词"和"作格动词" [M] // Kenichi Takashima, Shaoyu Jiang. Meaning and form: Essays in Pre-Modern Chinese Grammar. Muenchen: Lincom Europa, 2004: 375-394.

[4] 刘承慧. 先秦汉语的受事主语句和被动句 [J]. 语言及语言学，2006 (4): 825-861.

[5] 宋亚云. 《左传》反宾为主句考察 [J]. 汉语学报，2007 (2): 24-30.

[6] 巫雪如. 从认知语义学的角度看上古汉语的"作格动词" [J]. 清华大学学报：哲学社会科学版，2009 (2): 161-197.

[7] 梅祖麟. 从汉代的"动、杀"、"动、死"来看动补结构的发展：兼论中古时期起词的施受关系的中立化 [M] //北京大学中文系《语言学论丛》编委会. 语言学论丛：卷十六. 北京：商务印书馆，1991: 112-172.

[8] 姚振武. 先秦汉语受事主语句系统 [J]. 中国语文，1999 (1): 43-53.

[9] 洪诚. 论古汉语的被动式 [M] //洪诚文集. 南京：江苏古籍出版社，1958/2000: 112-138.

[10] 谢质彬. 古代汉语反宾为主的句法及外动词的被动用法 [J]. 古汉语研究，1996 (2): 32.

[11] 吕叔湘. 中国文法要略 [M]. 北京：商务印书馆，1942: 92.

[12] 方光焘. 关于汉语被动句基本形式的几个疑问 [J]. 中国语文，1961 (11): 18-25.

念被动句。

鉴于以往研究中针对反宾为主句的形式和功能存在的分歧，本文在构式语法的框架下，从反宾为主句中的动词语义入手，讨论该句式的形式和功能特征，并进而在跨语言视角下讨论该句式的原型范畴。

二、研究框架和研究方法

本文的讨论在构式语法的框架下展开，默认构式语法的基本信条，包括：1）构式自身是有意义的[1][2][3]，构式的意义与动词的意义有不容忽视的交互关系[2]；2）（语义）范畴并不总是边界分明的，事实上在多数情况下呈现为原型范畴，内部有典型成员与边缘成员[4]；3）"所见即所得"，句法并不存在内部层级，亦不承认所谓的"空语类"[3]；4）语言的本质是基于使用的，依存于情境的语言输入及输入频率，直接影响语言的学习、处理和新用法的产生[5]。从上述这些基本信条出发，构式语法研究大都采用自底而上的模式，基于真实语料的方法本质上区别于生成语法。其中，"类型频率-用例频率（type-token frequency）"统计是一种常用方法。用例频率是指某个具体的词、短语或其他语言成分在语料中的出现频率；而类型频率指的是在同一构式中，不同语言成分在同一位置出现的频率[6]。与之相关，动词与构式的交互关系往往反映在动词对构式的忠实度上（faithfulness/contingency[7]）。有的动词与某特定构式关系特别紧密，在该构式中有极高的类型频率。比如英语中 give 对双宾语结构极为忠实，而 leave 虽然

---

[1] Langacker, Ronald W. Cognitive grammar: A basic introduction [M]. New York: Oxford University Press, 2008: 3, 266.

[2] Goldberg, Adele E. Constructions: A construction grammar approach to argument structure [M]. Chicago: University of Chicago Press, 1995: 13-14, 24.

[3] Goldberg, Adele E. Constructions: A new theoretical approach to language [J]. Trends in Cognitive Science, 2003 (7): 219-224.

[4] Langacker, Ronald W. Foundations of Cognitive Grammar, vol. 2, Descriptive application [M]. Stanford: Stanford University Press, 1991: 266.

[5] Bybee, Joan L. Usage-based theory and exemplar representations of construction [M] // Thomas Hoffmann, Graeme Trousdale. The Oxford handbook of construction grammar. New York: Oxford University Press, 2012: 49-69.

[6] Ellis, Nick C. Frequency effects in language acquisition: A review with implications for theories of implicit and explicit language acquisition [J]. Studies in Second Language Acquisition, 2002, 24: 143-188.

[7] Ellis, Nick C, Teresa Cadierno. Constructing a second language [J]. Annual Review of Cognitive Linguistics, 2009 (7): 111-290.

也能进入双宾结构，在其他结构中的出现频率更高[1]。

用构式语法的眼光来看以往对于反宾为主句的研究结论，很容易发现一些问题。如果语义范畴在大多数情况下都没有明确边界，那么作格动词和中性动词之间可能本身也没有明确界限。事实上，Harbsmeier[2] 和 Hsveh[3] 已经注意到了这种情况。另外，尽管大西克也[4]承认作格动词和中性动词的对立，他基于《史记》的量化研究结果却明确显示作格动词和中性动词只能理解为原型范畴。

表1　作格动词在"施-动（AV）"和"受-动（PV）"结构中的类型频率[5]

	斩	诛	戮·僇	辱	伐	剿	执	拘	囚	系
AV	2	2	0	0	5	0	0	0	1	0
PV	8	14	3	15	7	1	1	2	7	7
	得	征	用	逐	抱	葬	幸	爱	嬖	Total
AV	3	0	9	0	0	1	0	2	0	25
PV	5	6	20	3	1	12	21	3	2	138

仅从表1的情况来看，即使同被划为作格动词，目标动词出现在"受-动"结构（本文中的"反宾为主句"）中的频率也确实高过出现在"施-动"结构中的频率，19个动词的分布特征依然呈现明显差异："伐""得"和"用"的"施-动"用例显然不容忽视，而能进入宾语不出现的"施-动"结构事实上是中性动词的特征。除此之外，大西克也[6]还在《史记》

---

[1] Ellis, Nick C, Matthew O'Donnell, et al. Usage-based language learning [M] // Brian Mac-Whinney, William O' Grady. The Handbook of Language Emergence. Malden, MA: Wiley Blackwell, 2015: 163-180.

[2] Harbsmeier, Christoph. Current issues in classical grammar. Some critical reflections on J. S. Cikoski: Three essays on classical Chinese grammar [J]. Acta Orientalia, 1980, 41: 126-147.

[3] Hsveh, Frank F S. Subject delection and "passive construction" in Classical Chinese [M] // 高思曼，何乐士. 第一届国际先秦汉语语法研讨会论文集. 长沙：岳麓书院，1994：383-419.

[4] [日] 大西克也. 施受同辞刍议——《史记》中的"中性动词"和"作格动词"[M] // Kenichi Takashima, Shaoyu Jiang. Meaning and form: Essays in Pre-Modern Chinese Grammar. Muenchen: Lincom Europa, 2004: 375-394.

[5] [日] 大西克也. 施受同辞刍议——《史记》中的"中性动词"和"作格动词"[M] // Kenichi Takashima, Shaoyu Jiang. Meaning and form: Essays in Pre-Modern Chinese Grammar. Muenchen: Lincom Europa, 2004: 375-394.

[6] [日] 大西克也. 施受同辞刍议——《史记》中的"中性动词"和"作格动词"[M] // Kenichi Takashima, Shaoyu Jiang. Meaning and form: Essays in Pre-Modern Chinese Grammar. Muenchen: Lincom Europa, 2004: 375-394.

中发现"杀"出现在"施-动"和"受-动"中的类型频率是相同的,以至于无法归类。如果用原型范畴的眼光来看,这些问题就迎刃而解了:相对于"幸"和"辱"这些从来不进入"施-动"结构的动词,"伐"、"得"和"用"是比较不典型的作格动词,而"杀"正好介于作格动词和中性动词两个原型范畴之间。

为了考察汉语中最早期的反宾为主句,本文将先秦汉语确定为研究范围。研究主要分为两个步骤,在第一个步骤中(本文的第三部分)量化分析了《孟子》全书中反宾为主句的特点,同时抽取出反宾为主句中的高频动词;在第二个步骤中(本文的第四部分)先确定了一些语义上具有代表性的目标动词,然后在国家语委语料库(http://www.cncorpus.org/)中找到目标动词在先秦文本中的所有语料,标注每一条用例的句式以找到反宾为主句,通过计算反宾为主句的类型频率占目标动词用例频率的百分率来估测这些目标动词对于反宾为主句的忠实度。基于两个步骤的研究结果,本文的第五部分重新讨论了汉语中的所谓"作格动词",并引入了动词无常性(verbal lability)的概念。第六部分总结先秦汉语反宾为主句的形式和功能特点。

三、《孟子》中的反宾为主句

《孟子》一书是孟子的言论汇编,通常认为由孟子及其弟子共同编写而成,记录了孟子的语言、政治观点和政治行动,大约成书于公元前4世纪[1]。全书有38125个汉字,共分为七章,共搜集到55条反宾为主句用例。针对每一条用例,我们分析了受事主语的生命度、句子模态以及动词语义。

在55条反宾为主句用例当中,有10条的形式是"受事+不可胜+动词",展示了可观的类型频率。这一结构表示受事在数量上不能被动词所表示的动作完全处置的性质。在这一结构中,受事主语大都无生命,人类只出现在一条用例当中。另外,只有三个动词出现在了这一结构当中,分别是"用"(6次)、"食"(3次)和"诛"(1次),下面是一些例子:

---

[1] Kern, Martin. Early Chinese literature, Beginnings through Western Han [M] // Kang-I Sun Zhang, Stephen Owen. The Cambridge History of Chinese Literature, Volume I: To 1375. Cambridge: Cambridge University Press, 2010: 1-115.

(7) 不违农时，谷不可胜食也。
(8) 斧斤不如山林，材木不可胜用也。
(9) 诛之，则不可胜诛。

除了 10 条"受事+不可胜+动词"用例，另有 8 条用例包含"可""足"或"难"，表示受事能够或不能够被动词所表示的动作完全处置的性质。在这 8 条用例当中，有 4 条的受事主语由人类充当。这一结构中的动词，大都是传统定义的及物动词（Cikoski 二分法中的中性动词），包括"法"（2 次）、"伐"（1 次）、"杀"（1 次）、"欺"（1 次）、"罔"（1 次）和"运"（1 次），下面是一些例子：

(10) 沈同以其私问曰："燕可伐与？"
(11) 今有杀人者，或问之曰："人可杀与？"
(12) 君子可欺以其方，难罔以非其道。

在剩下的 37 条反宾为主句用例当中，无生命的受事主语出现在了 20 条用例中。另有一条用例用身体部位代替人类作受事主语：

(13) 暴其民甚，则身弑国亡。

表 2 汇总了动词在这 37 条反宾为主句用例中的类型频率。

表 2 动词在《孟子》反宾为主句中的类型频率

动词	举	见	闻	卒	行	听	定	辟
频率	5	3	3	3	2	2	2	2
动词	用	成	食	治	亡	备	弑	聚
频率	1	1	1	1	1	1	1	1
动词	蔽	助	驾	削	税	溢	絜（通"洁"）	总数
频率	1	1	1	1	1	1	1	37

从表 2 当中可以看到，尽管样本大小有限，动词在反宾为主句用例中的

类型频率呈现出齐普夫分布的特征[1]：最高频的 8 个动词（总数的三分之一）组成了超过一半的用例。至于具体的动词语义，表 2 中相当一部分动词本身含有状态改变的意思。比如"举""定""成""亡""备""聚""削"和"絜"（通"洁"）不仅表示了一个过程，也隐含了过程带来的最终状态，如下面的用例所示：

(14) 舜发于畎亩之中，傅说举于版筑之间，胶鬲举于鱼盐之中，管夷吾举于士，孙叔敖举于海，百里奚举于市。
(15) 猝然问曰："天下恶乎定？"吾对曰："定于一。"
(16) 货财不聚，非国之害也。

同时，表示完成态的时间副词常用来表示强调这种状态的改变，比如"既"和"已"。

(17) 牺牲既成，粢盛既絜。
(18) 今乘舆已驾矣。

简言之，《孟子》中的反宾为主句在大多数情况下表示完成态的状态改变，不过"受事+可/足/难+动词"组成了另一个表示受事性质的常见类型。无生命的受事主语在频率上略高于有生命的受事主语。

四、动词对反宾为主句的忠实度

为了确定"动词-构式"忠实度研究的目标动词，我们考虑了词频、多义词（polysemy）、同形异义词（homonym）、词义代表性等因素。

考虑到该研究的适用价值，显然研究高频词会比研究低频词更有意义。我们在国家语委语料库的所有先秦语料中搜索了表 2 列出的所有动词，结果如表 3 所示。

---

[1] Zipf, George Kingsley. The psycho-biology of language: An introduction to dynamic philology [M]. Cambridge, MA: The M. I. T. Press, 1935.

表3 先秦语料中的动词词频

排序	动词	频率	排序	动词	频率	排序	动词	频率
1	行	3023	9	亡	1264	17	蔽	168
2	用	2164	10	听	834	18	助	164
3	见	2045	11	举	763	19	驾	154
4	成	1872	12	定	629	20	削	146
5	闻	1826	13	备	534	21	税	55
6	卒	1701	14	辟	490	22	溢	42
7	食	1592	15	弑	320	23	絷	23
8	治	1367	16	聚	258		总计	21404

然而，表3中排位靠前的高频动词多数为多义词或同形异义词，比如频率最高的"行"在先秦汉语中除了可以作动词以外还可以作名词，表示"道路""军队""队伍"等含义。因为在这一部分，我们的目的是考察动词对构式的忠实度，多义词和同形异义词词会不可避免地给标注增加难度，因而被尽量排除在目标动词之外。基于这样的标准，我们最终确定了6个意义相对单一，且词频皆在100以上的动词，具体为"削""助""听""备""弑"和"聚"。可以看到，这6个动词的语义多样，也非常具有代表性，其中"削""备""弑"和"聚"本身包含状态改变的意思；"助"是一个动作性的及物动词，不包含状态改变的意思；另外"听"是一个感知动词。对于包含这6个目标动词的所有用例，我们手工标注了句式并挑出了反宾为主句。

针对每一个动词，我们用百分率来估测动词对反宾为主句的忠实度：在该动词的所有用例当中，有多少用例符合反宾为主句的结构，结果如表4所示。

表4 先秦语料中反宾为主句在各目标词使用中的类型频率

动词	反宾为主句类型频率	用例频率	百分率/%
助	2	164	1.22
弑	25	322	7.76
听	120	807	14.87
备	139	533	26.08
聚	81	255	31.76
削	71	145	48.97

如果用图来表示表 3 中的数据，可以明确观察到一个连续统，如图 1 所示。

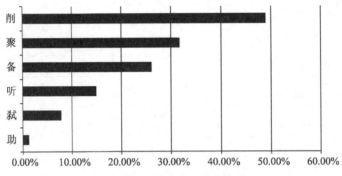

图 1　动词对反宾为主句的忠实度

在图 1 呈现的连续统中，很难说哪些动词应该被归为作格动词，哪些动词应该被归为中性动词。另外，我们还发现 Cikoski[1][2] 对作格动词的定义本身有问题，因为除了组成"受-动"结构，以上所有 6 个动词都可以组成宾语不出现的"施-动"结构，如例（19）~（24）所示，也就是说它们全部兼有中性动词和作格动词的性质。

（19）右兵，弓矢御，殳矛守，戈戟助。（《司马法》）
（20）取国者，称国以弑。（《谷梁传》）
（21）使敌备东，而击其西。（《兵法》）
（22）桓公不听，遂与之盟。（《谷梁传》）
（23）今子常……而蓄聚不厌。（《国语》）
（24）君陈……无倚法以削。（《尚书》）

因此，在先秦汉语的语言使用当中，作格动词和中性动词之间并没有明确界限：在用作不及物时，有相当数量的动词既可以组成"施-动"结构，也可以组成"受-动"结构，即兼有作格动词和中性动词的特征。但这

---

[1] Cikoski, John S. An outline sketch of sentence structures and word classes in Classical Chinese—Three essays on Classical Chinese grammar I [J]. Computational Analyses of Asian & African Languages, 1978 (8): 17-132.

[2] Cikoski, John S. An outline sketch of sentence structures and word classes in Classical Chinese—Three essays on Classical Chinese grammar III [J]. Computational Analyses of Asian & African Languages, 1978 (8): 133-208.

并不是说先秦汉语的动词是一个内部无差别的体系,事实上在表4和图1中我们也可以看到,目标动词对反宾为主句的忠实度是有显著区别的。一个总体的趋势是,表示状态改变的动词("削""聚"和"备")比动作性及物动词("助")更加忠实于反宾为主句。当然,这仅仅是一个总体趋势,也有例外,比如"弑"。语义上,"弑"也包含状态改变的意思,但是却只有7.76%的"弑"字的用例是反宾为主句。我们认为这一例外情况可能与"弑"的受事固定为君主有关。在我们搜集到的322条用例里,"弑君"出现了162次。

五、动词的无常性和无常动词

在上一部分我们看到,作格动词和中性动词在先秦汉语中并没有明确界限。事实上,"作格"这一概念本身未必适用于汉语。

"作格(Ergative)"的概念最初是针对爱斯基摩语(Eskimo)、巴斯克语(Basque)、安巴扎语(Abaza)、楚克其语(Chukchee)及迪尔巴尔语(Dyirbal)等语言提出来的[1][2][3]。在这些语言当中,不及物动词的主语与及物动词的宾语拥有完全相同的格标记,这种格标记系统被命名为"作格-通格"系统,而这些语言也随之被称为作格语言。因而作格的概念在产生之初就与格标记有着天然的联系,这一联系也对后来语言学界的讨论产生了深刻的影响[4]。可是如果我们看汉语中的情况,首先,汉语显然没有格标记;第二,虽然部分汉语动词用作及物时的宾语和用作不及物时的主语可能一致,但是总体上,汉语及物动词的宾语显然有别于不及物动词的主语。综合以上两点,"作格"的概念并不适合汉语,将其强加于汉语对于外国学者来说是一种有误导性的做法。其实,早在1987年,吕叔湘就指出:"作格语言和受格语言(相当于我们所说的作格和及物性)必须有形态或类似形态的手段做依据。汉语没有这种形态手段,要说它是这种类型或那种类型的语言都只能是一种比况的说法。"随后,徐通锵[5]补充道:"看来'依葫芦画

---

[1] Anderson, Stephen. On the notion of subject in ergative languages [M] //Charles Li. Subject and topic. New York: Academic Press, 1976: 1-24.
[2] Lyons, John. Semantics [M]. Cambridge: Cambridge University Press, 1977.
[3] Dixon, Robert M W. Ergativity [J]. Language, 1979, 55 (1): 59-138.
[4] Otsuka, Yuko. Ergativity in Tongan [D]. Oxford: University of Oxford, 2000.
[5] 徐通锵. 自动和使动——汉语语义句法的两种基本句式及其演变 [J]. 世界汉语教学, 1998 (1): 11-21.

瓢'地套用作格理论来分析汉语的结构，是很难取得预期的结果的。"

那么如果不用"作格"的概念，我们应该怎么描述部分汉语动词允许反宾为主的性质呢？

在针对现代汉语的研究中，"非宾格（unaccusative）"是另一个常常提到的概念。Perlmutter 和 Postal[1]注意到部分不及物动词的主语更接近施事，却不带作格标记，就把它们叫作"非作格动词（unergative）"；相对地，部分不及物动词的主语更接近受事，却不带宾格标记，就被叫作"非宾格动词（unaccusative）"。基于吕叔湘[2]在《说"胜"和"败"》一文中举出的现象，黄正德[3]率先将"非宾格"的概念引入了汉语，并且影响了众多汉语学者，如 Li Yen-Hui[4]、Yu Ning[5]、杨素英[6]、徐杰[7][8]。然而显然，同"作格"一样，"非宾格"的说法同样天然涉及汉语中缺失的格标记。另外，众多学者都对"吃"这种传统意义上的及物动词是否可以划入非宾格动词持保留态度。因为一方面，"吃"在汉语中确实可以组成施事不出现的反宾为主句，如"蛋糕吃了"；而另一方面，"吃"明显有别于常见的不及物动词，而"非宾格动词"在产生之初就是不及物动词的下位概念，如果把"吃"划入非宾格动词有悖于语言学界对非宾格动词的普遍认识。所以"非宾格动词"的概念同样不适合中文中的反宾为主句。

因此，我们可以看到，如果想要恰切地描述汉语中动词可以反宾为主的性质，需要单纯从形式本身出发，将西方语言学中与格位标记相关的概念强加给汉语，只会让问题更加复杂。而无常动词（labile verb）和动词无常性（verbal lability）理论为我们提供了一种可行的思路。

---

[1] Perlmutter, David, Paul Postal. Impersonal passives and some relational laws [M] //Perlmutter D, Rosen C. Studies in relational grammar 2. Chicago：University of Chicago Press, 1984：81-125.

[2] 吕叔湘. 说"胜"和"败"[J]. 中国语文, 1987（1）：1-5.

[3] 黄正德. 中文的两种及物动词和两种不及物动词 [M] // 世界华语文教育学会. Proceedings of the 2nd World Congress of Chinese Language Studies. 台北：World Chinese Language Association, 1989：39-59.

[4] Li Yen-Hui. Order and constituency in Mandarin Chinese [M]. Dordrecht：Kluwer, 1990.

[5] Yu Ning. Towards a definition of unaccusative verbs in Chinese [M] // Jose Camacho, Choueiri L. Proceedings of the Sixth North American Conference on Chinese Linguistics, Vol. 1. Los Angeles, CA：University of Southern California, 1995：339-353.

[6] 杨素英. 从非宾格动词现象看语义与句法结构之间的关系 [J]. 当代语言学, 1999（1）：30-62.

[7] 徐杰. 两种保留宾语句式及相关句法理论问题 [J]. 当代语言学, 1999（1）：16-29.

[8] 徐杰. "及物性"特征与相关的四类动词 [J]. 语言研究, 2001（3）：1-11.

"无常动词（labile verb）"最初是 Nichols[1] 针对高加索语（Caucasian languages）提出的概念，专门概括动词在不加任何标记的情况下，既可以用作及物又可以用作不及物的现象。Dixon[2] 区分了"施事无常（A-lability）"和"受事无常（P-lability）"。施事无常指的是动词在不及物用法中带施事宾语；受事无常指的是动词在不及物用法中带受事宾语，也就是本文讨论的反宾为主句。在不加限定的情况下，"动词无常性"专门用来指称受事无常。基于对上百种语言（主要为印欧语、高加索语和非洲语言）动词无常性的考察，Letuchiy[3][4][5] 提出了"无常动词形态学（the typology of labile verbs）"，并定义了无常动词的两个参数：① 无常动词至少有两种不同的用法，一种及物，一种不及物。② 在不同的用法中，主语有不同的语义角色。

动词无常性从来没有被解读成一个二元概念，Letuchiy[4][5] 明确提到，动词的无常性有强弱等级之分。有的动词有一个强势用法、一个弱势用法，即主要作及物/不及物用；而有的动词出现在两种用法中的频率相当，后者就比前者更加无常。我们在第三部分看到的，动词对于反宾为主句的忠实度连续统，正好印证了这一论述："削"对反宾为主句的忠实度接近50%，表示它出现在反宾为主句（不及物用法）中的频率与出现在其他用法（主要是及物用法或者是"施动"结构）中的频率相当，因此它的无常性要高于其他目标动词，而动词无常性由强到弱依次为："削"—"聚"—"备"—"听"—"弑"—"助"。

跨语言来看，Haspelmath[6][7] 曾经将动词无常性作为"使动-起动替

---

[1] Nichols, Johanna. Direct and oblique objects in Chechen-Ingush and Russian [M] // Frans Plank. Objects. London: Academic Press, 1984: 183-209.

[2] Dixon, Robert M. W. Ergativity [M]. Cambridge: Cambridge University Press, 1994.

[3] Letuchiy, Alexander. Lability of verbs and its relations to verb meaning and argument structure (based on the data of Indo-European, Arabic, Turkic, and other languages) [M] // Vortrag beim LENCA-2-Symposium an der Universität Kasan. 2004: 11-14.

[4] Letuchiy, Alexander. Towards typology of labile verbs: lability vs. derivation [M] // Patience Epps, Alexandre Arkhipov. New challenges in typology: Transcending the borders and refining the distinctions. Berlin & New York: Mouton de Gruyter, 2009: 247-268.

[5] Letuchiy, Alexander. Historical development of labile verbs in modern Russian [J]. Linguistics, 2015, 53 (3): 611-647.

[6] Haspelmath, Martin. Transitivity alternations of the anticausative type [M] // Arbeitspapier n. 5. Köln: Institut für Srachwissenschaft, 1987: 1-51.

[7] Haspelmath, Martin. More on the typology of inchoative/causative verb alternations [M] // Bernard Comrie, Maria Polinsky. Causatives and transitivity. Amsterdam & Philadelphia: John Benjamins, 1993: 87-120.

换（causative-inchoative alternation）"的一种模式，同时他默认"使动-起动替换"大都表达状态改变。虽然从汉语的情况来看，反宾为主句与印欧语言中的"起动结构（inchoative structure）"不能完全等同，不过我们看到，普遍的趋势是，表示状态改变的动词相对于单纯动作性的及物动词无常性更高。

之所以说汉语中的反宾为主句与印欧语言中的"起动结构（inchoative structure）"不能完全等同，是因为在Haspelmath[1]所研究的语言当中，像"助"完全不包含状态改变意义的动作动词和"听"这种感知动词一般都不参与使动-起动替换，并且它们的及物用法也不会被解读为使动。在这里我们可以看到，先秦汉语中反宾为主句的外延比印欧语中的启动结构更加宽泛，相应地，动词无常性在先秦汉语中比在其他大多数语言中更加普遍。一些印欧语中绝对的及物动词，如"助"和"听"，在先秦汉语中也具有无常性。

普遍认为，一种语言中无常动词的数量与使动/起动标记的语法化程度负相关。Letuchiy[2]在分析了大量印欧语中的无常动词后发现了两个连续统的相关性如下：

起动标记的语法化程度

古希腊语	斯拉夫语	罗曼语	日耳曼语
Ancient Greek	Slavic	Romance	Germanic

无常动词的数量

从古希腊语到斯拉夫语，再到罗曼语和日耳曼语，总体来看，起动标记的语法化程度越来越弱，而无常动词的数量越来越多。Haspelmath就曾经用形态相对不丰富作为原因解释为什么英语作为印欧语动词无常性的范围特别广。不过值得注意的是，Haspelmath和Letuchiy的样本中都没有包括任何孤立语，Haspelmath自己也提到，如果想全面考察语法标记与无常动词数量的相关性，针对孤立语的研究是必不可少的。而本文的发现正好从孤立

---

[1] Haspelmath, Martin. Transitivity alternations of the anticausative type [M] // Arbeitspapier n. 5. Köln: Institut für Srachwissenschaft, 1987: 1-51.

[2] Letuchiy, Alexander. Towards typology of labile verbs: lability vs. derivation [M] // Patience Epps, Alexandre Arkhipov. New challenges in typology: Transcending the borders and refining the distinctions. Berlin & New York: Mouton de Gruyter, 2009: 247-268.

语的角度印证了这种相关性。众所周知,汉语属于形态不丰富的孤立语,这一特点在先秦汉语中尤其突出,使动-起动结构皆没有语法标记。因此前面提到的,相对于其他语言,先秦汉语中无常动词的数量极其庞大的情况也就得到了解释。

六、结语

本文考察了《孟子》全书中的反宾为主句,结果发现先秦汉语中的反宾为主句与表示状态改变的动词有密切的联系,可以认为反宾为主句的功能与状态改变有关。另外,"受事+可/足/难+动词"是另一种高频类型,表示受事主语的性质。同时,通过估测6个语义各有特点的目标动词对反宾为主句的忠实度,我们发现,先秦汉语中有相当数量的动词既可以进入反宾为主句又可以进入受事不出现的"施-动"结构,因而Cikoski(1978)提出的作格动词和中性动词并不是二元对立的关系。事实上,因为本身隐含着汉语中缺失的格位概念,"作格动词"这一说法本身未必适用于汉语。比较而言,"无常动词"和"动词无常性"的概念因为只涉及动词的不同用法,可以更有效地沟通汉语和其他语言。在动词无常性的理论框架当中,本文的发现一方面印证了无常动词原型性地表达状态改变;另一方面也作为孤立语研究证实了语言中无常动词数量与使动-起动标记的语法化程度负相关。

需要指出的是,本文所考察的样本相当有限,因此所提出的结论只是初步性的,有待在更大的样本中进行验证。同时,本研究仅仅针对先秦汉语。先秦汉语是有记录的最早的汉语,一个突出的特点是单音节词(用一个汉字表示)占绝大多数,因此本文所讨论的,由单字表示的无常动词,实际上是无常动词在汉语中的滥觞。至于后来汉语的发展,尤其是词汇的发展,与动词无常性有什么样的相互影响,将是一个非常值得探讨的问题。